Beiträge zur empirischen Marketing- und Vertriebsforschung

Reihe herausgegeben von

Torsten Bornemann, Lehrstuhl für ABWL & Marketing, Universität Stuttgart, Stuttgart, Deutschland

Martin Klarmann, Karlsruhe Institute of Technology, Karlsruhe, Deutschland

Dirk Totzek, LS für Marketing und Services, Universität Passau, Passau, Deutschland

Auch heute werden Marketing und Vertrieb von vielen als Domäne von „Bauchentscheidungen“ angesehen. Die vorliegende Schriftenreihe umfasst Beiträge, die einen anderen Weg gehen. Wichtige Fragestellungen, zum Beispiel aus den Bereichen Business-to-Business Marketing, Innovationsmarketing, Konsumentenverhalten, Preismanagement und Marketing Analytics, werden mit aktuellen wissenschaftlichen Verfahren empirisch untersucht. Zielsetzung der Beiträge ist es, für akademische und praktische Probleme in Marketing und Vertrieb eine faktenbasierte Grundlage zu schaffen.

Alicia Gerlach

Nachhaltige Einkaufsentscheidungen im B2B und B2C

Springer Gabler

Alicia Gerlach
Karlsruher Institut für Technologie
Karlsruhe, Deutschland

Die vorliegende Arbeit wurde von der Fakultät für Wirtschaftswissenschaften des Karlsruher Instituts für Technologie (KIT) als Dissertationsschrift genehmigt. Die Disputation fand am 23. Mai 2025 statt. Mitglieder des Prüfungskollegiums waren Herr Prof. Dr. Martin Klarmann (Referent), Herr Prof. Dr. Torsten Bornemann (Korreferent), Herr Prof. Dr. Wolf Fichtner (Prüfer) und Frau Prof. Dr. Melanie Schienle (Vorsitzende).

ISSN 2567-6210 ISSN 2567-6415 (electronic)
Beiträge zur empirischen Marketing- und Vertriebsforschung
ISBN 978-3-658-49310-3 ISBN 978-3-658-49311-0 (eBook)
https://doi.org/10.1007/978-3-658-49311-0

Die Deutsche Nationalbibliothek verzeichnet diese Publikation in der Deutschen Nationalbibliografie; detaillierte bibliografische Daten sind im Internet über https://portal.dnb.de abrufbar.

Planung/Lektorat: Karina Kowatsch
Springer Gabler ist ein Imprint der eingetragenen Gesellschaft Springer Fachmedien Wiesbaden GmbH und ist ein Teil von Springer Nature.
Die Anschrift der Gesellschaft ist: Abraham-Lincoln-Str. 46, 65189 Wiesbaden, Germany

Geleitwort

Ein wichtiges Instrument, um Konsumentinnen und Konsumenten zu nachhaltigeren Kaufentscheidungen zu motivieren, ist das Setzen von Kostenanreizen. Die Idee (z. B. bei CO_2-Preisen oder dynamischen Stromtarifen) ist, dass sich der Kauf nachhaltiger Produkte auch ökonomisch auszahlt. Dabei stehen Unternehmen und Verbraucher aber nicht selten vor dem Dilemma, dass die nachhaltigen Alternativen im Kaufpreis zunächst kurzfristig teurer sind. Die ökonomischen Vorteile lassen sich erst langfristig realisieren. Es stellt sich deshalb die Frage, wie bei nachhaltigen Entscheidungen die kurzfristigen und die langfristigen Kostenkomponenten zueinander ins Verhältnis gesetzt werden.

Genau dieses Spannungsfeld zwischen kurzfristiger Preisorientierung und einer gesamtkostenbasierten, nachhaltigen Entscheidung steht im Zentrum der von Alicia Gerlach vorgelegten Dissertationsschrift. Frau Gerlach nähert sich dem Thema aus zwei Perspektiven, die sie in zwei größeren Forschungsprojekten – jeweils bestehend aus einer Vielzahl einzelner Studien – untersucht.

Das erste Forschungsprojekt richtet den Blick auf Gruppenentscheidungen, wie sie in B2B-Einkaufssituationen typisch sind (im sogenannten "Buying Center"). Die zentrale Frage: Sind Gruppen besser als Einzelpersonen darin, einen ökonomischen Vorteil nachhaltiger Entscheidungen zu erkennen, wenn ihnen umfassende Gesamtkosteninformationen vorliegen? Die Ergebnisse verblüffen: In aufwendig durchgeführten Laborexperimenten zeigt sich kein Vorteil von Gruppen. Teilweise treffen sie sogar schlechtere Empfehlungen, insbesondere bei komplexeren Produkten wie Photovoltaikanlagen und unter Bedingungen unvollständiger Informationen. Es ist bemerkenswert, dass selbst bei umfassenden Informationen oft die langfristig günstigeren, nachhaltigen Alternativen nicht gewählt werden. Qualitative Analysen von über zwanzig Interviews mit Experten aus der Unternehmenspraxis illustrieren mögliche Gründe dafür – von strukturellen Faktoren in Buying-Centern bis hin zu persönlichen Beziehungen, die sachorientierte Entscheidungen überlagern können. Trainings zur Erhöhung der Rechenkompetenz innerhalb der Gruppe können punktuell helfen, aber ändern das Muster nicht grundlegend.

Der zweite Hauptteil der Arbeit bezieht sich auf individuelle Kaufentscheidungen im B2C-Kontext und untersucht den Einfluss von Energielabels. Am Beispiel von Kühl-Gefrierkombinationen zeigt Frau Gerlach zunächst, dass höhere Energieeffizienz nicht zwingend zu niedrigeren Gesamtkosten führt – ein Befund, der die Frage aufwirft, ob Energielabels Konsumentinnen und Konsumenten zu ökonomisch suboptimalen Entscheidungen verleiten. Mithilfe einer großen Conjoint-Studie und begleitender Experimente legt sie Evidenz vor, dass Produkte mit Top-Label deutlich bevorzugt werden, auch wenn dies nicht notwendigerweise ökonomisch vorteilhaft ist. Konsumentinnen und Konsumenten überschätzen oftmals die damit verbundenen Energieeinsparungen. Wer sich zudem stark um die Umwelt sorgt, ist besonders bereit, für Produkte mit Top-Label einen Aufpreis zu zahlen. Analysen von Marktdaten liefern (allerdings stark begrenzte) Evidenz dafür, dass Unternehmen diese Verzerrung möglicherweise in Form überhöhter Preise ausnutzen.

In Summe zeichnet die Dissertationsschrift von Frau Gerlach ein vielschichtiges Bild von Entscheidungsprozessen, die sich nur bedingt von rationalen Mustern leiten lassen. Sie dokumentiert, mit welcher Beharrlichkeit kurzfristige Preisvorteile gegenüber langfristiger Nachhaltigkeit dominieren können – sowohl in Gruppen als auch bei individuellen Konsumentscheidungen. Es wird damit auch deutlich, dass Kostenanreize zu nachhaltigerem Verhalten keinesfalls als Automatismus funktionieren. Gleichzeitig bietet ihre Arbeit wertvolle Ansatzpunkte, um das verfügbare Wissen über Gesamtkosten und Energieeffizienz wirkungsvoller in die Praxis zu übertragen – etwa durch bessere Trainings, eindeutigere Informationen oder eine gezielte Ansprache von Konsumentengruppen mit starker Umweltorientierung.

Alicia Gerlach liefert damit eine empirisch fundierte, konzeptionell starke Dissertation, die Erkenntnisse für Wissenschaft und Praxis gleichermaßen bereithält. Es ist deshalb sehr zu wünschen, dass diese Arbeit nicht nur in der wissenschaftlichen Diskussion um nachhaltige Entscheidungsprozesse, sondern ebenso bei der Entwicklung künftiger Informationssysteme und in der unternehmerischen Gestaltung verantwortungsvoller Einkaufsprozesse breite Beachtung findet.

Martin Klarmann

Danksagung

Die vorliegende Arbeit entstand während meiner Tätigkeit als wissenschaftliche Mitarbeiterin am Lehrstuhl für Marketing und Vertrieb von Prof. Dr. Martin Klarmann am Karlsruher Institut für Technologie (KIT) und wurde im April 2025 als Dissertationsschrift angenommen. Ich möchte gerne all jenen danken, die mich auf diesem Weg unterstützt und begleitet haben:

Mein außerordentlicher Dank gilt meinem Doktorvater Prof. Dr. Martin Klarmann. Ich danke ihm für die stets exzellente, engagierte und unkomplizierte Betreuung während meiner Promotion. Die regelmäßigen anregenden Fachdiskussionen mit ihm haben nicht nur den inhaltlichen Kern dieser Dissertation entscheidend geprägt, sondern mir auch immer wieder neue Perspektiven aufgezeigt. Neben seiner fachlichen Exzellenz habe ich insbesondere seinen großen Humor, die inspirierenden Gespräche jenseits des Tellerrands und seinen motivierenden Führungsstil geschätzt. Er hat mir nicht nur das Vertrauen geschenkt, eigene Forschungsideen mutig zu verfolgen und umzusetzen, sondern mich auch ermutigt, meine persönlichen und fachlichen Stärken gezielt auszubauen und zu festigen.

Weiter gilt mein Dank meinem Zweitgutachter Prof. Dr. Torsten Bornemann, der meine Promotion von Anfang an engagiert begleitet hat. Durch seine wertvollen Impulse, sein konstruktives Feedback und seine motivierende Art hat er die Arbeit inhaltlich wie persönlich bereichert. Seine Unterstützung und sein Interesse an den Projekten haben die Dissertation spürbar vorangebracht.

Mein herzlicher Dank gilt zudem Frau Bayer, die mit ihrem großen Engagement, ihrer Loyalität und ihrem Wissen den Lehrstuhl maßgeblich mitgestaltet. Sie war vom ersten Tag an eine wertvolle Unterstützung und stand jederzeit mit

Rat und Tat zur Seite. Ihre herzliche Art, Verlässlichkeit und die vielen liebevollen Gesten, wie etwa der alljährliche Adventskalender, haben den Arbeitsalltag immer angenehm gemacht.

Ein großes Dankeschön gebührt allen aktuellen sowie ehemaligen Kolleginnen und Kollegen, die meine Zeit am Lehrstuhl auf so vielfältige Weise bereichert haben. Dr. Anika Honold danke ich dafür, dass sie das Team und unsere gemeinsame Lehrstuhlzeit mit ihrer inspirierenden Art und wertvollen Erfahrungen maßgeblich geprägt hat. Dr. Robin Pade danke ich für seine fachliche Expertise, seine Hilfsbereitschaft und seinen Humor, was die Zeit am Lehrstuhl produktiv und gleichzeitig sehr angenehm gemacht hat. Dr. Anne Cordts danke ich für die tolle Einarbeitung und schöne Lehrstuhlzeit im gemeinsamen Büro, die immer voller Vertrauen, Hilfsbereitschaft, Spaß und Verständnis war. Beatrice Weber danke ich für ihren großen Optimismus und ihre ehrlichen Ratschläge, die in vielen Momenten genau das Richtige waren. Saskia Jacob danke ich für die humorvolle und zugleich akademisch anregende Zusammenarbeit, besonders in unseren gemeinsamen Endphasen der Promotion. Alessa Daumann danke ich für die tatkräftige Unterstützung in der finalen Phase meiner Promotion, die sie oft mit ihrer angenehmen Leichtigkeit bereichert hat. Luisa Weber danke ich für ihre unkomplizierte und verlässliche Art, sei es durch ihre Unterstützung bei Experimenten oder auf unseren gemeinsamen Konferenzreisen. Celina Lang und Claudia Ritter danke ich für ihre Unterstützung bei der Organisation des Lehrstuhlalltags. Ihre freundliche Art hat viele Prozesse im Hintergrund reibungslos ermöglicht. Mein Dank gilt außerdem den Hiwis Alexander Zemella, Robin Kleemann und Alexey Simakov, die mich bei Experimenten tatkräftig unterstützt haben.

Dem DFG-geförderten Graduiertenkolleg KD^2-School möchte ich für die finanzielle Unterstützung bei meinen Experimenten und dem ermöglichten Forschungsaustausch danken.

Nicht zuletzt gilt mein tief empfundener Dank meiner Familie und meinen engsten Freunden, die mich auf diesem Weg unermüdlich begleitet und gestärkt haben. Meinem Vater, Dr. Helmut Gerlach, danke ich von Herzen für seine immer spürbare Unterstützung, seine Gelassenheit und für das Vertrauen, das er mir immer entgegengebracht hat. Seine Ermutigung und seine Erfahrungen haben mir auf meinem eigenen akademischen Weg immer wieder eine wichtige und wertvolle Orientierung gegeben. Mein besonderer Dank gilt meinem Partner, Dr. Christian Ott, für seine unerschütterliche Motivation, seine stets ermutigenden Worte, sein geduldiges Korrekturlesen und für all die langen gemeinsamen Arbeitsstunden, die von gegenseitiger Unterstützung geprägt waren. Sein Verständnis und sein Rückhalt waren für mich von unschätzbarem Wert, gerade in intensiven Phasen der Promotion.

Inhaltsverzeichnis

1 Einführung 1
1.1 Motivation und Zielsetzung der Dissertation 1
1.2 Forschungsfragen der Dissertation 7
1.3 Aufbau der Dissertation 9
1.4 Koautorenschaft und Vorleistungen 12

2 Der Einfluss von Gruppen und Individuen auf das Treffen TCO-optimaler Entscheidungen 13
2.1 Einleitung 13
2.2 Konzeptionelle Grundlagen 17
2.2.1 Die Entscheidungseinheit – Gruppen versus Individuen 18
2.2.2 Entscheidungsoutput – Total Cost of Ownership 20
2.2.3 Informationsvollständigkeit 21
2.2.4 Rang des Einkaufspreises 21
2.2.5 Trainings zur Verbesserung der TCO-Entscheidungen 22
2.3 Hypothesenentwicklung 23
2.3.1 Der Effekt der Entscheidungseinheit auf das Treffen TCO-optimaler Entscheidungen 23
2.3.2 Der moderierende Effekt von Informationsvollständigkeit auf das Treffen TCO-optimaler Entscheidungen 25
2.3.3 Die moderierende Rolle des Einkaufspreises 26

2.3.4 Der Einfluss von Trainings auf Gruppen im Treffen TCO-optimaler Entscheidungen ... 28
2.3.5 Abweichungen von den Vorregistrierungen ... 29
2.4 Methode und empirisches Vorgehen ... 36
2.4.1 Überblick über die Studien im Forschungsprojekt 1 ... 36
2.4.2 Vorstudie ... 38
2.5 Studie 1 – TCO-optimale Entscheidungen abhängig von Gruppen und Individuen ... 44
2.5.1 Methode und Stimuli ... 47
2.5.2 Deskriptive Ergebnisse des Laborexperiments ... 49
2.5.3 Ergebnisse Multilevel-Regressionen ... 51
2.5.4 Zusätzliche Analysen – Studie 1b ... 53
2.5.5 Zusätzliche Analysen – Classifier-Analysen ... 58
2.5.6 Diskussion Studie 1 ... 67
2.6 Studie 2 – Experteninterviews ... 69
2.6.1 Methode ... 69
2.6.2 Ergebnisse – Entscheidungsprozesse in den Entscheidungseinheiten ... 75
2.6.3 Ergebnisse – Entscheidungsfaktoren in den Entscheidungseinheiten ... 77
2.6.4 Ergebnisse – Optimierung der Entscheidung der Entscheidungseinheiten ... 81
2.6.5 Diskussion Studie 2 ... 84
2.7 Studie 3 – Training von Gruppen zur Verbesserung TCO-optimaler Entscheidungen ... 85
2.7.1 Studiendesign ... 85
2.7.2 Vorstudie ... 87
2.7.3 Ergebnisse Hauptstudie ... 89
2.7.4 Weitere Analysen der Entscheidungsprozesse – Classifier-Analysen ... 92
2.8 Übergreifende Diskussion ... 93
2.8.1 Beantwortung der Hypothesen ... 93
2.8.2 Implikationen für die Forschung ... 94
2.8.3 Implikationen für das Management ... 99

3 Der Einfluss der Darstellungsform von Energieinformationen auf ökonomisch nachhaltige Kaufentscheidungen ... 101
3.1 Einleitung ... 101
3.2 Theoretisch-konzeptionelle Grundlagen ... 105
3.2.1 Der Effekt von Energieverbrauchskennzeichnungen (Labels) ... 106
3.2.2 Darstellung der Energieinformationen ... 111
3.2.3 Entscheidungsoutput ... 112
3.2.4 Weitere Produktattribute und ihre Wahrnehmung ... 113
3.2.5 Verbrauchereigenschaften ... 113
3.3 Hypothesenentwicklung ... 114
3.3.1 Der Effekt von Einkaufspreis und Darstellung der Energieinformationen auf den Entscheidungsoutput ... 118
3.3.2 Die Auswirkung individueller Klimabedenken auf die Präferenz von Energielabels ... 119
3.3.3 Die Auswirkung individueller Rationalität auf die Präferenz von Energielabels ... 120
3.4 Methode und Vorstudie ... 121
3.4.1 Vorstudie – Die Rolle des Kaufpreises auf TCO-optimale Entscheidungen ... 122
3.4.2 Ergebnisse ... 124
3.4.3 Diskussion ... 127
3.5 Teil I – Die Nachfragerseite ... 127
3.5.1 Experiment I – Methode ... 128
3.5.2 Experiment I – Ergebnisse ... 131
3.5.3 Experiment II – Methode ... 137
3.5.4 Experiment II – Ergebnisse ... 140
3.5.5 Experiment III ... 146
3.5.6 Diskussion Teil I ... 149
3.6 Teil II – Die Anbieterseite ... 150
3.6.1 Analyse I – Abweichungen von den Grenzwerten der Energieklassen ... 151
3.6.2 Analyse II – Preisverläufe von Kühl-Gefrier-Kombinationen und ihren Kühlern ... 153
3.6.3 Analyse III – Zeitreihenanalyse zwischen Google Trends und Preisentwicklungen ... 158
3.6.4 Diskussion Teil II ... 164
3.7 Diskussionen und Limitationen ... 164

3.7.1 Implikationen für die Forschung und Limitationen 165
3.7.2 Implikationen für Behörden und Praxis 172
3.7.3 Implikationen für Hersteller 173

4 Schlussbetrachtung 175

Literaturverzeichnis 181

Abkürzungsverzeichnis

ADF-Test	Augmented Dickey-Fuller-Test
ANOVA	Analysis of Variance (Einfaktorielle Varianzanalyse)
API	Application Programming Interface
B2B	Business-to-Business
B2C	Business-to-Consumer
CFA	Confirmatory Factor Analysis (Konfirmatorische Faktorenanalyse)
CFI	Comparative Fit Index (Modellgüte in Faktorenanalyse)
EE	Entscheidungseinheit
EEI	Energieeffizienzindex
ERP	Enterprise Resource Planning
EU	Europäische Union
IRF	Impulse Response Function
KGK	Kühl-Gefrier-Kombination
KI	Konfidenzintervall / Künstliche Intelligenz
kWh	Kilowattstunde
LLM	Large Language Model
PR	Preisrang
PV	Photovoltaik
RMSEA	Root Mean Square Error of Approximation
SD	Standard Deviation (Standardabweichung)
SE	Standard Error (Standardfehler)
SRMR	Standardized Root Mean Square Residual
TCO	Total Cost of Ownership
VAR	Vector Autoregression
WTP	Willingness to pay

Abbildungsverzeichnis

Abbildung 2.1 Konzeptioneller Rahmen des Forschungsprojektes in Kapitel 2 18
Abbildung 2.2 Darstellung des Experimentalaufbaus der Vorstudie 39
Abbildung 2.3 Histogramme der Anbieterauswahl im Laborexperiment 50
Abbildung 2.4 Darstellung der Verteilung der Teilnehmenden über die Entscheidungsrunden der zweiten Prolific-Studie 54
Abbildung 2.5 Datenstruktur der Entscheidungsfindung in den Entscheidungseinheiten (EE) 74
Abbildung 3.1 Übersicht über den konzeptionellen Rahmen in Kapitel 3 106
Abbildung 3.2 Darstellung der Dreifach-Interaktionen der Conjoint-Studie in Experiment I 135
Abbildung 3.3 Darstellung der posterioren Verteilung der bayesianischen Schätzer in Experiment II 145
Abbildung 3.4 Wahrgenommene Energieeffizienz nach Energieinformationsdarstellung in Experiment III 148
Abbildung 3.5 Darstellung der Durchschnittspreise von Kühlern für Kühl-Gefrier-Kombinationen 154
Abbildung 3.6 Darstellung der Durchschnittspreise von Kühl-Gefrier-Kombinationen 155

Abbildung 3.7 Darstellung des Fits mit der linearen und exponentiellen Funktion der Preise der Kühl-Gefrier-Kombinationen 156
Abbildung 3.8 Darstellung des Fits mit der linearen und exponentiellen Funktion der Preise der Kühler 157
Abbildung 3.9 Darstellung der Impulse-Response-Funktionen der VAR-Modelle 163

Tabellenverzeichnis

Tabelle 2.1 Übersicht über die Abweichungen von den Vorregistrierungen in Kapitel 2 ... 30
Tabelle 2.2 Überblick über die durchgeführten Studien in Kapitel 2 ... 37
Tabelle 2.3 Übersicht über die Produktattribute bei organisationalen Einkäufen ... 41
Tabelle 2.4 Übersicht über Buying Center und deren Kommunikation in organisationalen Kaufentscheidungen ... 42
Tabelle 2.5 Übersicht über relevante Kriterien bei der Kaufentscheidung im organisationalen Kontext ... 45
Tabelle 2.6 Ergebnisse der Multilevel Regressionsanalysen in Studie 1 ... 52
Tabelle 2.7 Ergebnisse der Regressionsanalysen in Studie 1b ... 57
Tabelle 2.8 Übersicht deutscher LLM und ihrer Trainingsgrundlage ... 60
Tabelle 2.9 Ergebnisse der Feinjustierung der sieben LLM aus Tabelle 2.8 ... 61
Tabelle 2.10 Ergebnisse der Classifier-Analysen der Prolific-Studie ... 63
Tabelle 2.11 Ergebnisse der Zero-Shot-Classifier-Analysen des Laborexperiments in den Szenarien mit vollständigen Informationen ... 66
Tabelle 2.12 Übersicht über die Interviewpartner in den Experteninterviews ... 70

Tabelle 2.13 Ergebnisse der Regressionsanalyse der Vorstudie zu Studie 3 ... 88
Tabelle 2.14 Ergebnisse der Regressionsanalyse der Studie 3, inklusive Preisrang 4 ... 90
Tabelle 2.15 Ergebnisse der Regressionsanalyse der Studie 3, exklusive Preisrang 4 ... 91
Tabelle 2.16 Ergebnisse Zero-Shot-Classifier-Analyse der Studie 3 ... 93
Tabelle 2.17 Übersicht über die Ergebnisse der Forschungsarbeit in Kapitel 2 ... 94
Tabelle 3.1 Übersicht über eine Auswahl verwandter Literatur ... 107
Tabelle 3.2 Übersicht der untersuchten Hypothesen in Kapitel 3 ... 115
Tabelle 3.3 Abweichung von vorregistrierten Hypothesen ... 116
Tabelle 3.4 Übersicht über die Studien in Kapitel 3 ... 122
Tabelle 3.5 Ergebnisse der Regressionsanalysen der Vorstudie ... 124
Tabelle 3.6 Auswahlsets der Conjoint-Studie Experiment I ... 130
Tabelle 3.7 Multilevel logistische Regressionstabelle in Experiment I ... 131
Tabelle 3.8 Modifizierte Auswahlsets der Conjoint-Studie in Experiment II ... 138
Tabelle 3.9 Ergebnisse der hierarchischen bayesianischen Schätzung der Conjoint-Studie in Experiment II ... 142
Tabelle 3.10 Übersicht über die mittleren Abweichungen zur Schwelle des Energielabels ... 152
Tabelle 3.11 Ergebnisse des VAR-Modelles ... 162
Tabelle 3.12 Überblick über die zentralen Ergebnisse in Kapitel 3 ... 165

1 Einführung

1.1 Motivation und Zielsetzung der Dissertation

> *"Sustainability is a top criterion for B2B buyers; 36 % would leave suppliers that don't meet sustainability expectations"* (Bain & Company 2024b).

In einer aktuellen Studie von Bain & Company (2024b) wird verdeutlicht, dass Nachhaltigkeit bei Einkaufsentscheidungen längst kein Nebenfaktor mehr ist, sondern sich viel mehr zu einem Schlüsselkriterium entwickelt hat. Sowohl im B2B als auch im B2C hat sich in den vergangenen Jahren bei Käufern der Wunsch etabliert, Produkte mit geringem ökologischem Fußabdruck zu kaufen (Bain & Company 2024b; PwC Deutschland 2024; Simon-Kucher & Partners 2023). Die Ursachen dafür sind vielfältig und liegen im B2B beispielsweise in dem bewussten Fokus auf Außenwirkung durch ein nachhaltiges Image mit daraus resultierenden Wettbewerbsvorteilen oder in regulatorischen Rahmenbedingungen, die eine stärkere Integration von Nachhaltigkeit fordern (Bain & Company 2024a, 2024c; Hult 2011; Kim et al. 2024; McKinsey & Company 2022). Um bei Käufen ökologische Nachhaltigkeit zu erreichen, formulieren Unternehmen und Verbraucher ambitionierte Ziele (Bain & Company 2024b).

Häufig wird hier ein Spannungsfeld ersichtlich, da viele Käufer die gebotenen nachhaltigen Angebote nicht wahrnehmen oder tatsächlich kaufen, obwohl sie Präferenzen für solch ein Kaufverhalten äußern (McKinsey & Company 2024; White et al. 2019). Trotz des Wunsches nach nachhaltigem Konsum, gelingt es nur wenigen, diese Erwartungen in die Realität umzusetzen. Im B2B verankern laut eigener Aussage immerhin 85 % der Unternehmen Nachhaltigkeit in ihren Angeboten. Doch nur 53 % der Geschäftskunden fühlen sich davon tatsächlich angesprochen (Bain & Company 2024c). Auch im B2C wird ein ähnliches Muster

A. Gerlach, *Nachhaltige Einkaufsentscheidungen im B2B und B2C*, Beiträge zur empirischen Marketing- und Vertriebsforschung,
https://doi.org/10.1007/978-3-658-49311-0_1

sichtbar, da Entscheider ihre geäußerten Präferenzen für nachhaltiges Kaufen oft nicht realisieren. Laut McKinsey & Company (2024) priorisierten junge Konsumenten nachhaltige Kaufentscheidungen bis wirtschaftliche Unsicherheiten und Inflation den Trend seit Anfang 2024 umkehren ließen (McKinsey & Company 2024). Das beobachtete Kaufverhalten weicht also in vielen Fällen von den formulierten Werten und Wünschen ab.

Zwischen Unternehmensstrategien, Konsumentenverhalten und realisierten Kaufentscheidungen in Bezug auf nachhaltiges Kaufen resultiert demnach eine deutliche Diskrepanz (Elmor et al. 2024). Nachhaltigkeit ist zwar ein erklärtes Ziel, doch wenn es um die konkrete Umsetzung geht, geraten Unternehmen und Verbraucher an ihre Grenzen. Gründe für die Herausforderung bei der Realisierung von Nachhaltigkeit sind steigende Preise und wirtschaftliche Unsicherheiten, die den Kauf oft teurerer, nachhaltiger Produkte unattraktiver machen (Elmor et al. 2024; McKinsey & Company 2024). Studien verdeutlichen diesbezüglich, dass die Bereitschaft erhöhte Preise für nachhaltige Produkte zu zahlen sowohl im B2B als auch im B2C sinkt (Bain & Company 2024d). Das bestätigt, dass ökologisch nachhaltige Kaufentscheidungen nicht unabhängig von ökonomischen Aspekten sind. Eine differenzierte Betrachtung des Nachhaltigkeitsbegriffs kann zeitgleich dabei helfen, finanziellen Unsicherheiten durch höhere Preise zu begegnen. Denn nachhaltige Kaufentscheidungen sollten nicht nur die ökologische, sondern auch die ökonomische Komponente berücksichtigen. Letztere beinhaltet die Kernidee, dass alle mit einem Kauf verbundenen Kosten über Anschaffung, Nutzung und Entsorgung in der Betrachtung inkludiert werden (Elkington 1997).

Die ökonomische Nachhaltigkeit beschreibt *"a system of production that satisfies present consumption levels without compromising future needs"* (Basiago 1998, S. 150). Anders formuliert ist das Ziel der ökonomischen Nachhaltigkeit, Ressourcen so einzusetzen, dass keine unerwartet hohen oder langfristigen Kosten entstehen (Ellram 1995). Für Unternehmen bedeutet das, Investitionen zu tätigen, die über ihren gesamten Lebenszyklus betrachtet positive Effekte in Form von niedrigen langfristigen Kosten erzielen. Im Konsumentenbereich meint ökonomische Nachhaltigkeit beispielsweise, einen potenziell höheren Anschaffungspreis für Produkte zu akzeptieren, wenn sie dabei über die Nutzungsdauer kosteneffizienter werden als eine Alternative mit niedrigeren Anschaffungskosten.

Ein zentrales Instrument, um ökologische Ansprüche und ökonomische Realität zu verbinden, ist das Konzept des Total Cost of Ownership (TCO). TCO ermöglicht eine ganzheitliche Betrachtung aller mit einem Kauf verbundenen Kosten, die sich von dem Kauf über die Nutzung bis zur Entsorgung ergeben und quantifizierbar sind (Morssinkhof et al. 2011). Ein Beispiel dafür ist das Einbeziehen von Energiekosten über die Nutzungsdauer des Produktes zusätzlich zu der Betrachtung des Kaufpreises und möglicher Versicherungskosten. Anders als der sichtbare Kaufpreis bietet TCO eine realitätsnähere Einschätzung, welches Produkt langfristig wirtschaftlich sinnvoll hinsichtlich Reduzierung der Gesamtkosten ist (Ellram 1993a). Zudem schafft TCO eine bessere Vergleichbarkeit zwischen Produktalternativen, indem die Gesamtkosten verschiedener Angebote auf identische Art und auf eine gemeinsame Einheit berechnet werden, zum Beispiel jährliche Kosten (Ferrin/Plank 2002). Das wirkt systematisch dem Problem entgegen, dass Entscheider in Kaufsituationen häufig nur ein salientes Attribut verarbeiten, wodurch sie ein erhöhtes Risiko haben, uninformierte und fehlerhafte und folglich langfristig ökonomisch suboptimale Entscheidungen zu treffen (Elmor et al. 2024).

Ein Beispiel für die Sinnhaftigkeit von TCO-Betrachtungen findet man im unternehmerischen Kontext, wenn Entscheidungen für Investitionen in Maschinen oder langlebige Produkte getroffen werden sollen. Hierbei sind nicht nur die Einkaufspreise relevant, sondern vielmehr auch die verbundenen Energiekosten, Wartungskosten und Versicherungen (Forbes Business Council 2024). Für private Haushalte ist im Sinne des TCOs die Wahl jener (Haushalts-)Geräte entscheidend, die über ihren Lebenszyklus hinweg geringere Gesamtkosten verursachen, selbst wenn der initiale Preis höher ist.

Trotz seiner Vorteile wird das TCO-Konzept in der unternehmerischen Praxis oft vernachlässigt. Initiale Ergebnisse verdeutlichen, dass TCO-Berechnungen selten eine zentrale Rolle in Kaufentscheidungsprozessen spielen (Gerlach et al. 2022). Gründe, weshalb Einkäufer TCO nicht häufiger einbeziehen, können zum Beispiel in der Komplexität des Ansatzes, Zeitdruck oder mangelndem Wissen über TCO liegen (Roda/Garetti 2014). Das fehlende Anwenden von TCO lässt sich auch im B2C beobachten (Andor et al. 2020). Ein Ansatz, um dem entgegenzutreten kann zum Beispiel ein stärkeres Kommunizieren der TCO von Vertriebsmitarbeitern an die Kunden sein (Forbes Business Council 2024). In öffentlichen Diskussionen, politischen Maßnahmen und Unternehmensstrategien liegt der Fokus dabei ebenfalls bisher nahezu ausschließlich auf ökologischer Nachhaltigkeit. Ökonomische Nachhaltigkeit wird hier zu selten als eigenständiger Aspekt betrachtet, obwohl sie langfristig zu signifikanten Kosteneinsparungen führen kann (Kim et al. 2024).

Besonders deutlich wird das potenzielle Einsparpotential durch Inkludieren von TCO, wenn Produktsignale, die vor allem die ökologische Nachhaltigkeit sichtbar machen sollen, betrachtet werden (Andor et al. 2020). So etwa Produkte mit Energielabel: Es dient dazu, den Energieverbrauch eines Produktes zu betonen, soll aber Käufern zugleich auch den Eindruck vermitteln, es handle sich um die insgesamt beste Option (Europäische Kommission 2024b), obwohl langfristige Kosten nicht explizit auf den Labels adressiert werden. Dabei gibt es erste Evidenz dafür, dass Verbraucher auf hohe Energielabel mit überproportional hoher Zahlungsbereitschaft reagieren, selbst dann, wenn das Produkt wirtschaftlich nicht die beste Wahl ist, weil es beispielsweise einen ungerechtfertigt höheren Anschaffungspreis bei nur marginaler Energieeffizienzverbesserung hat (Andor et al. 2020; Waechter et al. 2015). Das führt zu einem Spannungsfeld zwischen ökologischer Signalwirkung und ökonomisch optimalen Zielen.

Gerade in B2B- und B2C-Märkten wird durch das Bewusstmachen möglicher Kosteneinsparungen deutlich, wie relevant eine ganzheitliche Betrachtung von Nachhaltigkeit ist. Auf der einen Seite treffen Unternehmen strategische Entscheidungen, bei denen langfristige Wirtschaftlichkeit im Vordergrund stehen sollte, etwa bei Investitionen in langlebige Güter, Maschinen oder Infrastruktur. Auf der anderen Seite stehen Endverbraucher, deren Kaufentscheidungen oft situativ, preisgetrieben und von individuellen Wertvorstellungen geprägt sind (Hamilton/Chernev 2013). Beide Kaufsituationen haben unterschiedliche Rahmenbedingungen, Ziele und Informationszugänge, doch sie teilen das Potenzial, durch TCO-basierte Betrachtungen wirtschaftlich nachhaltiger agieren zu können und dadurch langfristig bessere Budget-Allokationen zu ermöglichen.

Auch wenn sich viele Rahmenbedingungen unterscheiden können, haben die Kaufsituationen als gemeinsamen Faktor, dass am Ende eine Entscheidungseinheit für die finale Auswahl und damit auch resultierende ökologische und ökonomische Nachhaltigkeit des Kaufs verantwortlich ist. Die Entscheidungseinheit ist sowohl im B2B als auch im B2C am häufigsten durch Individuen oder Gruppen dargestellt (Lord/Gupta 2010; Wut/Chou 2013). Sie können sich dabei in ihrer Zusammensetzung oder Formalisierung je nach Situation unterscheiden (Kohli 1989; Lee/Beatty 2002). Privatpersonen können anders reagieren als organisationale Einkäufer, weil Unternehmen häufiger Richtlinien zur Entscheidungsfindung haben als beispielsweise Familien, die Gruppen exemplarisch im B2C-Kontext beschreiben (Johnston/Bonoma 1981). Auch die Art und Anzahl von zur Verfügung stehenden Informationen (wie zum Beispiel vollständige Informationen oder saliente Informationen zu Energieverbräuchen) bieten unterschiedliche Voraussetzungen je Kontext (Jagacinski 1991; Morssinkhof et al. 2011). Dies liefert einen ersten Ansatz, warum TCO in der Realität trotz des wirtschaftlich sinnvollen Konzeptes sowohl im B2B als auch im B2C scheitern kann. Es scheint nicht nur am Konzept per se zu liegen, sondern auch daran, welche Entscheidungseinheiten für den Kauf verantwortlich sind und dadurch gegebenenfalls einen Konsens hinsichtlich Einbeziehens von Entscheidungskriterien finden müssen. Gerade in gemeinsamen Entscheidungsfindungen kann es zu Verzerrungen kommen. Dies geschieht etwa dann, wenn Verantwortungen geteilt werden, Informationen ungleich verteilt sind oder saliente Attribute andere wichtige Aspekte dominieren und damit diskutierte Aspekte reduzieren können (Bearden/Rose 1990; Jagacinski 1994; Kassin et al. 2016, S. 333). Um TCO sinnvoll nutzen zu können, bedarf es daher nicht nur des Wissens über das Konzept, sondern auch der geeigneten Entscheidungsstrukturen und unterstützenden Mechanismen, die die Berechnung und Anwendung fördern.

Bislang fehlt es an belastbaren Erkenntnissen darüber, wie TCO-Informationen in Entscheidungsprozesse einfließen und wieso die ökonomische Nachhaltigkeit tatsächlich in Einkaufsentscheidungen weit weniger betrachtet wird als die ökologische. So ergibt sich ein Aufruf nach weiterer Forschung zur Anwendung von ökonomischer Nachhaltigkeit in Einkaufsentscheidungen (Kim et al. 2024). Die begrenzt verfügbare Forschung zum Konzept des TCO befasst sich vorrangig mit den Grundlagen des TCO und seiner Berechnungsform (Ellram 1993a, 1995), sowie mit seiner Anwendung in Unternehmen (Morssinkhof et al. 2011; Wouters et al. 2005). Vor allem über die tatsächliche Verarbeitung der TCO in Entscheidungsprozessen ist wissenschaftlich sehr wenig bekannt (Kim et al. 2024). Ebenso ist die Literatur zu alternativen Berechnungsformen der ökonomischen Nachhaltigkeit, wie den Lebenszykluskosten, begrenzt (Jackson/Ostrom 1980).

Darüber hinaus fehlt es an Untersuchungen, die den konkreten Nutzen von TCO-Betrachtungen für Käufer im B2B und B2C aufzeigen oder analysieren, wie ökonomische und ökologische Nachhaltigkeit in Kaufentscheidungen miteinander interagieren (Waechter et al. 2015). Insbesondere in der Marketing-Literatur findet sich bislang kaum eine systematische Auseinandersetzung mit ökonomisch nachhaltigen Kaufentscheidungen, obwohl sich diese auf Preisbildung und Preiswahrnehmungen erheblich auswirken können (Kim et al. 2024; Tellis/Gaeth 1990).

Zudem ist insbesondere die Kombination von ökologischen Aspekten (wie Energiekosten und ihrer Darstellungsform) und individuellen Verbrauchereigenschaften (wie Klimabedenken) auf die ökonomische Nachhaltigkeit kaum erforscht. Dabei kann dieses Zusammenspiel für Kaufentscheidungen in B2B und B2C eine zentrale Rolle spielen, da langfristig eine Optimierung und Betrachtung beider Aspekte relevant ist (Kim et al. 2024).

Mit dem steigenden Wunsch nach nachhaltigen Lösungen und einer veränderten Kaufrealität durch leichtere Informationsbeschaffung in Online-Kontexten und veränderten Rahmenbedingungen wie der Inflation, die zu steigenden Kosten und damit verminderten Budgetverfügbarkeiten führt, resultiert ein erhöhter Forschungsbedarf zur Rolle ökonomischer Nachhaltigkeit in Kaufsituationen (Grewal et al. 2015; Lilien 2016; Lüders et al. 2023). Die Kombination möglicher Einflussfaktoren verdeutlicht, dass die Erforschung des Einbeziehens von TCO in Kaufentscheidungen nicht trivial ist.

Vor diesem Hintergrund besteht erheblicher Forschungsbedarf: Welche Rolle spielen Entscheidungseinheiten (Gruppen vs. Individuen) auf das Treffen TCO-optimaler Entscheidungen? Wie beeinflusst die Darstellungsform von Energieinformationen das Kaufverhalten?

Die vorliegende Dissertation befasst sich in Kapitel 2 und 3 mit den zwei zentralen Forschungsfragen, die beleuchten, wie die Zusammensetzung der Entscheidungseinheit und gegebenen Produktattributen das Treffen TCO-optimaler Entscheidungen beeinflussen.

Kapitel 2 widmet sich der Forschungsfrage mit einem experimentellen Ansatz. Durch einen Fokus auf Individuen und Gruppen, die beiden häufigsten Entscheidungseinheiten sowohl im B2B als auch im B2C, wird beleuchtet, wie langfristige Kosten von beiden verarbeitet werden. Dies lässt Ableitungen darüber zu, in welcher Zusammensetzung Kaufentscheidungen sowohl im B2B als auch im B2C am besten getroffen werden sollen, wenn sie das Ziel haben, ökonomisch nachhaltig zu sein.

Weiter verdeutlicht die Aufteilung des Nachhaltigkeitsbegriffs in unterschiedliche Ansätze, dass Nachhaltigkeitsbetrachtungen vielfältig sein können (Basiago 1998). Neben den Entscheidungseinheiten spielen auch externe Produktsignale und Produktattribute eine relevante Rolle beim Treffen TCO-optimaler Entscheidungen.

Kapitel 3 untersucht, wie sich die Diskrepanz zwischen ökonomischer und ökologischer Nachhaltigkeit durch Kaufentscheidungen der Verbraucher verstärken kann. Dabei geht Kapitel 3 auf Themen wie Energieverbrauchskennzeichnungen ein, die ein ökologisches Signal darstellen und die Konsumentenentscheidungen beeinflussen können. Zusätzlich wird in Kapitel 3 untersucht, welche Konsequenzen sich hinsichtlich Preissensitivität und resultierendem TCO aus Darstellungsformen der Energieinformationen ergeben. Kapitel 3 ermöglicht damit Empfehlungen für Verbraucher zur Optimierung ihrer ökonomischen Nachhaltigkeit, aber auch Erkenntnisse für Hersteller und politische Entscheidungsträger über das Wirken von Hinweisen zur ökologischen Nachhaltigkeit auf Kaufentscheidungen von Verbrauchern.

Vor diesem Hintergrund untersucht die vorliegende Dissertation, wie Entscheidungseinheiten sowie Produktsignale ökonomisch nachhaltige Kaufentscheidungen in B2B und B2C beeinflussen. Damit leistet sie einen Beitrag zur

Schließung bestehender Forschungslücken an der Schnittstelle zwischen Nachhaltigkeit, Entscheidungsverhalten und Informationsverarbeitung. Diese übergeordneten Aspekte werden anhand konkreter Forschungsfragen untersucht, die in Abschnitt 1.2 ausführlich dargelegt werden.

1.2 Forschungsfragen der Dissertation

Das vorausgehende Unterkapitel 1.1 verdeutlicht den Bedarf von Forschung zu ökonomisch nachhaltigen Kaufentscheidungen im B2B und B2C. Forschung in dem Bereich ist nötig, sodass Optimierungen vorgenommen und die Effekte ökologisch nachhaltiger Wahrnehmungen auf ökonomische Folgen aufgezeigt werden können. Aufbauend darauf fokussiert sich diese Dissertation auf zwei zentrale Forschungsfragen, die sich aus der Analyse bestehender Herausforderungen ableiten.

Forschungsfrage 1: Welche Rolle hat die Entscheidungseinheit (Gruppen vs. Individuen) beim Treffen „Total Cost of Ownership"-optimaler Kaufentscheidungen?
Die Mehrheit der Entscheidungsträger, sei es im privaten oder im beruflichen Umfeld, hat ein Interesse daran, unter anderem Kosteneinsparungen zu erzielen, wenn sie einen Kauf tätigt (Handelsblatt 2024). Ein Ansatz dafür ist das Einbeziehen der Total Cost of Ownership, also der Gesamtkosten, die von Produktkauf über die Nutzung bis hin zur Entsorgung anfallen (Wouters et al. 2005). Würde TCO in Entscheidungen häufiger einbezogen, könnte ökonomische Nachhaltigkeit leichter erreicht werden und Unternehmen und Familien langfristig Kosten einsparen (Degraeve/Roodhooft 1999).

Wie in Abschnitt 1.1 dargelegt, wird TCO aus mehreren Gründen, wie beispielsweise der Komplexität der Berechnung durch das Betrachten vielfältiger Komponenten, dennoch häufig nicht einbezogen (Degraeve/Roodhooft 1999). Ein besonders relevanter, bislang wenig untersuchter Faktor ist zudem die Entscheidungseinheit: Berücksichtigen eher Individuen oder Gruppen TCO bei ihren Entscheidungen?

Während Individuen für sich allein entscheiden, müssen Gruppen oft einen Konsens finden, da verschiedene Individuen mit unterschiedlichen Bedürfnissen und Vorstellungen zusammenkommen (Cronin et al. 2011). Zeitgleich haben Gruppen potenzielle Vorteile wie die resultierende Berücksichtigung mehrerer Perspektiven, die ermöglicht, dass mögliche Risiken und langfristige Kostenaspekte frühzeitig aufgedeckt und resultierende Vorteile eines Kaufs eher erkennbar und folglich diskutiert werden (Cronin et al. 2011b; Mayo-Wilson et al. 2013).

Gruppen können aber auch Nachteilen wie Verzerrungen durch Gruppendynamiken, die auf den Informationsfluss der Gruppenmitglieder wirken, begegnen (Cronin et al. 2011b; Mayo-Wilson et al. 2013).

Die bisherigen Forschungsergebnisse zur Entscheidungsfindung von Gruppen und Individuen sind widersprüchlich. Während einige Studien darauf hindeuten, dass Gruppen durch die gemeinsame Reflexion zu fundierteren Kaufentscheidungen gelangen (Janis 1983; Sunstein/Hastie 2014), verdeutlichen andere, dass Gruppeneinflüsse auch zu suboptimalen Entscheidungen führen können, etwa durch Verzerrungen wie soziale Konformität oder unklare Verantwortlichkeiten innerhalb der Gruppe, die eine tiefere Auseinandersetzung mit verfügbaren Alternativen mindert (Brady/Wu 2010; Whyte 1998).

Dieser Thematik nimmt sich die erste Forschungsfrage an und wird in Kapitel 2 anhand eines Laborexperiments (n = 201), sowie drei Prolific-Online-Experimenten (n = 423 mit n = 93 Gruppen aus drei Personen; n = 801 mit n = 199 Gruppen aus drei Personen; n = 240 mit n = 80 Gruppen aus drei Personen) und Experteninterviews (n = 25) untersucht.

Mittels Erhebungen wird analysiert, ob Gruppen eher TCO-optimale Kaufentscheidungen treffen als Individuen und ob und wie die Kaufpreise der Produkte und die Vollständigkeit der vorliegenden Informationen diesen Effekt moderieren. Da Gruppen nach wie vor viele Vorteile haben, die ausgenutzt werden können, ist ein weiteres Ziel Empfehlungen auszusprechen, wie sie beim Treffen TCO-optimaler Kaufentscheidungen unterstützt werden können.

Forschungsfrage 2: Wie beeinflussen Darstellungen von Energieinformationen das Treffen ökonomisch nachhaltiger Kaufentscheidungen?
Während Forschungsfrage 1 den Einfluss der Entscheidungseinheit als menschliche und interne Einflussgröße auf das Treffen TCO-optimaler Entscheidungen betrachtet, fokussiert sich Forschungsfrage 2 auf externe Einflussfaktoren. Forschungsfrage 2 adressiert dabei, wie sich Produktattribute mit ihrer Gestaltung und Wirkung von Energieinformationen auf das Treffen ökonomisch nachhaltiger Entscheidungen auswirken und wie diese Signale mit Verbrauchereigenschaften interagieren.

Neben dem Einkaufspreis ist bei energiekonsumierenden Produkten insbesondere das Energielabel ein salientes Attribut (Bull 2012; Elmor et al. 2024). Energielabel sollen Verbraucher dabei unterstützen, ökonomisch „bares Geld zu sparen", indem sie ökologisch nachhaltige Produkte wählen (Europäische Kommission 2024b). Dabei findet bisherige Forschung jedoch den Effekt, dass die Label bei Verbrauchern dazu führen, dass eine starke Präferenz für Produkte mit einem A-/B-Label entstehen, unabhängig von den tatsächlichen energetischen Einsparungen (Waechter et al. 2015).

Gleichzeitig nutzen Hersteller die Energielabel zur Gestaltung ihrer Preismechanismen, indem sie beispielsweise für als „nachhaltig“ wahrgenommene Produkte höhere Preise aufrufen (Houde 2022). Die Frage ist demnach, wie das Handeln von Herstellern und das Verhalten von Verbrauchern hinsichtlich Produkten mit Energielabels gestaltet ist und wie Energielabel dadurch ökonomisch nachhaltige Kaufentscheidungen beeinflussen können.

Kapitel 3 geht dieser Forschungsfrage in zwei Teilen nach. Der erste Teil betrachtet die Nachfragerseite und untersucht mittels drei Online-Experimenten ($n = 811$, $n = 400$, $n = 158$), wie Verbraucher auf unterschiedliche Darstellungen von Energieinformationen, in Form von Labels, Verbrauch oder Kosten, reagieren. Zudem wird betrachtet, welche persönlichen Verhaltensmuster, wie beispielsweise Klimabedenken, die Reaktion beeinflussen und wie sich die resultierenden Entscheidungen auf die Gesamtkosten für die Verbraucher auswirken.

Anschließend werden im zweiten Teil die Verbraucherreaktionen mit Herstelleraktionen verbunden, indem Preismechanismen der Hersteller analysiert werden. Evidenzen für die Ausnutzung hoher Energielabel durch entsprechende Preisaufschläge für ökologisch nachhaltige Produkte können dazu beitragen, mehr Transparenz für Konsumenten hinsichtlich ihrer Entscheidungsfindung zu ermöglichen und das Verständnis über Energieinformationen um die ökonomische Komponente auszuweiten.

1.3 Aufbau der Dissertation

Die Dissertation unterteilt sich in vier Kapitel. Das erste Kapitel beinhaltet eine allgemeine Motivation des Themas „Nachhaltige Einkaufsentscheidungen im B2B und B2C“ (Unterkapitel 1.1), sowie die Herleitung der beiden leitenden Forschungsfragen der Dissertationsschrift (Abschnitt 1.2). Das anschließende Abschnitt 1.3 erläutert den Aufbau der Arbeit, bevor Abschnitt 1.4 einen kurzen Verweis auf bisherige Koautorenschaften enthält. Die nachfolgenden Kapitel 2 und 3 behandeln die Forschungsarbeiten dieser Dissertation und folgen dem Aufbau üblicher Forschungsartikel.

Kapitel 2 widmet sich der ersten Forschungsfrage und untersucht dabei, wie gut unterschiedliche Entscheidungseinheiten, im konkreten Fall Individuen oder Gruppen, ökonomisch nachhaltige Kaufentscheidungen unter Betrachtung von TCO treffen. In Unterkapitel 2.1 bietet eine Einleitung einen Überblick über Motivation, Relevanz und Forschungsbedarf des Themas. Das nachfolgende

Abschnitt 2.2 beinhaltet die relevanten konzeptionellen Grundlagen und präsentiert die Variablen des Forschungsmodells, bevor in Abschnitt 2.3 die vier Hypothesen der ersten Forschungsarbeit (Abschnitt 2.3.1–2.3.4) anhand der bestehenden Literatur hergeleitet werden. Abschnitt 2.3.5 gibt einen Überblick über die Abweichungen von den vorregistrierten Hypothesen.

Abschnitt 2.4 befasst sich mit einem Überblick der Studien der Forschungsarbeit (2.4.1) und blickt auf die Ergebnisse einer durchgeführten Online-Vorstudie, die als Ausgangspunkt der nachfolgenden Studien fungiert und aktuelles Kaufverhalten in Unternehmen untersucht (2.4.2). In Abschnitt 2.5 wird basierend auf den Erkenntnissen der Vorstudie ein Laborexperiment (2.5.1–2.5.3) als Hauptanalyse der ersten Studie betrachtet, die sich mit der unterschiedlichen Leistung der Entscheidungseinheiten in Hinblick auf TCO-optimale Entscheidungen befasst. Nachfolgend werden zusätzliche Analysen zweier nachgelagerter Online-Experimente präsentiert (2.5.4), die das Experimentaldesign des Laborexperiments replizieren. Zusätzliche Classifier-Analysen runden die erste Studie der ersten Forschungsarbeit (2.5.5) neben einer kurzen Diskussion (2.5.6) ab. Basierend auf den Ergebnissen der ersten Studie werden in Abschnitt 2.6 Experteninterviews betrachtet. Die Interviews verfolgen das Ziel, zu erklären, wieso Unterschiede zwischen den Entscheidungseinheiten auftreten und untersuchen, wie TCO im unternehmerischen Kontext verstanden und angewendet werden kann und wird. Nachfolgend untersucht Abschnitt 2.7, ob Gruppen eher TCO-optimale Entscheidungen treffen, wenn sie Trainings erhalten haben, wie dies in der vorangegangenen Expertenstudie suggeriert wird. Dazu werden das Studiendesign (2.7.1), die Ergebnisse einer Vorstudie (2.7.2), sowie die Ergebnisse der Hauptstudie aus deskriptiven (2.7.3) und weiteren ergänzenden Analysen (2.7.4) betrachtet. Das Kapitel schließt mit einer allgemeinen Diskussion der Ergebnisse (2.8), genauer mit Beantwortung der aufgestellten Hypothesen (2.8.1), Beiträgen und Implikationen für die Forschung (2.8.2) und Implikationen für das Management (2.8.3).

Kapitel 3 widmet sich der zweiten Forschungsfrage und untersucht, wie Energielabel ökonomische Kaufentscheidungen von Konsumenten beeinflussen (Teil 1) und wie Unternehmen Verhaltensmuster von Verbrauchern strategisch nutzen (Teil 2). Dazu wird in Abschnitt 3.1 in der Einleitung die Relevanz, Motivation und Struktur der Forschungsarbeit erläutert, sowie auf Forschungslücken hingewiesen. In Abschnitt 3.2 werden die relevanten konzeptionellen Grundlagen besprochen. Da es bereits Literatur zu Verzerrungen bei Verbrauchern durch Kennzeichnungen in Form von Labels gibt, wird zunächst eine Abgrenzung zur bisherigen Literatur vorgenommen (3.2.1), bevor die konzeptionellen Grundlagen aufgeführt werden, wie Darstellung von Energieinformationen

(3.2.2), die Definition des Entscheidungsoutputs (3.2.3), weitere Produktattribute (3.2.4) und erklärende Verbrauchereigenschaften für eine starke Überbeachtung von Energielabels oder einer Vermeidung dieser (3.2.5) behandelt werden. Das anschließende Abschnitt 3.3. befasst sich mit der Hypothesenentwicklung und leitet die drei untersuchten Kernhypothesen (Abschnitt 3.3.1–3.3.3) her. In Abschnitt 3.4 werden Felddaten dahingehend untersucht, welche Signale Verbrauchern beim Produktkauf dabei helfen können, ökonomisch nachhaltige Produkte zu identifizieren und damit, ob der Kaufpreis oder Energiekosten einen größeren Effekt auf resultierende TCO hat (3.4.1). Die Ergebnisse werden zudem präsentiert (3.4.2) und diskutiert (3.4.3). Sie dienen als Ausgangsbasis für die beiden nachfolgenden Kapitel, die sich in zwei Teilen der Thematik des Energielabel-Bias und den Auswirkungen von Produktattributen auf das Treffen von Kaufentscheidungen im ökologisch und ökonomisch nachhaltigen Kontext widmen. Abschnitt 3.5 betrachtet dabei die Nachfragerseite und untersucht in drei Online-Experimenten, wie Verbraucher auf Energielabel reagieren, beziehungsweise wie die Darstellungsform von Energieinformationen mit den Energieverbräuchen und Preisen mit dem Produktkauf interagiert (3.5.1 und 3.5.2), welche individuellen Verhaltensmuster diese Interaktionen erklären und verstärken (Unterkapitel 3.5.3 und 3.5.4) und wie die verbraucherseitige Verarbeitung der Energiedarstellungsformen Unterschiede begünstigen kann (3.5.5). Anschließend werden die Ergebnisse der Analysen der Verbraucherseite kurz diskutiert (3.5.6). Danach wird in Abschnitt 3.6 die Anbieterseite beleuchtet und in drei Analysen untersucht, wie Anbieter auf verbraucherseitige Verhaltensmuster bei Energieinformationen in Labeldarstellung reagieren. Dazu betrachtet eine erste Analyse, wie weit Hersteller ihre Produkte über Schwellenwerte hinaus optimieren, um ein besseres Energielabel zu erhalten (3.6.1). Eine zweite Studie untersucht, wie sich die Preisverläufe von Kühlschränken und ihren verbauten Kühlern verhalten und ob diese gleich stark mit zunehmender Effizienz ansteigen (3.6.2). Die dritte Studie beleuchtet, ob Hersteller auf Suchtrends zum Thema Nachhaltigkeit mit Preissteigerungen in den unterschiedlichen Labelkategorien reagieren (3.6.3). Nach einer kurzen Diskussion der Anbieterseite (3.6.4) erfolgt eine übergreifende Diskussion der Ergebnisse der zweiten Forschungsarbeit (3.7) mit Ableitungen der Implikationen für die Forschung und Limitationen (3.7.1), Implikationen für Behörden und die Praxis (3.7.2) und Implikationen für Hersteller (3.7.3).

Kapitel 4 bietet in einer Schlussbetrachtung eine generelle und übergreifende Diskussion dieser Dissertation. Im Fokus steht dabei, mittels der Ergebnisse der zwei Forschungsarbeiten Antworten auf die aufgestellten Forschungsfragen zu geben und Forschungsausblicke zu präsentieren.

1.4 Koautorenschaft und Vorleistungen

Die vorliegende Dissertation enthält Arbeiten, die gemeinsam in der Vergangenheit mit Koautoren entstanden sind. Die Grundlage zu Kapitel 2 liegt in einem gemeinsamen Arbeitspapier „Is our understanding of organizational buying still consistent with buying practice? An exploratory analysis“ (Gerlach/Klarmann/Bornemann 2022). Zudem enthält Kapitel 2 Inhalte des Konferenzbeitrags „Can we trust that groups make sustainable purchase decisions?“, welcher auf der 53. European Marketing Academy Conference (EMAC) 2024 in Bukarest (vgl. Gerlach/Klarmann 2024) vorgestellt wurde.

Die Studie der Experteninterviews in Abschnitt 2.6 wurden gemeinsam mit Laurianne Schmitt entwickelt, durchgeführt und analysiert. Die Konzeption der Interviewleitfäden, die Organisation der Interviewpartner, Durchführung der Interviews und Codierung und Auswertung der Interviewdaten erfolgten dabei gemeinschaftlich.

Der Einfluss von Gruppen und Individuen auf das Treffen TCO-optimaler Entscheidungen

2

2.1 Einleitung

Einkaufsentscheidungen gehören zum Alltag von vielen Privatpersonen und Unternehmen, wie zum Beispiel beim Wocheneinkauf von Familien oder bei individuellen oder unternehmerischen Kaufentscheidungen über neue Investitionen (Kim/Lee 1997; Lambert et al. 1986; Lee/Beatty 2002). Gemeinsam haben diese Kaufentscheidungen, dass am Ende das bestmögliche Ergebnis erzielt werden soll. Dabei ist zunächst nicht immer eindeutig definiert, wie sich diese Optimalität auszeichnet (Akinc 1993; Botti/McGill 2006; Hong/Chang 2015).

Hierbei haben sich die Prioritäten im Laufe der letzten Jahre verändert. Aktuell gewinnen nachhaltige Kaufentscheidungen sowohl im B2B als auch im B2C zunehmend an Bedeutung (Blasberg et al. 2024; PwC 2024). Dabei ist Nachhaltigkeit für viele Entscheidungseinheiten, häufig Gruppen oder Individuen, als die ökologische Form definiert. Ökologische Nachhaltigkeit hat zum Ziel, die Umwelt durch menschliches Verhalten nicht zu stark zu belasten, indem beispielsweise zu hohe CO_2-Emissionen vermieden werden sollen (Goodland 1995). Neben der ökologischen Dimension ist eine weitere elementare Säule die ökonomische Nachhaltigkeit, die betrachtet, dass Kaufentscheidungen getroffen werden, die langfristig zu Kosteneinsparungen führen können (Basiago 1998; Sheth et al. 2011).

Ergänzende Information Die elektronische Version dieses Kapitels enthält Zusatzmaterial, auf das über folgenden Link zugegriffen werden kann https://doi.org/10.1007/978-3-658-49311-0_2.

A. Gerlach, *Nachhaltige Einkaufsentscheidungen im B2B und B2C*, Beiträge zur empirischen Marketing- und Vertriebsforschung,
https://doi.org/10.1007/978-3-658-49311-0_2

Ein Ansatz ökonomische Nachhaltigkeit konkret in Kaufentscheidungen zu integrieren, ist die Berechnung des Total Cost of Ownership (TCO), der alle quantifizierbaren Kosten entlang des Produktlebenszyklus ab Kauf summiert und dadurch die gesamten, mit einem Kauf verbundenen Kosten, aufführt (Morssinkhof et al. 2011). Häufig ist es nicht ausreichend, nur den Einkaufspreis zu betrachten, wenn der Kauf mit Folgekosten verbunden ist, da Produkte mit einem niedrigen Kaufpreis durchaus hohe Kosten in der Zukunft haben können, die das Produkt in Gänze teurer machen als eine Alternative mit höherem Einkaufspreis und niedrigeren Folgekosten. Zeitgleich können Produkte mit einem hohen Kaufpreis auch durch ihre folgenden Einsparungen in Summe günstiger sein als ein initial preisgünstigeres Modell.

Bezieht man TCO in die Kaufentscheidung ein, so führt dies in der Regel zu zahlreichen Vorteilen, wie beispielsweise, dass auf lange Sicht Kosten gespart werden und den Käufern oder Institutionen potenziell mehr Geld für weitere Investitionen zur Verfügung steht (Roda/Garetti 2014). Die Vorteile von TCO beziehen sich aber auch darauf, dass man sich vor dem Produktkauf intensiver mit möglichen Konsequenzen des Kaufs befasst, was zu mehr Transparenz führen kann und potenzielle künftige Probleme oder Kosten frühzeitig identifiziert (Weissenberger-Eibl/Koch 2011). Trotz eines größeren Aufwandes durch Informationsbeschaffung und Berechnung führt die Betrachtung von TCO dadurch in Summe zu zahlreichen Vorteilen für Entscheidungsträger.

Doch obwohl TCO mit vielen Vorteilen verbunden ist, fällt auf, dass sowohl im B2B als auch im B2C zahlreiche Käufe ohne Beachtung der TCO getätigt werden und andere Produktattribute, wie beispielsweise die Produktqualität oder der Einkaufspreis im Fokus stehen (Gerlach et al. 2022). Dies führt zu der Frage, welche Faktoren darüber entscheiden, ob TCO in den Entscheidungsprozess einbezogen wird. Eine Ursache für ökonomisch suboptimale Entscheidungen kann dabei in der Zusammensetzung der Entscheidungseinheit (Gruppen und Individuen) gefunden werden. Es ist unklar, welche Entscheidungseinheit eher TCO einbezieht und wie sie im Treffen der ökonomisch optimalen Auswahl unterstützt werden kann.

Die häufigsten Entscheidungseinheiten sowohl im B2B als auch B2C sind Gruppen und Individuen (Johnston/Lewin 1996). In individuellen Kaufprozessen entscheidet in der Regel eine Person über die tatsächliche Anbieterauswahl, während in Gruppenentscheidungen ein gemeinsamer Konsens aller Beteiligten gefunden werden muss (Johnston/Lewin 1996). Beide Formen der Entscheidungseinheit bringen dabei ihre Vor- und Nachteile mit sich. Individuen haben den Vorteil, dass sie in der Regel keinen Verzerrungen durch Dritte begegnen, die sie überzeugen oder überstimmen wollen (Brady/Wu 2010). Sie haben zudem nicht das Problem sich durchsetzen zu müssen und ihre Entscheidungen werden nicht davon beeinflusst, was eine verträgliche Alternative unter mehreren Personen unterschiedlicher Meinungen ist (Brady/Wu 2010; Cronin et al. 2011; Whyte 1998). Weiter können sie sich in ihren Entscheidungen nicht darauf verlassen, dass Dritte für sie Recherchen erledigen, sodass sie sich selbst intensiver mit dem Thema auseinandersetzen müssen (Kravitz/Martin 1986).

Zeitgleich unterliegen Gruppen zwar diesen Aspekten und möglichen Verzerrungen wie Gruppenpolarisierungen oder Konformitätsdruck, sie können aber auch andere Potenziale eröffnen. In Gruppen kommen Menschen mit unterschiedlichen Erfahrungen und Fähigkeiten zusammen, die zu einem Austausch und damit zu einer Bewertung der Kaufalternativen unter unterschiedlichen Aspekten führen können, was die Effizienz und Effektivität erhöhen kann (Janis 1983; Mayo-Wilson et al. 2013; Sunstein/Hastie 2014). Insbesondere bei Gruppenentscheidungen in Unternehmen, zum Beispiel getroffen durch sogenannte Buying Center, ergibt sich ein Umfeld mit einer besseren Informationsverarbeitungskapazität, mehr Formalisierung und mehr Professionalität bedingt durch unternehmensinterne Strukturen und verschiedene Perspektiven (Bunn 1993; Wilson 2000). Während individuelle Einkaufsentscheidungen bereits umfassend untersucht sind, bleibt die Forschung zu Einkaufsverhalten im B2B eine Forschungspriorität (Mohan et al. 2022), sowie die Forschung zu Gruppenentscheidungen im Allgemeinen (Cao/Zhu 2024).

Es gibt bisher kaum Forschung zu unterschiedlichem Kaufverhalten in Bezug auf (ökonomische) Nachhaltigkeit zwischen Gruppen und Individuen, obwohl bestehende Literatur verdeutlicht, dass die Entscheidungseinheiten zu unterschiedlichen Ergebnissen führen können. Daher widmet sich die vorliegende Forschungsarbeit der Fragestellung, welche Entscheidungseinheit eher TCO-optimale Entscheidungen trifft und wie diese unterstützt werden können, sodass das Ziel der ökonomischen Nachhaltigkeit bei Käufen effektiver und effizienter erreicht wird.

Zur Beantwortung dieser Frage wurde ein Mixed-Methods-Forschungsdesign gewählt, das sowohl experimentelle als auch qualitative Ansätze kombiniert. Das Forschungsprojekt umfasst eine Online-Vorstudie (n = 221), ein Laborexperiment (n = 201), drei Online-Experimente (n = 423, n = 801, n = 240) und Experteninterviews (n = 25). Studie 1 und Studie 1b fokussieren sich dabei ausgehend von der Vorstudie auf die Frage, welche Entscheidungseinheit (Individuen; Gruppen; Individuen mit Think-Aloud) basierend auf zwei Szenarien eher TCO-optimale Entscheidungen trifft und wie dieser Effekt durch Unvollständigkeit von Informationen (Studie 1) oder den Kaufpreis des TCO-optimalen Anbieters (Studie

1b) moderiert wird. Dabei stellt Studie 1 im Laborexperiment einen Entscheidungskontext dar, in dem die Probanden in den Gruppen gleichzeitig diskutieren und eine Entscheidung treffen, während Studie 1b durch E-Mails zwischen den Käufern (Probanden) einen sequenziellen Entscheidungsprozess modelliert.

In Studie 2 werden durch Experteninterviews mit organisationalen Einkäufern Erklärungen für das unterschiedliche Kaufverhalten zwischen Individuen und Gruppen, sowie das Verständnis und die Verwendung von Total Cost of Ownership im unternehmerischen Einkaufskontext untersucht. Zudem wird analysiert, wie (organisationale) Einkäufer beim Treffen TCO-optimaler Entscheidungen unterstützt werden können. Die qualitativen Erkenntnisse bilden die Grundlage für die Entwicklung eines gezielten Trainingsansatzes. Basierend auf den Ergebnissen der Experteninterviews wird in Studie 3 in einem Online-Experiment mit 80 Gruppen untersucht, ob Trainings von Entscheidungsträgern zu einer Verbesserung hinsichtlich TCO-optimalen Ergebnissen führen können.

Die Forschungsarbeit leistet einen wichtigen Beitrag zur Literatur über ökonomisch nachhaltige Kaufentscheidungen, die bisher insbesondere im Marketingkontext kaum betrachtet werden (Kim et al. 2024). Sie adressiert erstmalig, welche Entscheidungseinheit unter welchen Bedingungen am ehesten zu langfristigen ökonomischen Optimierungen führt. Zudem untersucht sie, wie Wissen über das Anwenden des TCO-Konzeptes am besten aufgebaut und erweitert werden kann, um dies in Entscheidungssituationen gezielt einzusetzen. Damit greift die Arbeit auch die Forderung nach verstärkter Nachhaltigkeitsforschung auf, indem sie konkrete Handlungsimplikationen für zukünftige Entscheidungsprozesse in B2B- und B2C-Kontexten ableitet (Institute for the Study of Business Markets 2024; Mohan et al. 2022).

Weiter ergänzt die vorliegende Forschungsarbeit bestehende Literatur über Einkaufsverhalten im B2B, einer ebenfalls definierten Forschungspriorität (Grewal et al. 2015; Mohan et al. 2022). Bisherige Forschung konzentriert sich häufig auf individuelle Ansätze (Briggs/Grisaffe 2010; Brown et al. 2011; Henthorne et al. 1993), während Entscheidungen in Unternehmen häufig durch Gruppen, so genannte Buying Center, getroffen werden und nicht durch individuelle Studien darstellbar sind (Johnston/Bonoma 1981). Die vorliegende Forschungsarbeit greift diese Lücke auf und untersucht experimentell Gruppenverhalten sowohl in Online- als auch Offline-Settings, um somit Rückschlüsse über das ökonomisch nachhaltige Kaufverhalten von Gruppen zu ziehen. Ergänzend bieten die Experteninterviews mit organisationalen Einkäufern weitere Einblicke in die Unternehmensrealität bei Einkaufsprozessen und erweitern das Verständnis über ökonomisch nachhaltige Kaufentscheidungen im B2B.

Schließlich trägt die Arbeit zu einem besseren Verständnis darüber bei, in welchen Kontexten Individuen- und Gruppenentscheidungen besonders effektiv sind und wie sich die jeweiligen Vorteile systematisch nutzen lassen. Bisherige Forschung liefert teils widersprüchliche Erkenntnisse über die Vor- und Nachteile von Gruppen und Individuen (Cronin et al. 2011b; Kugler et al. 2012; Sunstein/Hastie 2014). Die vorliegende Arbeit leistet einen Beitrag zur kontextspezifischen Differenzierung und unterstützt ein tieferes Verständnis für die Entscheidungseinheiten, die zu ökonomisch nachhaltigen Kaufentscheidungen führen. Damit schafft sie sowohl theoretische als auch praxisrelevante Impulse für zukünftige Entscheidungen in einer zunehmend nachhaltigkeitsorientierten Wirtschaft.

2.2 Konzeptionelle Grundlagen

Zur Veranschaulichung der zentralen Annahmen dieser Forschungsarbeit wird in Abbildung 2.1 das konzeptionelle Rahmenmodell der durchgeführten empirischen Studien dargestellt. Die zentrale Idee ist, dass sich Entscheidungseinheiten in ihrem Entscheidungsoutput unterscheiden. Entscheidungsoutput kann dabei je nach Kontext unterschiedlich definiert sein. Im vorliegenden Dissertationskapitel (Kapitel 2) ist der Entscheidungsoutput zum einen definiert als das Treffen der TCO-optimalen Entscheidung (= 1) oder die Wahl eines nicht TCO-optimalen Angebots / Anbieters (= 0). Zum anderen wird als Entscheidungsoutput auch die prozentuale Abweichung des TCO des gewählten Angebots von dem optimalen TCO analysiert, dies allerdings nur als ergänzende zusätzliche Analyse. Es wird hypothetisiert, dass der Effekt der Entscheidungseinheit auf den Entscheidungsoutput durch die Vollständigkeit der verfügbaren Informationen negativ sowie durch den Preisrang, also die Positionierung des Anbieters hinsichtlich des Einkaufspreises im Vergleich zu den anderen Anbietern, des TCO-optimalen Anbieters moderiert wird. Dabei ist eine Annahme, dass ein niedrigerer Kaufpreis die Wahl des TCO-optimalen Anbieters begünstigt. Darüber hinaus wird untersucht, ob Gruppen nach einem TCO-Training im Gegensatz zu Gruppen ohne ein solches Training, bessere und damit TCO-optimale Kaufentscheidungen treffen. Die Hypothese ist hierbei, dass Trainings die TCO-optimale Entscheidungsfindung in Gruppen positiv beeinflussen. Die betrachteten Variablen werden im Folgenden kurz beschrieben.

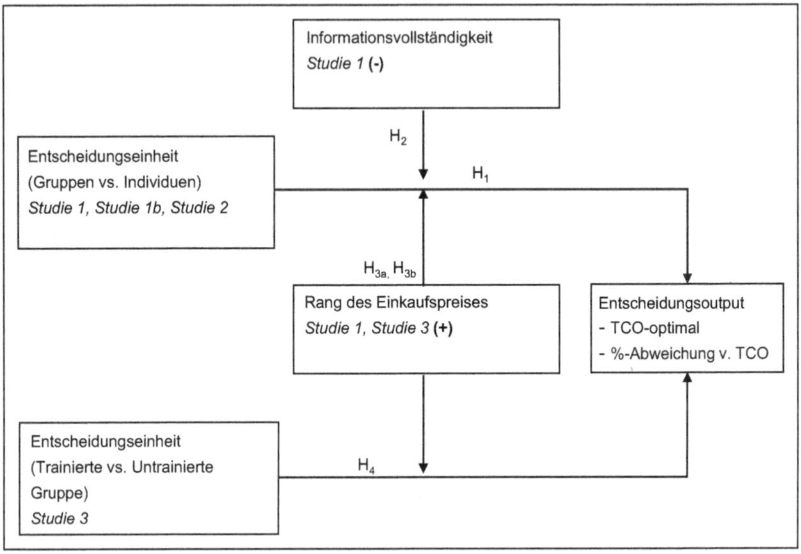

Abbildung 2.1 Konzeptioneller Rahmen des Forschungsprojektes in Kapitel 2

2.2.1 Die Entscheidungseinheit – Gruppen versus Individuen

Um die Auswirkungen der Entscheidungseinheit auf die Kaufentscheidung zu verstehen, ist es zunächst wichtig zu unterscheiden, ob Entscheidungen von Individuen oder Gruppen getroffen werden. Eine Gruppe besteht typischerweise aus zwei oder mehr Individuen, die miteinander interagieren, Informationen austauschen und ihre Entscheidungen koordiniert treffen (Cummings et al. 1974). Während individuelle Kaufentscheidungen in der Literatur bereits vielfach untersucht wurden (Kaufmann et al. 2017), ist die Literatur über Einkaufsentscheidungen in Gruppen rar. Untersuchungen zu Gruppenentscheidungen sind dabei, wenn vorhanden, älter und befassen sich vorwiegend mit Grundlagenforschungen (Johnston/Lewin 1996; Kohli 1989; Nicosia/Wind 1977; Webster/Wind 1972). Dabei finden sich vor allem in Unternehmen häufig Kaufentscheidungen, die von Gruppen, den sogenannten Buying Centern, getroffen werden (Castillo et al. 2022; Dawes et al. 1998; Lord/Gupta 2010). Auch im privaten Kontext werden Kaufentscheidungen häufig in Gruppen getroffen, etwa innerhalb von Familien oder Ehepaaren (Wut/Chou 2013).

Die Differenzierung zwischen Individuen und Gruppen bei Entscheidungsfindungen ist dadurch motiviert, dass Individuen in der Literatur oft mit kognitiven Verzerrungen, dem Nutzen von Heuristiken und begrenzten Kapazitäten zur Informationsverarbeitung verbunden werden (Saab/Botelho 2020; Shah/Oppenheimer 2008) und Entscheidungsmechanismen zwischen beiden Entscheidungseinheiten daher nicht immer übertragbar sind (Venkatesh et al. 1995). In Teilen findet die Literatur ähnliche Verhaltensmuster zwischen Individuen und Gruppen, insbesondere im privaten Kontext (Rojas-de-Gracia et al. 2018). Ein Vergleich individueller Entscheidungen mit formal strukturierten Gruppen, wie in Unternehmen, verdeutlicht hingegen, dass Gruppen in solchen Umfeldern systematischer agieren und entstehende Limitationen reduzieren können (Johnston/Bonoma 1981; Wilson 2000).

Der organisationale Rahmen bietet Gruppen häufig die Möglichkeit, Informationen gründlicher zu verarbeiten und individuelle Fehlerquellen durch gemeinsame Diskussionen zu reduzieren (Sunstein/Hastie 2014). Die Gründe dafür stehen beispielsweise im Einklang mit der „Wisdom of Crowds"-Theorie, die einen Vorteil in Gruppenentscheidungen sieht, da viele Meinungen zusammenkommen, die eher dazu führen, dass eine Person die Antwort kennt oder Diskussionen in Richtung der richtigen Betrachtung lenken (Frey/Van De Rijt 2021; Mayo-Wilson et al. 2013).

Andererseits können soziale Dynamiken wie ein Konformitätsdruck und Gruppenpolarisierungen die rationale Entscheidungsfindung in Gruppen beeinträchtigen, indem beispielsweise extreme Meinungen im Kollektiv verstärkt werden oder Gruppenmitglieder trotz initial abweichender Meinungen schnell einer Person zustimmen, ohne weiter zu hinterfragen oder zu argumentieren (Hamilton et al. 2017; Kassin et al. 2016, S. 328). Die Effektivität von Gruppenentscheidungen hängt zudem von verschiedenen Faktoren ab, darunter Gruppengröße, Verteilung von Expertise und Entscheidungsstrukturen, die ebenfalls Gruppenleistungen verschlechtern können (Asch 1951; Cummings et al. 1974). Da sich aus der bisherigen Forschung kein eindeutiges Bild darüber ableiten lässt, welche Entscheidungseinheit allgemein zu besseren Entscheidungen führt, ist eine kontextspezifische Untersuchung konkret am Beispiel TCO-optimaler Entscheidungen erforderlich (Cronin et al. 2011b; Kugler et al. 2007; Sunstein/Hastie 2014). Die vorliegende Arbeit trägt dazu bei, diese Forschungslücke zu schließen.

2.2.2 Entscheidungsoutput – Total Cost of Ownership

Im Rahmen der vorliegenden Arbeit wird der Entscheidungsoutput in Bezug auf ökonomische Nachhaltigkeit operationalisiert. Der Entscheidungsoutput kann als binäre Variable verstanden werden, die kategorisiert, ob eine Kaufentscheidung nach einem definierten Parameter getroffen wurde oder nicht. In der vorliegenden Dissertation ist der Entscheidungsoutput grundsätzlich die TCO-optimale Wahl (1 = TCO-optimale Wahl getroffen; 0 = TCO-optimale Wahl nicht getroffen).

Bei Kaufentscheidungen gibt es unterschiedliche Ansätze, die Kosten abzuschätzen. Ein Ansatz ist das alleinige Einbeziehen des Kaufpreises, das mit einer schnellen Bewertung einhergeht (Bordalo et al. 2013). Während viele Kaufentscheidungen lediglich den Kaufpreis fokussieren, bieten umfassendere Ansätze wie TCO eine ganzheitliche Betrachtung der Gesamtkosten. Gesamtkosten sind dabei alle Kosten, die mit dem Produktkauf, der Nutzung und Entsorgung verbunden sind (Anderson et al. 2000; Degraeve/Roodhooft 1999; Wouters et al. 2009).

Ansätze zur Berechnung resultierender Gesamtkosten können beispielsweise das Life-Cycle Costing oder die Berechnung von Total Cost of Ownership (TCO) sein (Ellram 1993b; Jackson/Ostrom 1980; Morssinkhof et al. 2011; Olsthoorn et al. 2023). In der vorliegenden Forschungsarbeit liegt der Fokus auf der Berechnung von TCO. Dabei werden in dem Ansatz des TCO alle Kostenpunkte neben den Anschaffungskosten, wie beispielsweise Wartungskosten, Energiekosten, Entsorgungskosten und alle anderen quantifizierbaren Kostenarten gesammelt, summiert und auf eine definierte Zeitperiode berechnet, um so einen realistischen Vergleich zwischen den tatsächlichen Kosten von Produktalternativen betrachten zu können (Ellram, 1993; Ellram, 1995). Folglich ist TCO eine Möglichkeit, langfristig resultierende Kosten sichtbar zu machen und dadurch leichter ökonomische Nachhaltigkeit zu erreichen, während zeitgleich die Bedürfnisse, die der Konsument hat, ausreichend erfüllt sind (Basiago 1998; Elkington 1997).

Dennoch wird TCO in vielen Kaufentscheidungen nicht beachtet, was unter anderem an den Herausforderungen in der benötigten Informationsbeschaffung oder der komplexen Berechnung und fehlenden Bekanntheit des Konzeptes liegen kann (Carter/Rogers 2008; Saccani et al. 2017). TCO setzt sich aus der Betrachtung mehrerer Kostenkomponenten zusammen und erfordert dadurch, dass Informationen zu all diesen Aspekten eingeholt werden müssen. Dies ist mit einem hohen Zeitaufwand verbunden (Carter/Rogers 2008). Die limitierte Bekanntheit des TCO-Konzepts im B2B- und B2C-Bereich erschwert es zusätzlich, Entscheidungen an Kriterien der TCO-Optimalität auszurichten. Zudem führt eine TCO-basierte Entscheidung nicht immer zu unmittelbar sichtbaren Einsparungen, weshalb Käufer und Entscheidungsträger häufig einfachere, preisbasierte Kaufentscheidungen mit direkt sichtbaren Einsparungen bevorzugen (Hartman et al. 2017). Ein Beispiel dafür ist der alleinige Fokus auf den Einkaufspreis, der bei einem günstigeren Preis ein direktes Einsparpotenzial vermittelt. Dies verdeutlicht, warum in der Praxis trotz der theoretischen Vorteile von TCO häufig kurzfristigere und einfachere Entscheidungsansätze dominieren.

2.2.3 Informationsvollständigkeit

Ein zentrales Merkmal, das Kaufentscheidungen beeinflussen kann, ist die Informationsvollständigkeit. Informationsvollständigkeit bezeichnet das Ausmaß, in dem alle relevanten Produkteigenschaften, wie zum Beispiel der Preis, Wartungsbedarf und weitere verdeckte oder in der Zukunft anfallenden Kosten vollständig spezifiziert und für Entscheidungsträger zugänglich sind (Ke et al. 2016; Stasser/Titus 2003). In Einkaufskontexten sind vollständige Information selten gegeben, da sie häufig z. B. zwischen unterschiedlichen Abteilungen (im B2B-Kontext) oder unterschiedlichen Personen (z. B. Familienmitgliedern im B2C-Kontext) verteilt sind, nicht explizit kommuniziert werden oder zum Zeitpunkt des Kaufs unbekannt sind (Kohli 1989; Lüders et al. 2023; Weber 1985). Wenn Entscheidungsträger mit unvollständigen Informationen konfrontiert sind, neigen sie dazu, sich auf die verfügbaren Attribute zu konzentrieren und fehlende Aspekte zu vernachlässigen, was zu systematischen Verzerrungen führen kann (Casoria et al. 2022).

2.2.4 Rang des Einkaufspreises

Neben der Informationsverfügbarkeit spielt auch die Preisgestaltung eine zentrale Rolle in Kaufentscheidungen. Der Preisrang wird in der vorliegenden Dissertation als die Position des Anbieters hinsichtlich des Kaufpreises seines Produktes im Vergleich zu den anderen Anbietern betrachtet. So würde beispielsweise der Anbieter mit dem niedrigsten Kaufpreis im Vergleich zu den anderen Anbietern Preisrang 1 zugewiesen bekommen.

Auch in TCO-basierten Entscheidungen ist die Höhe des Kaufpreises ein relevantes Attribut, da es leicht sichtbar, salient und vertraut ist und direkte Kostenvergleiche ohne weitere Berechnungen zulässt (Irmak et al. 2013; Saab/

Botelho 2020). Gleichzeitig kann aber eine ausschließliche Betrachtung des Kaufpreises zu Verzerrungen bei hohen Folgekosten führen.

Zudem dient der Einkaufspreis eines Produktes auch als Signal für Qualität und wahrgenommenen Wert (Levin et al. 1984; Levin/Johnson 1984). Höhere Kaufpreise werden häufig automatisch mit überlegener Qualität assoziiert, während niedrigere Preise kurzfristige Kosteneinsparungen suggerieren können, aber oft durch mindere Qualitätserwartungen vermieden werden (Kardes et al. 2004; Lalwani/Shavitt 2013; Rao 2018). Zusätzlich verdeutlichen bisherige Studien, dass niedrigere Preise Bedenken hinsichtlich der Langlebigkeit oder Zuverlässigkeit eines Produkts hervorrufen können (Huber/McCann 1982). Insbesondere in TCO-Überlegungen hat der Einkaufspreis damit eine wichtige Signalwirkung. In TCO-basierten Entscheidungen sollten gelernte Heuristiken, wie zum Beispiel Preis-Qualitäts-Heuristiken keine dominierende Rolle spielen. Stattdessen ist eine umfassende, holistische Bewertung aller relevanten Produktattribute erforderlich.

2.2.5 Trainings zur Verbesserung der TCO-Entscheidungen

Um suboptimale Kaufentscheidungen (hier zum Beispiel bei Abweichen von der TCO-optimalen Lösung) zu verbessern, haben bisherige Studien initiale Evidenz gefunden, dass Trainings eine effiziente Maßnahme sein können. Studien deuten darauf hin, dass insbesondere spezifische Kauftrainings Individuen und Gruppen dabei unterstützen können, ihre Entscheidungsfindung zu verbessern und Verzerrungen zu reduzieren, besonders wenn sie gezielt auf die jeweilige Aufgabe abgestimmt sind (Ganster et al. 1991; Walter 1975). Beispielsweise hat sich videobasiertes Training, das Problemlösungsprozesse modelliert und strukturiertes Feedback bietet, als wirksam für die Verbesserung der Gruppenentscheidungsqualität erwiesen (Keiser/Arthur 2021). Ebenso kann Selbstmanagement-Training individuelle Entscheidungsleistungen steigern, indem es Zielsetzung und Fortschrittskontrolle fördert (Frayne/Geringer 2000). Aufgabenspezifische Trainings können helfen, gewohnheitsmäßige oder ad-hoc-basierte Entscheidungsstrategien zu vermeiden (Ganster et al. 1991). In dieser Studie dienen ein kurzes instruktives Video und eine Übungsaufgabe als Interventionen, um die Teilnehmenden mit dem benötigten Wissen über die Anwendung und den Nutzen von TCO auszustatten, bevor sie die eigentliche Entscheidungsaufgabe bearbeiten.

2.3 Hypothesenentwicklung

Das Rahmenmodell in Abbildung 2.1 (vgl. Abschnitt 2.2) inkludiert auch eine Übersicht über die vier untersuchten Hypothesen, die sich aus der Literatur ableiten. Mit den Hypothesen wird der Einfluss der Entscheidungseinheit (Gruppen vs. Individuen) auf einen definierten Entscheidungsoutput, der hier grundsätzlich die TCO-Optimalität der Entscheidung ist (H_1), sowie die moderierende Wirkung der Informationsvollständigkeit auf diesen Effekt (H_2) analysiert. Darüber hinaus betrachtet das Modell die moderierenden Effekte des Preisrangs (H_{3a}, H_{3b}) des TCO-optimalen Anbieters und den Einfluss von Trainings auf Gruppenentscheidungen im Hinblick auf TCO-Optimierung (H_4).

2.3.1 Der Effekt der Entscheidungseinheit auf das Treffen TCO-optimaler Entscheidungen

Wie in Abschnitt 2.2.1 thematisiert, liefert die Literatur erste Hinweise darauf, dass sich Entscheidungsprozesse zwischen Individuen und Gruppen erheblich unterscheiden können. Dies liegt an zahlreichen Faktoren, wie beispielsweise der Zusammensetzung einer Gruppe, die zahlreiche heterogene Individuen vereinen und damit aggregiert zu mehr Wissen als in einer Individualentscheidung führen kann (Corfman/Lehmann 1987; Kugler et al. 2007, 2012). Dabei sind die unterschiedlichen Entscheidungseinheiten (Gruppen und Individuen) grundsätzlich kontextspezifisch der jeweils anderen überlegen, sodass für den konkreten Fall ökonomisch nachhaltige Entscheidungen geprüft werden muss, welche Entscheidungseinheit eher TCO-optimale Entscheidungen treffen kann.

Theoretisch scheinen Gruppen besonders gut für TCO-basierte Entscheidungsprozesse geeignet, da sie durch mehrere Gruppenmitglieder mehr Wissen und Fähigkeiten bündeln als Individuen (Charness/Sutter 2012). Zudem können sie gerade bei komplexen Entscheidungen Aufgaben aufteilen und somit kleinere und dadurch leichter zu verarbeitende Aufgaben bearbeiten (Kassin et al. 2016, S. 335). Das Gruppenziel kann darin bestehen, Argumente auszutauschen, um ein gemeinsames Wissensfundament zu schaffen (Ward/Reingen 1990). Aufgrund der kognitiven Anforderungen komplexer Berechnungen sind Gruppen potenziell besser in der Lage, mehrere Faktoren systematisch zu integrieren und zu evaluieren, was am Beispiel von TCO zu kosteneffizienteren Entscheidungen führen kann (Kugler et al. 2012).

Weiter verdeutlichen bisherige Studien, dass Gruppen in Entscheidungsprozessen mehr Argumente und Perspektiven austauschen als Individuen, insbesondere wenn sich die Gruppenmitglieder vorher nicht kannten (Rudd/Kohout 1983). Dies lässt sich in Teilen dadurch erklären, dass Gruppenmitglieder, die sich kennen, vermeintlich bereits die Stärken und das Wissen der anderen Gruppenmitglieder einschätzen können und so zurückhaltender im Informationsaustausch sind (Rudd/Kohout 1983). Zudem führt die Kombination verschiedener Wissensbereiche innerhalb einer Gruppe dazu, dass Gruppen in 97 % der Fälle bessere Entscheidungen treffen als das leistungsstärkste Gruppenmitglied, was darauf hindeutet, dass die Zusammenarbeit von Individuen die Entscheidungsqualität gegenüber einem Einzelnen steigern kann (Michaelsen et al. 1989; Park et al. 2024).

Ein weiterer Vorteil ist, dass Gruppen oft die kompetentesten Mitglieder identifizieren und sich auf deren Expertise stützen, was ihre Entscheidungsleistung verbessern kann und ein Vorteil ist, den ein Individuum nicht zur Verfügung hat (Malter/Dickson 2001).

Individuen hingegen verlassen sich häufig auf heuristische Entscheidungsstrategien und nutzen vereinfachte Entscheidungsregeln, beispielsweise die Priorisierung des Kaufpreises als dominierendes Kriterium (Shah/Oppenheimer 2008; Tversky/Kahneman 1974). Eine Ursache hierfür kann in der begrenzten Verarbeitungskapazität eines Einzelnen liegen, sodass nicht alle Informationen vollständig erfasst werden können und alternative einfachere Ansätze gefunden werden müssen (Shah/Oppenheimer 2008). Der strukturierte Austausch von Perspektiven in einer Gruppe kann die Abhängigkeit von Heuristiken verringern und Entscheidungsträgern ermöglichen, eine breitere Palette an Kostenimplikationen zu berücksichtigen, was ein zentrales Charakteristikum von TCO ist (Sunstein/Hastie 2014). Zudem können organisationale Entscheidungsregeln eine systematische Bewertung weiter fördern und damit die Wahrscheinlichkeit erhöhen, dass Gruppen TCO-optimale Entscheidungen treffen (Bunn 1993; Johnston/Bonoma 1981).

Allerdings ist die Entscheidungsfindung in Gruppen nicht ohne Herausforderungen und mögliche Nachteile, sodass ihr Potenzial nicht immer voll ausgeschöpft wird (Lam/Schaubroeck 2000). Neben der Literatur zu Vorteilen von Gruppenentscheidungen, finden Modelle auch Gegenteiliges (z. B. Hill 1982). Mögliche Gründe hierfür liegen in sozialen Einflüssen, wie Konformitätsdruck oder übermäßige Orientierung an vermeintlichen Experten, die eine objektive Bewertung verfälschen können, indem beispielsweise einer Person zu viele Kompetenzen zugeschrieben werden (Hamilton et al. 2017; Kohli 1989). Darüber hinaus neigen Gruppen dazu, extreme Meinungen, auch wenn diese falsch sind, zu verstärken, was als Gruppenpolarisierung bekannt ist (Asch 1951; Ward und

Reingen 1990). Zudem können Koordinationsineffizienzen die potenziellen Vorteile der Gruppendiskussion verringern (Kassin et al. 2016, S. 321). Treten die erwähnten Verzerrungen auf, dann kann es durchaus sein, dass ein Individuum bessere Entscheidungen trifft als eine Gruppe.

Obwohl bisher nicht untersucht wurde, welche Entscheidungsträger besser in der Analyse TCO-optimaler und damit ökonomisch nachhaltiger Entscheidungen sind, deutet die strukturierte Natur vieler (organisationaler) Gruppen-Beschaffungsprozesse darauf hin, dass Gruppen im Durchschnitt eher TCO-optimale Entscheidungen treffen als Individuen. Insgesamt lässt sich dadurch die folgende Hypothese ableiten:

H_1: *Gruppen wählen wahrscheinlicher den Anbieter mit den geringsten TCO als Individuen.*

2.3.2 Der moderierende Effekt von Informationsvollständigkeit auf das Treffen TCO-optimaler Entscheidungen

Total Cost of Ownership (TCO)-Entscheidungen beruhen auf der Verfügbarkeit vollständiger und präziser Informationen zu langfristigen Kostenaspekten, wie Wartungsaufwand, Betriebskosten und Entsorgungskosten, um informierte Entscheidungen und Vergleiche vornehmen zu können (Degraeve/Roodhooft 1999). In der Praxis erfolgt der Beschaffungsprozess jedoch häufig unter unvollständigen Informationen, da relevante Produktattribute, wie Wartungskosten oder Entsorgungskosten, nicht vorhanden sind oder bewusst zurückgehalten werden (Jagacinski 1991, 1994). Auch in individuellen Kaufentscheidungen bestätigen Studien, dass häufig eine Informationsunvollständigkeit über die betrachteten Alternativen besteht (Tellis/Gaeth 1990).

In Fällen mit unvollständigen Informationen neigen Entscheidungsträger dazu, sich auf die verfügbaren Merkmale zu konzentrieren und fehlende Informationen entweder zu ignorieren oder durch Annahmen, basierend auf vorhandenen Attributen anderer Alternativen oder persönlichen Erfahrungen, zu ersetzen, was zu suboptimalen Entscheidungen und fehlerhaften Wahrnehmungen führen kann (Jagacinski 1991; Stasser/Titus 2003).

Gruppen profitieren zwar von der Bündelung des Wissens der Einzelnen (Charness/Sutter 2012), sind jedoch anfälliger für den „Common-Information-Bias“. Dabei werden überwiegend Informationen diskutiert, die allen Gruppenmitgliedern zur Verfügung stehen, während nicht geteilte, dennoch möglicherweise relevante Daten, vernachlässigt werden (Kassin et al. 2016, S. 332; Stasser/Titus 2003). Dies kann bestehende Wissenslücken in Gruppen verstärken und führt vor allem im Ansatz von TCO dazu, dass relevante Elemente zur Gesamtkostenabschätzung unzureichend oder gar nicht adressiert werden (Charness/Sutter 2012).

Während Individuen ebenfalls mit unvollständigen Informationen konfrontiert sein können, sind sie durch die fehlende Diskussion der Aspekte der Anbieter nicht so stark dem Effekt ausgesetzt, dass sie sich nur auf geteilte Informationen beziehen, was eine negative Verzerrung von unvollständigen Informationen abschwächen kann (Cronin et al. 2011). In Gruppenkontexten können zudem Koordinationsineffizienzen (zum Beispiel überstimmende Meinungen oder der Fokus auf ausschließlich allen Mitgliedern verfügbaren Informationen) und selektive Informationsverarbeitung die Wahrscheinlichkeit einer TCO-optimalen Entscheidung weiter verringern (Kassin et al. 2016, S. 268–275).

Daher wird erwartet, dass der Vorteil der Gruppenentscheidung bei unvollständigen Informationen abnimmt und die Wahrscheinlichkeit sinkt, dass die TCO-optimale Option von der Gruppe gewählt wird.

H_2: *Die Effektivität von Gruppen nimmt ab, wenn die bereitgestellten Informationen unvollständig sind.*

2.3.3 Die moderierende Rolle des Einkaufspreises

Der Preisrang hat eine entscheidende Rolle bei Kaufentscheidungen. Je niedriger der Preis, desto stärker wird er oft von Käufern als Möglichkeit unmittelbaren Kosteneinsparung wahrgenommen (Levin/Johnson 1984). Darum haben insbesondere auch Preisvergleiche im Einzelhandel eine hohe Bedeutung. Verbraucher bevorzugen grundsätzlich einen möglichst geringen Preis zu zahlen unter der Bedingung, dass der Kauf ihre Anforderungen erfüllt (Hamilton/Chernev 2013).

Diese Tendenz ist besonders bei individuellen Entscheidungen ausgeprägt, da die kognitive Verarbeitung bei einzelnen Personen bei zu großen Informationsmengen zu Limitationen führt und dadurch leicht zu verarbeitende Produktsignale stärker in den Fokus geraten (Kardes et al. 2004; Lalwani/Shavitt 2013).

Insbesondere stellen zwar der Einkaufspreis und die Qualität die wichtigsten Entscheidungskriterien für alle Entscheider dar, davon ist die Qualität aber häufig schwerer zu beurteilen, sodass Käufer einen Fokus auf den Einkaufspreis richten (Tellis/Gaeth 1990). Das führt dazu, dass der Kaufpreis als grundsätzlich verlässliches Attribut und rationale Möglichkeit zur Entscheidungsfindung erscheint. Denn potenzielle finanzielle Unsicherheiten und Risiken sind durch die Auswahl eines möglich geringen Kaufpreises minimiert (Tellis/Gaeth 1990).

Da die Qualität neben dem Preis eine hohe Relevanz bei Produktkäufen hat, aber oft schwer beim Kauf zu beurteilen ist, haben sich Heuristiken unter den Verbrauchern etabliert, die zur Abschätzung der Qualität genutzt werden können. Doch auch wenn höhere Preise als Indikator für überlegene Qualität dienen können, konzentrieren sich viele Käufer primär auf den auffälligsten Faktor, den Kaufpreis, anstatt eine ganzheitliche Kostenbewertung, lange Überlegungen und Abschätzungen durchzuführen (Diehl/Zauberman 2005).

Zeitgleich fällt Gruppen ein ganzheitlicher Betrachtungsansatz leichter, wenn sie eine komplexe Überlegung in viele Teilaufgaben trennen können und so den kognitiven Limitationen eines Individuums entgegentreten (Kassin et al. 2016, S. 335). Ferner können Gruppen höhere Einkaufspreise in gemeinsamen Diskussionen rechtfertigen oder den resultierenden höheren Kaufpreisen positiver begegnen, da die Kosten auf mehrere Personen aufgeteilt werden können. Diesen Vorteil haben Individuen nicht.

Daher wird erwartet, dass Individuen den niedrigsten Kaufpreis gegenüber TCO-Überlegungen priorisieren. Dies führt zur folgenden Hypothese:

H_{3a}: *Individuen wählen mit höherer Wahrscheinlichkeit den Anbieter mit dem niedrigsten Kaufpreis als Gruppen.*

Der Einkaufspreis kann bedingt durch seine Funktion als Qualitätsindikator einen weiteren Effekt haben, der dazu führt, dass Einkäufer den TCO-optimalen Anbieter eher wählen, wenn dieser zeitgleich der Anbieter mit dem zweitniedrigsten Einkaufspreis ist. Während ein niedriger Kaufpreis zwar mögliche finanzielle Nachteile im Beschaffungsmoment minimiert, gibt es jedoch auch Einkäufer, die den Preis als Signal über die Produktqualität wahrnehmen (Tellis/Gaeth 1990). In dem Fall werden niedrige Preise häufig mit niedriger Qualität oder geringerer Haltbarkeit assoziiert (Huber/McCann 1982). Wenn Käufer vom Preis auf die Qualität schließen und damit nicht „Price-Averse“, sondern „Price-Seeking“ sind, ist ihre Entscheidung in eine Richtung beeinflusst, in der sie eher gewillt sind, einen höheren Kaufpreis zu akzeptieren und dadurch verbesserte Qualität erwarten (Tellis/Gaeth 1990).

Dennoch wollen Einkäufer einen hohen Preis häufig vermeiden, was die Frage nach einer Kompromisslösung aufwirft, die finanzielle Erschwinglichkeit mit der wahrgenommenen Qualität in Einklang bringen kann. Ein Beispiel für eine solche Kompromisslösung wäre die Wahl eines Produktes, das beispielsweise den zweitniedrigsten Einkaufspreis unter den Alternativen hat, damit in der Preis-Qualitäts-Heuristik besser bewertet würde und dennoch nicht die Sorge vor zu hohen Risiken durch zu hohe Preise adressiert (Bornemann/Homburg 2011; Tellis/Gaeth 1990).

Daraus ergibt sich folgende Hypothese:

H_{3b}: *Teilnehmer wählen mit höherer Wahrscheinlichkeit den Anbieter mit den niedrigsten Total Cost of Ownership, wenn dieser den zweitgünstigsten Kaufpreis aufweist.*

2.3.4 Der Einfluss von Trainings auf Gruppen im Treffen TCO-optimaler Entscheidungen

Trainings sind ein allgemein etabliertes Modell, wenn es darum geht, die Qualität von Entscheidungsprozessen zu verbessern. So können gezielte Trainingsmaßnahmen beispielsweise kognitive Verzerrungen reduzieren und strukturiertes Entscheidungsverhalten fördern (Michaelsen et al. 1989; Shah/Oppenheimer 2008). Forschung deutet darauf hin, dass insbesondere aufgabenspezifische Trainings sowohl die individuelle Leistung als auch die Gruppenleistung steigern können (Burleson et al. 1984). Zudem können kurze instruktive Interventionen nachweislich die Entscheidungsqualität verbessern (Frayne/Geringer 2000). Zielgerichtete Schulungen, die auf übliche Fehler bei den zu beobachtenden Entscheidungen ausgelegt sind, fördern nachweislich die Qualität von Gruppenentscheidungen (Ganster et al. 1991), während videobasiertes Training, das Problemlösungsverhalten modelliert und Feedback liefert, die Leistungsfähigkeit von Entscheidungsträgern erhöht (Keiser/Arthur 2021).

Im Kontext von TCO-Entscheidungen können Trainings dazu beitragen, die Abhängigkeit von intuitiven Heuristiken und abweichendem Verhalten zu verringern und systematisches Denken zu fördern. Das gelingt, indem Trainings die Teilnehmer mit Fähigkeiten zur Lösung der Aufgaben ausstattet und den oftmals weniger bekannten Ansatz der TCO mit seinen Vorteilen erklärt und so zu Bewusstsein bei den Verbrauchern führt (Ganster et al. 1991; Walter 1975).

Als strukturierter Ansatz wird in dieser Studie ein selbst generiertes Video über die Berechnung und den Sinn von TCO, sowie eine nachfolgende kurze Übungsaufgabe mit Feedback eingebettet und kann Entscheidungsträger dabei unterstützen, langfristige Kostenimplikationen stärker zu berücksichtigen, anstatt sich ausschließlich auf den Anschaffungspreis zu konzentrieren. Selbst kurze, gezielte Trainings haben sich als wirksam erwiesen, um rationalere, datenbasierte Kaufentscheidungen zu fördern (Park et al. 2020).

H_4: *Gruppen treffen mit Trainings eher TCO-optimale Entscheidungen als ohne Training.*

2.3.5 Abweichungen von den Vorregistrierungen

Alle Hypothesen und die Studiendesigns wurden vor der Durchführung vorregistriert. Zur besseren Verständlichkeit wurden einige Abweichungen von den ursprünglich vorregistrierten Designs und Hypothesen vorgenommen. Sämtliche Änderungen sind in Tabelle 2.1 dokumentiert. Bei Hypothesen H_{3a}, H_{3b} und H_4 haben sich keinerlei Änderungen ergeben.

Tabelle 2.1 Übersicht über die Abweichungen von den Vorregistrierungen in Kapitel 2

Titel der Vorregistrierung	Studie #	Abweichung	Erklärung
Information processing of individuals and groups under the aspect of TCO (AsPredicted #144378; https://aspredicted.org/x7jn-qb5m.pdf)	1	H_2 (Gruppen und Individuen verarbeiten Kosteninformationen unterschiedlich) wurde von den untersuchten Hypothesen exkludiert und als zusätzliche Analyse aufgeführt.	H_2, sowie H_{2a} und H_{2b} wurden von der Hauptstudie ausgeschlossen, um eine klare Struktur beizubehalten und stattdessen in zusätzlichen Analysen betrachtet. Die Analyse der Informationsverarbeitung mittels Classifier-Analysen und ist nun in Abschnitt 2.5.5 dargestellt.
		H_{2a} (Gruppen diskutieren mehr Themen beim Entscheiden, weshalb sie wahrscheinlicher TCO-optimale Entscheidungen treffen) wurde von den untersuchten Hypothesen exkludiert und als zusätzliche Analyse aufgeführt.	H_{2a} wurde über ein ergänzendes Topic Modelling untersucht, das in Anhang A2.2 im elektronischen Zusatzmaterial dargestellt ist.
		H_{2b} (Gruppenentscheidungen sind analytischer) wurde von den untersuchten Hypothesen exkludiert und als zusätzliche Analyse aufgeführt.	H_{2b} wurde über ergänzende Classifier-Analysen in Abschnitt 2.5.5 untersucht.
		Name der abhängigen Variable von "TCO optimizing decision" (TCO-optimale Entscheidung) zu "Decision outcome" (Entscheidungsoutput) abgeändert.	Die Definition und Analysen bleiben identisch, der Term „Entscheidungsoutput" ist aber breiter gefächert und deckt die Thematik besser ab.

(Fortsetzung)

Tabelle 2.1 (Fortsetzung)

Titel der Vorregistrierung	Studie #	Abweichung	Erklärung
		Teilnehmeranzahl in der Think-Aloud-Kondition n = 43, statt n = 40.	Durch die randomisierte Zuteilung der Teilnehmer ergibt sich die erhöhte Stichprobengröße für Individuen in der Think-Aloud-Kondition.
		Teilnehmeranzahl in der Individuellen Kontrollkondition n = 38, statt n = 40.	Durch die randomisierte Zuteilung der Teilnehmer ergibt sich die leicht verringerte Stichprobengröße für Individuen in der Kontroll-Kondition. Da die Abweichung marginal ist und die Stichprobengröße dennoch ausreichend groß ist, wurden die beiden fehlenden Teilnehmer nicht nacherhoben.
		Name der unabhängigen Variable "Decision-making entity" (Entscheidungsentität) geändert zu „Decision-making unit" (Entscheidungseinheit).	Die Umbenennung passt sprachlich besser in den Kontext.
Follow-Up Study Buying behavior between groups and individuals in terms of TCO (AsPredicted #159114; https://aspredicted.org/z9y9-njy8.pdf)	1b	Name der abhängigen Variable von "TCO optimizing decision" (TCO-optimale Entscheidung) zu "Decision outcome" (Entscheidungsoutput) abgeändert.	Die Definition und Analysen bleiben identisch, der Term „Entscheidungsoutput" ist aber breiter gefächert und deckt die Thematik besser ab.

(Fortsetzung)

Tabelle 2.1 (Fortsetzung)

Titel der Vorregistrierung	Studie #	Abweichung	Erklärung
		Name der unabhängigen Variable "Decision-making entity" (Entscheidungsentität) geändert zu „Decision-making unit" (Entscheidungseinheit).	Die Umbenennung passt sprachlich besser in den Kontext.
		Der Name der Variable „Niedrigster Preis" wurde in „Preisrang" umbenannt.	Preisrang ist eine einheitliche Variablenbenennung für alle vier Anbieter und kann so unterschiedliche Ausprägungen annehmen und in die Analyse einfließen.
		Anzahl beobachteter Gruppen in der PV-Anlagen-Kondition n = 39, statt n = 50.	Bedingt durch das Verfahren von Gruppenerhebungen in Prolific, entstanden nur 39 vollständige Gruppen in der PV-Anlagen-Kondition. Da dies eine ähnliche große Stichprobe wie im vorausgehenden Laborexperiment ist, wurde die Abweichung akzeptiert.

(Fortsetzung)

Tabelle 2.1 (Fortsetzung)

Titel der Vorregistrierung	Studie #	Abweichung	Erklärung
		Anzahl beobachteter Gruppen in der Kühl-Gefrier-Kombination-Kondition n = 34, statt n = 50.	Bedingt durch das Verfahren von Gruppenerhebungen in Prolific, entstanden nur 34 vollständige Gruppen in der Kühl-Gefrier-Kombination-Kondition. Da dies eine ähnliche große Stichprobe wie im vorausgehenden Laborexperiment ist, wurde die Abweichung akzeptiert.
		Aufzeichnung der Entscheidungen mittels Audio-Aufnahmen.	Bedingt durch das Prolific-Design und die geplante Untersuchung von sequenziellen Entscheidungen per Mail, wurden keine Audio-Aufzeichnungen aufgenommen, sondern Teilnehmende stattdessen gebeten, ihre Entscheidungen in schriftlicher Form zu begründen.
Sustainable Buying – Prolific study regarding price ranks (AsPredicted #162409; https://aspredicted.org/4bs9-wm7h.pdf)		Name der abhängigen Variable von "TCO optimizing decision" (TCO-optimale Entscheidung) zu "Decision outcome" (Entscheidungsoutput) abgeändert.	Die Definition und Analysen bleiben identisch, der Term „Entscheidungsoutput" ist aber breiter gefächert und deckt die Thematik besser ab.

(Fortsetzung)

Tabelle 2.1 (Fortsetzung)

Titel der Vorregistrierung	Studie #	Abweichung	Erklärung
		Name der unabhängigen Variable "Decision-making entity" (Entscheidungsentität) geändert zu „Decision-making unit" (Entscheidungseinheit).	Die Umbenennung passt sprachlich besser in den Kontext.
		Der Name der Variable „Niedrigster Preis" wurde in „Preisrang" umbenannt.	Preisrang ist eine einheitliche Variablenbenennung für alle vier Anbieter und kann so unterschiedliche Ausprägungen annehmen und in die Analyse einfließen.
		Anzahl beobachteter Gruppen in Preisrang 1 n = 47, statt n = 50.	Bedingt durch das Verfahren von Gruppenerhebungen in Prolific, entstanden nur 47 vollständige Gruppen in der Preisrang 1-Kondition. Da dies nur marginal unter dem geplanten Wert von n = 50 liegt, wurde die Abweichung akzeptiert.

(Fortsetzung)

Tabelle 2.1 (Fortsetzung)

Titel der Vorregistrierung	Studie #	Abweichung	Erklärung
		Anzahl beobachteter Individuen in Preisrang 2 $n = 48$, statt $n = 50$; Anzahl beobachteter Individuen in Preisrang 3 $n = 49$ statt $n = 50$.	Bedingt durch die nicht immer perfekte Gleichverteilung in Prolific, antworteten nur 48 Individuen in Preisrang 2 und 49 Individuen in Preisrang 3. Da dies nur marginal unter dem geplanten Wert von $n = 50$ liegt, wurde die Abweichung akzeptiert.
TCO optimizing purchasing decisions after training (AsPredicted #204631; https://aspredicted.org/hct2-fsvy.pdf)	3	Name der abhängigen Variable von "TCO optimizing decision" (TCO-optimale Entscheidung) zu "Decision outcome" (Entscheidungsoutput) abgeändert.	Die Definition und Analysen bleiben identisch, der Term „Entscheidungsoutput" ist aber breiter gefächert und deckt die Thematik besser ab.

2.4 Methode und empirisches Vorgehen

2.4.1 Überblick über die Studien im Forschungsprojekt 1

Um ein umfassendes Verständnis darüber zu gewinnen, wie Gruppen und Individuen TCO in Kaufentscheidungen einbeziehen, folgen die vorliegenden Studien einen Mixed-Method-Ansatz, der sowohl quantitative (Umfragen und Experimente) als auch qualitative (Experteninterviews) Methoden kombiniert. Qualitative Methoden ermöglichen dabei eine tiefere Analyse zugrunde liegender Mechanismen und situationaler Faktoren (Kahlke 2014). Durch die Verknüpfung beider Perspektiven entsteht ein umfassenderes Verständnis der Relevanz, Herausforderungen und potenziellen Vorteile eines TCO-basierten Kaufverhaltens je nach unterschiedlicher Entscheidungseinheit.

Eine erste explorative Erhebung untersucht die Struktur organisationaler Einkaufsprozesse in realen Unternehmenskontexten anhand einer Online-Umfrage auf der Plattform Prolific. Aufbauend auf diesen Erkenntnissen wurden quantitative Methoden eingesetzt, um die Hypothesen systematisch zu testen und zu validieren.

Die anschließenden quantitativen Daten wurden in Labor- und Prolific-Experimenten erhoben und primär mittels (Mehrebenen-)Regressionsanalysen analysiert. Dabei bearbeiteten die Teilnehmenden im Laborexperiment zwei Kaufszenarien, sodass potenzielle Lerneffekte über die beiden Durchgänge kontrolliert und in den Analysen durch die Mehrebenen-Betrachtung berücksichtigt werden mussten. Zusätzlich ergänzen Classifier-Analysen die deskriptiven Analysen und Regressionsanalysen, indem sie untersuchen, wie die Informationsverarbeitung in den unterschiedlichen Entscheidungseinheiten erfolgt und welche Themen sie in welchem Ausmaß diskutieren.

Ergänzend dazu wurden Experteninterviews durchgeführt, um die experimentellen Erkenntnisse zu validieren und wertvolle Einblicke in die tatsächliche Anwendung und das Verständnis von TCO in Unternehmen zu bekommen. Die Ergebnisse der Interviews dienen zudem als Ausgangslage für Verbesserungen in den Entscheidungsprozessen, die im abschließenden quantitativen Prolific-Experiment untersucht werden. Daten aus der letzten Prolific-Studie wurden mittels Regressions- und Classifier-Analysen ausgewertet. Eine Übersicht der durchgeführten Studien sowie der jeweiligen Forschungsfragen ist in Tabelle 2.2 dargestellt.

Tabelle 2.2 Überblick über die durchgeführten Studien in Kapitel 2

#	*Datengrundlage*	*n*	*Produkt*	*Hypothesen*	*Forschungsfrage*
Vorstudie	Prolific	Teilnehmer = 221	–	–	Entscheiden Gruppen heutzutage noch in organisationalen Kaufentscheidungen?
1	Laborexperiment	Teilnehmer = 201; Gruppen = 40	Kühl-Gefrier-Kombinationen; PV-Anlagen	H_1, H_2	Treffen Gruppen wahrscheinlicher TCO-optimale Entscheidungen als Individuen und ist dieser Effekt durch unvollständige Informationen abgeschwächt?
1b	Prolific	Erste Phase: Teilnehmer = 423; Gruppen = 93 Zweite Phase: Teilnehmer = 801 Gruppen = 199	Erste Phase: Kühl-Gefrier-Kombinationen; PV-Anlagen Zweite Phase: Kühl-Gefrier-Kombinationen	H_1, H_{3a}, H_{3b}	Ist die Wahrscheinlichkeit TCO-optimale Entscheidungen zu treffen durch den Einkaufspreis moderiert?
2	Experteninterviews	Teilnehmer = 25	–	–	Was ist die Rolle von Gruppen und TCO in organisationalen Kaufentscheidungen?
3	Prolific	Teilnehmer = 240; Gruppen = 80	PV-Anlagen	H_4	Helfen Trainings Gruppen dabei, TCO-optimale Kaufentscheidungen zu treffen?

2.4.2 Vorstudie

Ziel der durchgeführten Vorstudie war es, Verhaltensweisen im organisationalen Einkauf in der heutigen Welt zu identifizieren. Zudem sollte sie feststellen, ob aktuelle Verhaltensmuster von den, in der etablierten Literatur (Kohli 1989; Webster/Wind 1972), beschriebenen abweichen. Das Studiendesign ist eine explorative und deskriptive Umfrage.

Methode und Teilnehmer

Die Vorstudie wurde mit 221 Teilnehmenden über die Plattform Prolific durchgeführt. Teilnehmende wurden danach selektiert, dass sie selbst angegeben haben, aktuell eine Entscheidungsposition in ihren Unternehmen innezuhaben und in den vergangenen zwei Jahren berufstätig (gewesen) zu sein. Dieses Kriterium soll sicherstellen, dass das tatsächliche aktuelle Verhalten im organisationalen Einkauf untersucht und mögliche Abweichungen von in der Literatur beschriebenen Mechanismen identifiziert werden können, um dahingehend möglichst valide Antworten erhalten (Kohli 1989; Webster/Wind 1972).

Um eine Vergleichbarkeit der organisationalen Strukturen sicherzustellen, wurden ausschließlich Teilnehmer aus dem Vereinigten Königreich, den Vereinigten Staaten, Irland, Australien oder Kanada zugelassen. Alle Teilnehmenden sind englische Muttersprachler, um so sicherzustellen, dass der umfangreiche Fragebogen ohne Sprachbarrieren verstanden wird. Zudem wurde eine Altersgrenze zwischen 25 und 65 Jahren definiert, da in den meisten Ländern Menschen dieses Alters tatsächlich beschäftigt sind. Um zusätzlich zu den definierten Kriterien zu kontrollieren, dass die Teilnehmer wirklich geeignete Kandidaten für die Studie sind, wurde als weitere Auswahl ergänzt, dass sie über Verhandlungserfahrung sowie Entscheidungskompetenzen verfügen müssen, da dies meist die Fähigkeiten sind, die Mitarbeiter, die im Einkauf involviert sind, mitbringen.

Die Vorstudie besteht aus zwei Phasen, wie in Abbildung 2.2 dargestellt, die sich auf organisationale Einkäufe mit hoher und niedriger strategischer Bedeutung konzentrierten. Teilnehmende wurden zunächst gebeten, anzugeben, ob sie Erfahrungen mit dem Kauf eines Produktes oder einer Dienstleistung von hoher und/oder niedriger strategischer Bedeutung innerhalb der letzten zwei Jahre gesammelt haben. Hatten sie Erfahrung mit einem Einkauf hoher strategischer Bedeutung, so beantworteten sie diesen Fragebogen, gaben sie nur Erfahrungen im Kauf von Gütern niedriger strategischer Bedeutung an, beantworteten sie direkt und ausschließlich diesen Fragebogenteil. Die Frageblöcke unterschieden sich dabei nicht, außer in Bezug auf den von den Teilnehmenden selbst angegebenen exemplarischen Kauf und damit den ihren individuellen Referenzkauf. Gaben

Teilnehmer Erfahrungen in beiden Bereichen an, so beantworteten sie auch beide Frageblöcke. Teilnehmer ohne Erfahrung in beiden Bereichen, die trotz vorheriger Filterung an der Studie teilnahmen, wurden exkludiert.

Wichtig zu erwähnen ist, dass die Teilnehmenden selbst eingeschätzt haben, ob ihre gemachte Erfahrung in eine der beiden Kategorien fällt. Sie sollten zudem das vorletzt gekaufte Produkt in der Kategorie kurz benennen, sodass sich alle weiteren Fragen auf den spezifischen Kauf bezogen haben. Dies ermöglichte zu kontrollieren, ob die Käufe tatsächlich in die angegebenen Kategorien passten. Die Überprüfung der genannten Produkte und Dienstleistungen bestätigte, dass die Selbsteinschätzung der Teilnehmenden plausibel war, keine Ausreißer wurden festgestellt. 171 Teilnehmende erfüllen die Kriterien für Einkäufe von geringer strategischer Bedeutung, während 152 Teilnehmende Fragen zu der Kategorie „Einkäufe mit hoher strategischer Bedeutung" beantworteten. Verfügten die Teilnehmenden über Erfahrungen in beiden Bereichen, so antworteten sie auch in beiden Feldern. Erfüllte ein Teilnehmer die Kriterien nicht, so wurde er von der Studie ausgeschlossen.

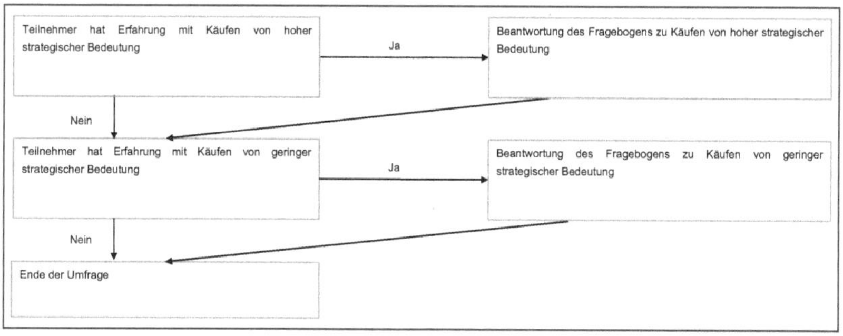

Abbildung 2.2 Darstellung des Experimentalaufbaus der Vorstudie

Die Daten wurden mit t-Tests analysiert, wenn die Analyseebene hohe vs. niedrige strategische Kaufentscheidungen war, und mit ANOVAs für Fälle, in denen die Analyse auf der Grundlage von [hoch vs. niedrig strategisch] x [organisationale vs. individuelle Ebene] durchgeführt wurde. Auf diese Weise konnten Unterschiede zwischen den verschiedenen betrachteten Themen aufgezeigt werden.

Ergebnisse Einkaufspraxis in der heutigen Welt
In dem ersten Frageblock war das Ziel mehr über das gekaufte Produkt und die Umstände des Kaufs zu erfahren. Die Ergebnisse finden sich in Tabelle 2.3 zusammengefasst. Dazu wurde zunächst der Zeitraum für den Einkaufsprozess auf einer 7-Punkte-Skala mit Punkten von < 1 Woche (1) bis > 15 Monate (7) abgefragt. Die Ergebnisse im Bereich der hoch-strategischen Produkte ergeben, dass 31,06 % der Einkäufe sich über einen Zeitraum von drei bis sechs Monaten erstreckten, gefolgt von 26,09 % der Einkäufe, die innerhalb von ein bis zwei Monaten getroffen wurden. Mit 20,50 % der Einkäufe, die innerhalb von einer bis vier Wochen erfolgen, ergibt sich das Bild, dass rund zwei Drittel der Einkaufsentscheidungen in unter sechs Monaten getroffen werden.

Bei Produkten niedriger strategischer Wichtigkeit werden hingegen eine Mehrheit (42,37 %) der Käufe innerhalb einiger Tage getätigt, gefolgt von 25,99 % in einem Zeitraum von einer bis vier Wochen und 14,12 % in ein bis zwei Monaten und 10,17 % in drei bis sechs Monaten. Die Zeiträume für Produktkäufe sind demnach deutlich kürzer in Kaufentscheidungen geringer strategischer Bedeutung ($p < 0{,}001$). Dies gibt Einblicke in die tatsächliche Dauer des Austauschs zwischen Abteilungen und wie lange die Meinungsbildung und Entscheidungsfindung tatsächlich dauert.

Ein weiteres Ziel ist, zu verstehen, anhand welcher Merkmale sich Käufe hoher und niedriger strategischer Bedeutung unterscheiden lassen. In Anlehnung an Kraljic (Kraljic 1983) wurden die Teilnehmer gebeten, die Bedeutung und die Neuartigkeit des Produkts sowie die Komplexität und das wahrgenommene Risiko für das Unternehmen zu bewerten. Auch hier bestätigt sich, dass alle vier Attribute bei einer hohen strategischen Bedeutung signifikant wichtiger sind. Insbesondere haben Käufe mit hoher strategischer Bedeutung ein höheres wahrgenommenes Risiko für das Unternehmen als solche mit geringer strategischer Bedeutung.

Tabelle 2.3 Übersicht über die Produktattribute bei organisationalen Einkäufen

	Hoch strategisch		Gering strategisch	
Produktattribute (5-Punkte-Skala; 1 = Überhaupt nicht; 5 = Sehr stark)				
Wichtigkeit für das Unternehmen	4,579	(0,593) ***	3,251	(1,085)
Neuheit für das Unternehmen	2,757	(1,202) ***	2,310	(1,339)
Komplexität für das Unternehmen	3,276	(1,099) ***	2,029	(1,185)
Wahrgenommenes Risiko für das Unternehmen	2,605	(1,074) ***	1,789	(1,058)
Dauer des Kaufs (7-Punkte-Skala)				
Dauer	3,750	(1,452) ***	2,211	(1,480)
Persönliches Interesse an gekauftem Gut (5-Punkte-Skala; 1 = Überhaupt nicht; 5 = Sehr stark)				
Angebot von persönlichem Interesse	3,190	(1,259)	3,257	(1,325)
Besitzen Produkt selbst	22,58	%	60	%

Anmerkungen: n = 323; n hohe strategische Bedeutung = 152; n geringe strategische Bedeutung = 171. Standardabweichungen in Klammern
*** $p < 0{,}001$; ** $p < 0{,}01$; * $p < 0{,}05$

Im zweiten großen Fragenblock, dessen Ergebnisse in Tabelle 2.4 dargestellt sind, wurde untersucht, welche Relevanz Gruppen in heutigen Einkaufsentscheidungen haben und wie moderne Buying Center zusammengesetzt sind. Die Ergebnisse bestätigen, dass das Konzept des Buying Centers auch heute noch relevant ist, wobei es bei Einkäufen von hoher strategischer Bedeutung deutlich wichtiger ist ($p < 0{,}01$). Die Größe des Buying Centers unterscheidet sich ebenfalls signifikant ($p < 0{,}001$) mit $M = 3{,}26$ Mitgliedern bei Einkäufen von geringer strategischer Bedeutung im Vergleich zu $M = 4{,}86$ Mitgliedern bei Einkäufen von hoher strategischer Bedeutung. Wenn es ein Buying Center gibt, unterscheidet sich die Anzahl der Treffen mit der Gruppe nicht zwischen beiden Einkaufssituationen und liegt bei etwa 3,5 gegenseitigen Treffen.

Bei der Frage nach den Kommunikationsmitteln zwischen den Mitgliedern des Buying Centers verdeutlicht sich, dass E-Mails in beiden Einkaufssituationen (Hohe strategische Bedeutung: $M = 3{,}713$, Niedrige strategische Bedeutung: $M = 2{,}758$) das wichtigste Kommunikationsformat sind. Insgesamt werden alle

Kommunikationsmittel bei Einkäufen mit hoher strategischer Bedeutung deutlich häufiger eingesetzt als bei Einkäufen mit geringer strategischer Bedeutung, was darauf hindeutet, dass die Kommunikation bei Einkäufen mit hoher strategischer Bedeutung allgemein wichtiger ist. Interessanterweise sind virtuelle Treffen das am wenigsten wichtige Kommunikationsformat bei Kaufentscheidungen mit geringer strategischer Bedeutung (*M* = 2,113; SD = 1,552), während sie bei Käufen mit hoher strategischer Bedeutung durchaus eine wichtige Rolle spielen (*M* = 3,118; SD = 1,789). Betrachtet man den Einfluss der verschiedenen Teilnehmer des etablierten Buying-Center-Rahmens, bleibt der "Entscheider" in beiden Kaufsituationen die einflussreichste Rolle. Der Einfluss von "Gatekeeper" und "Influencer" nimmt jedoch bei hochstrategischen Entscheidungen deutlich zu.

Tabelle 2.4 Übersicht über Buying Center und deren Kommunikation in organisationalen Kaufentscheidungen

	Hoch strategisch		Gering strategisch	
Buying Center anwendbar *(5-Punkte-Skala; 1 = Überhaupt nicht; 5 = Extrem)*	3,838	(0,880) **	3,500	(1,070)
Buying Center Größe	4,855	(3,138) ***	3,257	(2,780)
Offizielle Meetings mit BC-Mitgliedern	3,507	(1,294)	3,556	(1,980)
Kommunikationsmittel zwischen den Mitgliedern des Buying Centers (7-Punkte-Skala; 1 = weniger als einmal pro Monat; 7 = praktisch täglich)				
Formelle Offline-Meetings	2,765	(1,583) **	2,210	(1,629)
Virtuelle Meetings	3,118	(1,789) ***	2,113	(1,552)
Informelle Offline-Meetings	2,853	(1,868) *	2,460	(1,769)
Individuelle Mails	3,713	(1,958) ***	2,758	(1,836)
Gruppenmails	3,743	(1,838) ***	2,815	(1,880)
Chats	3,243	(2,092) ***	2,468	(1,828)
Anrufe	3,213	(1,998) ***	2,444	(1,764)
Einfluss der Rollen auf die Kriterienfestlegung (5-Punkte-Skala; 1 = Überhaupt nicht; 5 = Extrem)				
Benutzer	3,171	(1,244)	3,234	(1,382)
Käufer	3,651	(1,152)	3,579	(1,236)
Influencer	3,276	(1,129) ***	2,784	(1,370)

(Fortsetzung)

Tabelle 2.4 (Fortsetzung)

	Hoch strategisch		Gering strategisch	
Entscheider	4,217	(0,976) *	3,953	(1,192)
Gatekeeper	3,211	(1,264) ***	2,667	(1,422)

Anmerkungen: n = 323; n hohe strategische Bedeutung = 152; n geringe strategische Bedeutung = 171
*** p < 0,001; ** p < 0,01; * p < 0,05. Standardabweichungen in Klammern

Um besser zu verstehen, welche Kriterien bei der Kaufentscheidung dominant sind, wurden die Teilnehmer gebeten, die Relevanz der Kriterien bei Einkäufen sowohl auf Unternehmensebene als auch auf individueller Ebene zu bewerten. Die Wichtigkeit auf Unternehmensebene beschreibt dabei, wie wichtig die Teilnehmer das jeweilige Kriterium aus Sicht des Unternehmens wahrnehmen. Die Ergebnisse der Wichtigkeit aller abgefragten Kriterien und die der Informationsquellen sind in Tabelle 2.5 zusammengefasst.

Es ergibt sich ein klares Bild, dass der Preis immer noch wichtiger ist als Total Cost of Ownership. Insbesondere bei Käufen von geringer strategischer Bedeutung ist der Effekt, dass der Preis signifikant wichtiger ist als Total Cost of Ownership sowohl auf organisationaler Ebene ($t(170) = 3{,}709$; $p < 0{,}001$) als auch auf individueller Ebene ($t(151) = 1{,}746$; $p < 0{,}001$) zu beobachten.

Insgesamt wird die Qualität unter allen Bedingungen als wichtigstes Kriterium wahrgenommen, wobei sich die Bedeutung zwischen hohen und niedrigen strategischen Entscheidungen signifikant unterscheidet. Die Qualität ist insgesamt bei Käufen hoher strategischer Relevanz ein wichtigeres Kriterium (Organisationale Ebene – $M_{\text{hoch strategisch}} = 6{,}289$; $M_{\text{niedrig strategisch}} = 5{,}480$; Individuelle Ebene – $M_{\text{hoch strategisch}} = 5{,}836$; $M_{\text{niedrig strategisch}} = 5{,}415$).

Bestehende Beziehungen zur Anbieterfirma und zum Vertriebsmitarbeiter haben unter allen Bedingungen die geringste Bedeutung (Beziehungen zum Anbieter: Organisationale Ebene – $M_{\text{hoch strategisch}} = 3{,}789$; $M_{\text{niedrig strategisch}} = 3{,}018$; Individuelle Ebene – $M_{\text{hoch strategisch}} = 3{,}349$; $M_{\text{niedrig strategisch}} = 5{,}480$; Beziehungen zum Vertriebsmitarbeiter: Organisationale Ebene – $M_{\text{hoch strategisch}} = 2{,}934$; $M_{\text{niedrig strategisch}} = 2{,}608$; Individuelle Ebene – $M_{\text{hoch strategisch}} = 2{,}842$; $M_{\text{niedrig strategisch}} = 2{,}497$). Dies ist interessant, da damit auch in Frage gestellt ist, welche Rolle Vertriebsmitarbeiter künftig in Einkaufsentscheidungen haben können und werden.

Die Logistik stellt bei hohen strategischen Entscheidungen einen sehr wichtigen Faktor dar ($M = 5{,}099$; $SD = 1{,}602$ auf einer 7-stufigen Skala auf organisationaler Ebene), während sie bei niedrigen strategischen Entscheidungen nicht als relevant wahrgenommen wird (M = 3,883; SD = 1,946 auf einer 7-stufigen Skala auf organisationaler Ebene).

Während die Beziehung zu Vertriebsmitarbeitern eine untergeordnete Rolle in der Kriterienauswahl hat, sind Treffen mit den Vertriebsmitarbeitern ein sehr wichtiger Ansatz zur Beschaffung von Informationen im Kaufprozess (Organisationale Ebene – $M_{hoch\ strategisch}$ = 4,013; $M_{niedrig\ strategisch}$ = 3,012; Individuelle Ebene – $M_{hoch\ strategisch}$ = 4,158; $M_{niedrig\ strategisch}$ = 3,047). Gespräche mit den eigenen Kollegen werden dennoch als der wichtigste Weg der Informationsbeschaffung (Organisationale Ebene – $M_{hoch\ strategisch}$ = 5,092; $M_{niedrig\ strategisch}$ = 5,059; Individuelle Ebene – $M_{hoch\ strategisch}$ = 4,433; $M_{niedrig\ strategisch}$ = 4,439) eingeschätzt. Dies unterstützt den Gedanken, dass in Buying Centern mehrere Personen zusammenkommen und ihr Wissen austauschen, um so zu optimalen Entscheidungen zu finden. Ebenso werden die Treffen mit Vertriebsmitarbeitern der Lieferantenseite als sehr relevante Informationsquelle identifiziert.

Allgemein verdeutlichen die Ergebnisse, dass Informationsquellen eine höhere Relevanz in Käufen hoher strategischer Bedeutung haben und deuten damit daraufhin, dass hier ein erhöhter Bedarf der Informationsbeschaffung besteht.

2.5 Studie 1 – TCO-optimale Entscheidungen abhängig von Gruppen und Individuen

Trotz der potenziellen langfristigen Einsparungen durch die Berücksichtigung des Total Cost of Ownership (TCO) bestätigt die Vorstudie, dass Käufer diese häufig nicht als primäres Auswahlkriterium heranziehen. Das fehlende Beachten von TCO kann sowohl in individuellen als auch in organisationalen Entscheidungen, in denen häufig Gruppen die Kaufentscheidungen treffen (Johnston/Bonoma 1981; Venkatesh et al. 1995), beobachtet werden.

Während die Literatur darauf hindeutet, dass Gruppen im Allgemeinen tendenziell leicht bessere Entscheidungen treffen als Individuen (Charness/Sutter 2012), bleibt unklar, ob dieses Ergebnis auch im kontextspezifischen Anwendungsfall ökonomisch nachhaltiger Entscheidungen gilt und wie es durch Rahmenbedingungen wie Informationsvollständigkeit und Preisränge beeinflusst wird. Die Identifikation der geeigneten Entscheidungseinheit, die am ehesten ökonomisch nachhaltige Kaufentscheidungen trifft, stellt eine zentrale Voraussetzung dar, um langfristige Kosteneinsparungspotenziale im B2B und B2C zu erschließen. Welche Entscheidungseinheit unter welchen Bedingungen tatsächlich eher TCO-optimale Kaufentscheidungen trifft, wird in der vorliegenden Studie untersucht.

Tabelle 2.5 Übersicht über relevante Kriterien bei der Kaufentscheidung im organisationalen Kontext

	Hohe strategische Bedeutung				Geringe strategische Bedeutung				
	Organisationale Ebene		Individuelle Ebene		Organisationale Ebene		Individuelle Ebene		
Wichtigkeit der Kriterien (7-Punkte-Skala; 1 = Überhaupt nicht wichtig; 7 = Extrem wichtig)									
Preis	5,743	(1,449)	4,342	(2,059)	5,211	(1,929)	4,304	(2,064)	***
TCO	5,599	(1,358)	4,421	(1,751)	4,678	(2,077)	4,029	(2,068)	***
Qualität	6,289	(0,988)	5,836	(1,503)	5,480	(1,584)	5,415	(1,887)	***
Beziehung zum Anbieter	3,789	(1,890)	3,349	(1,902)	3,357	(2,005)	3,018	(1,990)	**
Beziehung zum Vertriebsmitarbeiter	2,934	(1,833)	2,842	(1,761)	2,608	(1,774)	2,497	(1,797)	
Wahrgenommenes Risiko	5,184	(1,416)	4,691	(1,661)	3,351	(2,062)	3,216	(1,987)	***
Marke	4,105	(1,831)	3,829	(1,876)	3,520	(1,959)	3,608	(1,977)	*
Logistik	5,099	(1,602)	4,572	(1,883)	3,883	(1,946)	3,801	(1,969)	***
Wichtigkeit der Informationsquellen (7-Punkte-Skala; 1 = Überhaupt nicht wichtig; 7 = Extrem wichtig)									
Eigene Erfahrung	4,454	(1,812)	4,586	(1,910)	4,105	(2,035)	4,404	(1,893)	
Diskussion mit Kollegen	5,092	(1,701)	5,059	(1,661)	4,433	(1,922)	4,439	(1,876)	***
Treffen mit den Vertriebsmitarbeitern der Lieferanten	4,013	(2,030)	4,158	(2,101)	3,012	(1,951)	3,047	(1,946)	***
Messen	2,664	(1,932)	2,520	(1,830)	1,795	(1,503)	1,901	(1,521)	***
Von Dritten gesammelte Informationen	3,500	(2,016)	3,513	(2,039)	2,667	(1,885)	2,392	(1,855)	***

(Fortsetzung)

Tabelle 2.5 (Fortsetzung)

	Hohe strategische Bedeutung				Geringe strategische Bedeutung				
	Organisationale Ebene		Individuelle Ebene		Organisationale Ebene		Individuelle Ebene		
Suchmaschinen	3,822	(1,881)	4,072	(1,891)	3,433	(2,032)	3,591	(2,045)	*
Industrielle Beschaffungsplattformen	2,908	(1,913)	2,980	(1,958)	2,099	(1,697)	2,035	(1,634)	***
Homepages	3,059	(1,723)	2,986	(2,987)	2,415	(1,690)	2,462	(1,733)	***
Soziale Medien	2,822	(1,943)	2,579	(1,850)	2,257	(1,699)	2,111	(1,610)	**
ERP-Systeme	3,211	(2,080)	3,131	(1,969)	2,088	(1,641)	2,064	(1,674)	***

Anmerkungen: $n = 323$; n hohe strategische Bedeutung = 152; n geringe strategische Bedeutung = 171
*** $p < 0{,}001$; ** $p < 0{,}01$; * $p < 0{,}05$, Standardabweichung in Klammern

2.5.1 Methode und Stimuli

Die erste Studie basiert auf der Vorstudie (Abschnitt 2.4.2), die Evidenz dafür bietet, dass Buying Center für niedrig strategische Einkäufe typischerweise aus drei Mitgliedern bestehen. Diese Erkenntnis bildet die Grundlage für das Gruppendesign.

Um zu untersuchen, ob Gruppen tatsächlich häufiger TCO-optimale Entscheidungen treffen als Individuen, wurde ein Szenario basiertes Experiment im universitätseigenen Labor mit 201 Teilnehmern durchgeführt (ausgewogene Geschlechterverteilung).

Das definierte und vorregistrierte (AsPredicted #144378) Forschungsdesign ist ein 3×2×2-Mixed-Design, bestehend aus einem Between-Subjects-Faktor mit drei Stufen und zwei Within-Subjects-Faktoren mit jeweils zwei Stufen.

Die Teilnehmer wurden zufällig einer der drei Between-Subjects-Bedingungen zugewiesen: (1) „Gruppen“ bestehend aus drei sich unbekannten Probanden, (2) „Individuen“, die allein Entscheidungen treffen, und (3) „Think-Aloud“-Bedingung, bei der Individuen ihre Gedanken während der Entscheidung laut verbalisieren, um auf mögliche Verzerrungen in Gruppen durch das laute Aussprechen der Gedanken zu kontrollieren. Nach ihrer Ankunft wurden die Teilnehmenden einer der Konditionen zugewiesen, indem sie eine Teilnehmer-ID ziehen. Gruppenmitglieder wurden anschließend gemeinsam in einem Raum platziert, während die Teilnehmenden der individuellen Konditionen in jeweils separaten Kabinen untergebracht wurden.

Die erste Within-Subject-Bedingung behandelt die Vollständigkeit der Informationen. Da die Teilnehmer nacheinander zwei Cases bearbeiteten, erhielten sie nach dem Zufallsprinzip entweder zuerst einen Fall mit vollständigen oder unvollständigen Informationen und in der zweiten Runde das Pendant. Die Vollständigkeit der Informationen bezog sich dabei darauf, dass den Teilnehmern Informationen zu allen Produktkategorien für alle vier Anbieter zur Verfügung standen, während bei unvollständigen Informationen jeweils zwei Aspekte je Anbieter als unbekannt beschrieben wurden. Für jeden Anbieter wurden verschiedene Informationen ausgeschlossen, um realitätsnähere Bedingungen zu schaffen. Zudem wurde stets darauf geachtet, dass es sich bei den unbekannten Informationsmerkmalen um solche handelt, die auch in realistischen Settings manchmal im Vorfeld unbekannt sind, wie z. B. die Entsorgungskosten, jährlichen Energiekosten oder auch die tatsächliche Laufzeit. Aspekte wie der Einkaufspreis wurden nie ausgeschlossen.

Die zweite Within-Subject-Bedingung ist die Produktkategorie, unterschieden in den Kauf einer Kühl-Gefrier-Kombination oder einer Photovoltaikanlage

(PV). Dabei erhielten die Teilnehmer ebenfalls beide Fälle, zufällig kombiniert mit vollständigen/ unvollständigen Informationen. Der Kauf einer Kühl-Gefrier-Kombination zielte auf Anschaffungen ab, die verbreitet sind und in die sich die meisten Probanden aus eigener Erfahrung hineinversetzen konnten und die zudem mit dem höchsten Kaufpreis von 820 € im Experiment eine eher kostengünstige Investition darstellen.

Die PV-Anlage hingegen stellt ein Produkt dar, das im Szenario-Experiment über einen längeren Zeitraum von mindestens 15 Jahren genutzt wird und mit weitaus höheren Anschaffungskosten von mindestens 15900 € einhergeht. Außerdem ist diese Entscheidung sicherlich abstrakter als die der Kühl-Gefrier-Kombination und eine Situation, mit der die meisten der studentischen Teilnehmer noch nicht vertraut sind.

Beide Entscheidungsrunden begannen mit einer dreiminütigen Lesephase, gefolgt von fünf Minuten für die Entscheidungsfindung und einer einminütigen Begründungszeit. Der Prozess wurde für das zweite Szenario wiederholt, bevor ein kurzer anschließender Fragebogen ausgefüllt wurde. Die Szenarien finden sich exemplarisch für die Gruppenkondition in Anhang A2.1 im elektronischen Zusatzmaterial. Teilnehmern wurde immer versichert, dass ihr Budget ausreichend für alle vier Angebote ist, damit die Entscheidung nicht aufgrund eigener Budget-Restriktionen verändert ist.

Eine Vorstudie (n = 166, durchgeführt über Prolific) stellte sicher, dass die Szenarien klar und verständlich sind. Die erste Vorstudie hatte das Ziel, die optimale Anzahl an Lieferanten zu bestimmen. Eine logistische Regressionsanalyse deutete darauf hin, dass zwei oder drei Lieferanten keinen signifikanten Unterschied bei der Auswahl der TCO-optimalen Lösung machte, während vier Lieferanten die Wahrscheinlichkeit, eine TCO-optimale Entscheidung zu treffen, signifikant senkten, jedoch immer noch eine hohe Quote für die Wahl des TCO-optimalen Anbieters erzielte ($b = -2{,}168$; SE = 0,798; $z = -2{,}717$; $p = 0{,}007$).

Eine zweite Vorstudie (n = 85), ebenfalls über Prolific durchgeführt, untersuchte das Format, in dem die Informationen je Anbieter angegeben waren (Tabelle vs. Fließtext) und fand keinen signifikanten Unterschied der Darstellungsform ($b = 0{,}617$; SE = 0,515; $z = 1{,}187$), was die Verwendung von Fließtext zur Erhöhung der Realitätsnähe rechtfertigt. Aufbauend auf diesen Vorstudien wurden den Teilnehmenden im Hauptexperiment die getesteten Szenarien im Textformat mit vier Lieferanten pro Szenario präsentiert.

2.5.2 Deskriptive Ergebnisse des Laborexperiments

Die erste Analyse konzentriert sich auf deskriptive Überlegungen zur Lieferantenauswahl anhand beider Szenarien und über alle drei Bedingungen hinweg. Histogramme in Abbildung 2.3 veranschaulichen die Auswahl je Lieferant, Preisrang und TCO-Rang, wobei Rang 1 die optimale Option bezeichnet (entweder den niedrigsten Einkaufspreis oder die niedrigsten TCO).

Für die Entscheidung bezüglich der PV-Anlage (Abbildung 2.3) verdeutlichen die Häufigkeitstabellen, dass unter der Bedingung vollständiger Informationen keine eindeutige Dominanz bei der Wahl des TCO-optimalen Lieferanten über alle drei Bedingungen hinweg erkennbar ist. Hingegen verteilt sich die Lieferantenauswahl der Teilnehmer eher nahezu fast gleichmäßig auf alle vier Lieferanten, sodass kein klar vorherrschendes Muster der Entscheidungsfindung erkennbar ist. Betrachtet man hingegen weiterhin die PV-Anlagen, darin allerdings die Entscheidungen bei unvollständigen Informationen, so lässt sich feststellen, dass kaum noch eine Entscheidungseinheit den TCO-optimalen Anbieter wählt. Hingegen werden die beiden Anbieter mit dem niedrigsten und dem zweitniedrigsten Kaufpreis häufiger gewählt. Es scheint also beim Fehlen mancher Informationen eine Tendenz zu geben, sich auf das sichere Signal des Kaufpreises zu verlassen. Dabei scheinen sich Individuen verstärkt für den günstigsten Anbieter und Gruppen für den zweitgünstigsten Anbieter zu entscheiden.

In der Kondition der Kühl-Gefrier-Kombinationen wird schon deutlich häufiger der TCO-optimale Anbieter gewählt. Das gibt einen initialen Hinweis darauf, dass sich Teilnehmer in dieser Produktkategorie leichter TCO-optimal entscheiden können. Die Variabilität in der Lieferantenauswahl ist dadurch auch deutlich eingeschränkter. Obwohl im Gegensatz zu den Entscheidungen in der PV-Anlagen-Kondition nun mehr Teilnehmer den TCO-optimalen Anbieter wählen, gibt es nach wie vor viele Teilnehmer, die von der ökonomisch nachhaltigen Entscheidung abweichen. Ein eindeutiger Trend, was bei diesen Entscheidern ein dominantes Kriterium ist, lässt sich in den Histogrammen nicht erkennen. Es wirkt so, als sei dennoch der Kaufpreis hier ein entscheidender Ansatz, sodass Teilnehmer Anbieter mit dem höchsten Kaufpreis am ehesten vermeiden wollen.

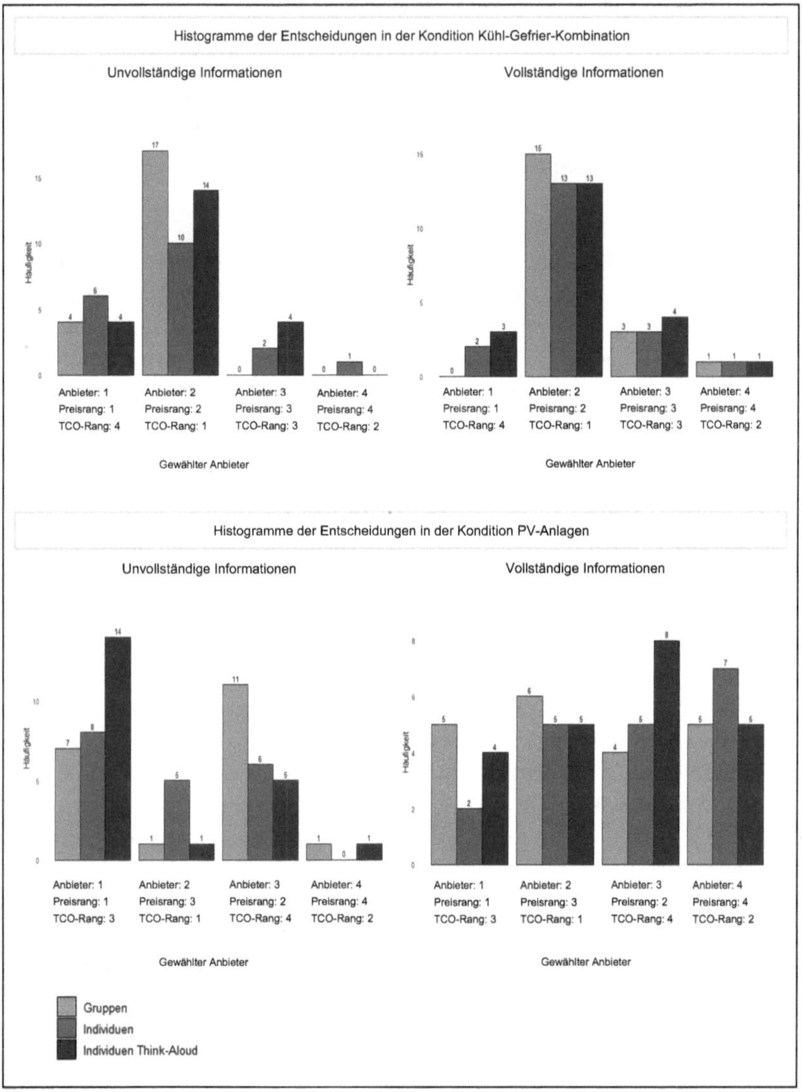

Abbildung 2.3 Histogramme der Anbieterauswahl im Laborexperiment

2.5.3 Ergebnisse Multilevel-Regressionen

Angesichts der hierarchischen Natur der Daten, bedingt durch die zwei Entscheidungsrunden pro Teilnehmendem, werden Multilevel-Regressionsanalysen durchgeführt, um zu analysieren, welche Entscheidungseinheit eher TCO-optimale Entscheidungen trifft. Die vorregistrierte abhängige Variable ist die optimale TCO-Entscheidung (1 = TCO-optimaler Anbieter gewählt; 0 = nicht gewählt), die in Modell 1 analysiert wird. Eine weitere Analyse wurde durchgeführt (Modell 2), wobei die abhängige Variable die prozentuale Abweichung vom TCO-optimalen Preis, berechnet auf ein Jahr, ist. Die unabhängige Variable vergleicht Individuen, Individuen in einer Think-Aloud Bedingung und Gruppen (Baseline: Individuen). Der Mehrebenenaspekt wird dadurch berücksichtigt, dass die Teilnehmer-ID als Random Intercept in die Analyse eingeht.

Die logistische Multilevel Regression (Tabelle 2.6, Modell 1) bietet Evidenz dafür, dass die Entscheidungseinheit einen signifikanten Einfluss auf die Wahrscheinlichkeit hat, eine TCO-optimale Wahl zu treffen. Individuen in der Kontrollgruppe wählen signifikant häufiger die TCO-optimale Option als Teilnehmende in der Think-Aloud-Bedingung (b = - 4,38; p < 0,1) und in der Gruppenbedingung (b = - 5,92; p < 0,05). Diese Ergebnisse widersprechen H_1, wonach Gruppen häufiger TCO-optimale Entscheidungen treffen sollten. Die Ähnlichkeit der Ergebnisse zwischen der Think-Aloud- und der Gruppenbedingung deutet darauf hin, dass das Aussprechen und Verbalisieren eigener Gedanken die Entscheidungsqualität verringern kann, möglicherweise durch kognitive Überlastung oder Fokusverschiebungen.

Gruppen wählen signifikant häufiger die TCO-optimale Option, wenn vollständige Informationen vorlagen, als wenn die Informationen unvollständig waren (b = 6,84; p < 0,05). Interessanterweise ließ sich dieser Effekt bei den beiden Individuen-Konditionen nicht beobachten, was H_2 unterstützt. Zudem wählten Gruppen bei der Entscheidung der Kühl-Gefrier-Kombination häufiger die optimale Option als bei der PV-Anlage (b = 4,01; p < 0,01).

Modell 2 (Tabelle 2.6) betrachtet die Ergebnisse einer linearen Multilevel-Regressionsanalyse mit der prozentualen Abweichung von den jährlichen TCO als abhängiger Variable. Es fällt auf, dass die Gruppen-Kondition eine signifikant höhere prozentuale Abweichung von den optimalen TCO aufweisen (b = 12,80; p < 0,05), was Modell 1 dahingehend validiert, dass sie signifikant schlechtere Entscheidungen in Bezug auf die optimale TCO-Entscheidung treffen. Der signifikante Unterschied in der Produktkategorie liefert weitere Erkenntnisse, dass die Abweichung in der Kühl-Gefrier-Kondition höher war als in der PV-Kondition (b = 6,55; p < 0,05). Modell 2 bestätigt außerdem, dass die Produktkategorie in der

Gruppenbedingung einen signifikanten Einfluss auf die Wahrscheinlichkeit der Wahl niedriger TCO hat und in der Kühl-Gefrier-Kombination Kondition näher am TCO-optimalen Wert liegt ($b = -10{,}86$; $p < 0{,}01$).

Tabelle 2.6 Ergebnisse der Multilevel Regressionsanalysen in Studie 1

Abhängige Variable:	**Modell 1**			**odell 2**		
	Entscheidungsoutput (TCO-opt)			% Abweichung von TCO-opt		
Unabhängige Variable						
Achsenabschnitt	−2,20	+	(1,24)	−1,26		(4,52)
Think-Aloud Kondition	−4,38	+	(2,39)	4,38		(5,80)
Gruppen Kondition	−5,92	*	(2,46)	12,80	*	(5,87)
Informationsvollständigkeit (0 = unvollst., 1 = vollst.)	−0,99		(1,62)	2,98		(5,91)
Produktkategorie (1 = PV, 2 = Kühl-Gefrier-Kombination)	1,14		(0,69)	6,55	*	(2,66)
Entscheidungsrunde	0,02		(0,31)	−0,02		(1,06)
Think-Aloud Kondition x Informationsvollständigkeit	4,61		(2,87)	−4,37		(8,13)
Gruppen Kondition x Informationsvollständigkeit	6,84	*	(2,93)	−9,85		(8,28)
Think-Aloud Kondition x Produktkategorie	2,42	+	(1,32)	−3,59		(3,65)
Gruppen Kondition x Produktkategorie	4,01	**	(1,45)	−10,86	**	(3,72)
Informationsvollständigkeit x Produktkategorie	0,92		(1,01)	−4,07		(3,77)
Think-Aloud Kondition x Informationsvollständigkeit x Produktkategorie	−2,77	+	(1,65)	4,52		(5,17)
Gruppen Kondition x Informationsvollständigkeit x Produktkategorie	−4,60	**	(1,76)	8,09		(5,26)

*** $p < 0{,}001$; ** $p < 0{,}01$; * $p < 0{,}05$, + $p < 0{,}1$

Anm.: TCO = Total Cost of Ownership. Teilnehmer n = 201 (Between-subjects: Individuum Think-Aloud n = 43, Individuum n = 38, Gruppen n = 40, Within-subjects: Kühl-Gefrier-Kombination; PV-Anlage; Within-subjects: Vollständige Informationen; Unvollständige Informationen). Standardfehler in Klammern

2.5.4 Zusätzliche Analysen – Studie 1b

Um die Ergebnisse des Laborexperiments zu validieren, wurde anschließend ein zweiphasiges Online-Experiment durchgeführt. Da in der Vorstudie evident wurde, dass in der heutigen Einkaufsrealität oft auch Absprachen in Gruppen über E-Mails getroffen werden, wurde die Gruppenkommunikation auf ein sequenzielles E-Mail-Format umgestellt, um reale Entscheidungsprozesse im digitalen Kontext besser abzubilden. Zudem verdeutlichten die Histogramme aus Studie 1, dass der Einkaufspreis eine vermeintliche Rolle in der Entscheidungsfindung spielt, weshalb der Preisrang der Angebote als zusätzliche Variable in der zweiten Phase der Studie aufgenommen wurde.

Stimuli und Experimentaldesign
Studie 1b bestand aus zwei Phasen, die jeweils als separate Prolific-Studien durchgeführt wurden, um Studie 1 zu replizieren und zu untersuchen, ob Gruppen eher TCO-optimale Entscheidungen treffen als Individuen. In Phase 1 wurden 423 Prolific-Teilnehmende (51,19 % männlich, 47,86 % weiblich) zufällig einem 2 (Gruppen vs. Individuen) × 2 (Kühl-Gefrier-Kombination vs. PV-Anlage) Between-Subjects-Design zugewiesen.

Gruppenentscheidungen wurden per E-Mail in drei Stufen getroffen: Der erste Teilnehmer wählte einen von vier Lieferanten aus und empfahl ihn per E-Mail. Der zweite Teilnehmer überprüfte diese Empfehlung, sah zudem selbst die Informationen zu allen vier Anbietern und gab eine eigene Empfehlung ab. Der dritte Teilnehmer erhielt beide E-Mails und das Szenario, das die beiden anderen Gruppenmitglieder davor gesehen haben und traf die endgültige Entscheidung für die Gruppe. Dies führte zu 73 beobachteten Gruppenentscheidungen (39 PV-Anlage, 34 Kühl-Gefrier-Kombinationen). Für die Regressionsanalysen wurde ausschließlich die endgültige Entscheidung des dritten Teilnehmenden berücksichtigt.

Phase 2 folgte einem ähnlichen Ablauf, beinhaltete jedoch ein 2 (Gruppe vs. Individuen) × 4 (Preisrang: 1–4) Between-Subjects-Design, um zusätzlich den Einfluss des Preisrangs des TCO-optimalen Anbieters zu untersuchen. Der Preisrang definierte die Position des Kaufpreises des TCO-optimalen Lieferanten. Das Produkt blieb weiterhin die Kühl-Gefrier-Kombination. Insgesamt nahmen 801 Teilnehmende teil (56,47 % männlich, 43,05 % weiblich), die zufällig einer der acht Between-Subjects-Konditionen zugewiesen wurden, was zu 200 individuellen Entscheidungen und 199 Gruppenentscheidungen führte. Eine detaillierte Übersicht zur Teilnehmerverteilung findet sich in Abbildung 2.4.

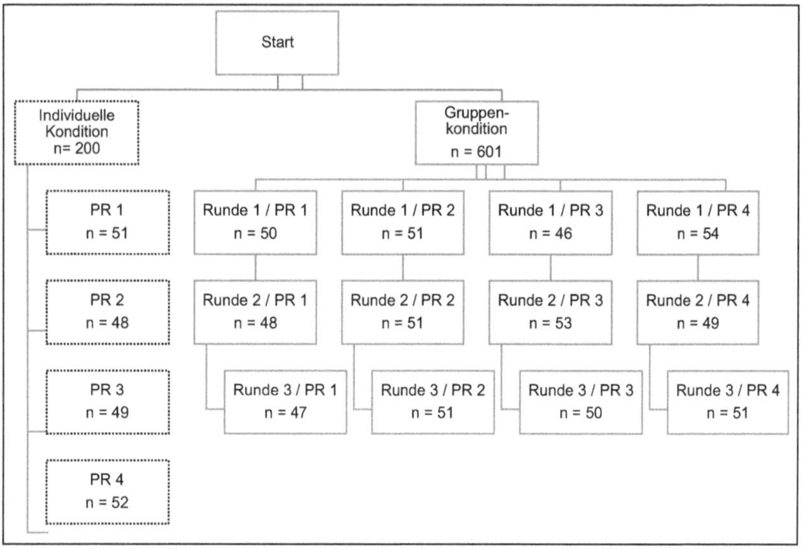

Abbildung 2.4 Darstellung der Verteilung der Teilnehmenden über die Entscheidungsrunden der zweiten Prolific-Studie. (Anmerkung: PR = Preisrang, mit PR 1 als Anbieter mit dem niedrigsten Einkaufspreis und PR 4 als Anbieter mit dem höchsten Einkaufspreis)

Studienablauf

In beiden Studien wurden die Teilnehmenden zufällig der Individuen- oder Gruppenbedingung zugewiesen. Um das dreistufige Design in der Gruppenbedingung zu ermöglichen, wurde die Anzahl der verfügbaren Teilnahmeplätze schrittweise erhöht. Alle Teilnehmenden bearbeiteten die gleichen vollständigen Informationsszenarien, die bereits im Laborexperiment genutzt wurden.

In der Preisrang-Studie wurden die Teilnehmenden zudem zufällig einer von vier Preisrang-Bedingungen zugewiesen. Die Szenarien in den vier unterschiedlichen Preisrang-Konditionen sind grundsätzlich identisch zu denen im Laborexperiment und der ersten Phase der Prolific-Studie, lediglich die numerischen Werte wurden angepasst, sodass jeder Preisrang einmal als TCO-optimaler Lieferant diente. Die prozentuale Abweichung zwischen den TCO-Werten der Lieferanten über die Preisränge hinweg bleibt annähernd konstant, sodass verändertes Entscheidungsverhalten nicht auf leichter wahrnehmbare Unterschiede zurückzuführen ist.

Die Teilnehmenden wurden angewiesen, das Szenario für mindestens eine Minute zu lesen, bevor sie eine Entscheidung trafen und wurden darüber informiert, dass ihr Budget für alle vier Lieferantenoptionen ausreicht.

Die Einlesezeit im Prolific-Experiment weicht mit einer Minute statt drei Minuten deutlich von der im Laborexperiment ab. Dies basiert auf Erfahrungen, dass Prolific-Teilnehmer häufig Umfragen abbrechen, wenn sie aufgefordert sind, längere Zeit auf einer Seite zu verweilen, obwohl sie die Aufgabe ihrer Meinung nach auf der Seite schon vollständig und ausreichend erfüllt haben. Da keine maximale Zeitvorgabe bestand, konnten Teilnehmende das Szenario auch länger als eine Minute betrachten. Durch die Einstellung einer Mindestverweildauer von einer Minute auf dem Szenario wurde sichergestellt, dass die Teilnehmenden keine größeren Unklarheiten hinsichtlich des weiteren Vorgehens der Studie entwickelten, da Rückfragen über Prolific schwieriger zu adressieren gewesen wären als in einem Laborexperiment.

In der Kondition der Individuen wählten die Teilnehmenden ihren bevorzugten Lieferanten aus und gaben eine kurze Begründung für ihre Entscheidung ab. In der Gruppenbedingung verlief der Entscheidungsprozess in drei Runden analog der ersten Phase:

In der ersten Runde wählte das erste Gruppenmitglied individuell einen Lieferanten aus und verschickte eine E-Mail an zwei Kollegen, in denen er seine Entscheidung begründen sollte. In der zweiten Runde las das zweite Gruppenmitglied diese E-Mail und sah ebenfalls das Szenario. Daraufhin gab er eine eigene Empfehlung per E-Mail ab. In der dritten Runde prüfte das letzte Gruppenmitglied beide vorherigen Empfehlungen, die in Form der verfassten E-Mails vorlagen und traf die endgültige Gruppenentscheidung basierend auf den Empfehlungen der Gruppenmitglieder und dem eigenen Betrachten des Szenarios. Der dritte Teilnehmer gab eine schriftliche Begründung ab.

Die abhängige Variable, das Entscheidungsergebnis, wurde dichotom kodiert (1 = Auswahl des TCO-optimalen Lieferanten, 0 = anderer Lieferant gewählt).

Ergebnisse

Hypothesentests Zur Überprüfung von H_1, also ob Gruppen eher TCO-optimale Entscheidungen treffen als Individuen, wurden in beiden Studien logistische Regressionsanalysen durchgeführt, wobei die Entscheidungseinheit (Gruppen vs. Individuen) als unabhängige Variable und die TCO-optimale Entscheidung als abhängige Variable definiert wurde. In der zweiten Studie wurde der Preisrang (mit dem Lieferanten mit dem niedrigsten Kaufpreis als Referenz) als Moderator aufgenommen, während Individuen in beiden Analysen als Baseline dienten.

Die Ergebnisse der ersten Prolific-Studie (Tabelle 2.7, Studie 1) bieten keine Evidenz für einen signifikanten Unterschied zwischen Gruppen und Individuen hinsichtlich TCO-optimaler Entscheidungen (*b Gruppen* = 0,04; *p* = 0,91). In der zweiten Studie tendierten Gruppen dazu, leicht schlechtere TCO-Entscheidungen zu treffen als Individuen (*b* = −0,31; *p* = 0,480), jedoch ebenfalls nicht signifikant, was darauf hindeutet, dass Gruppen in sequenziellen Entscheidungsprozessen ähnlich TCO-optimale Entscheidungen treffen wie Individuen und sich die Unterschiede zwischen beiden Entscheidungseinheiten in diesem Kontext angleichen.

Die Ergebnisse der zweiten Phase der Studien deuten jedoch daraufhin, dass die kleinen Unterschiede zwischen den Entscheidungseinheiten eher die Ergebnisse des Laborexperiments bestätigen ($b_{\text{Gruppen Studienphase 2}}$ = – 0,31), auch wenn die Entscheidungen in einem sequenziellen Rahmen getroffen werden.

Darüber hinaus bestätigt sich in der ersten Studie ein signifikanter Produkt-Effekt, der auch im Laborexperiment auftritt: Die Teilnehmenden wählten signifikant häufiger den TCO-optimalen Lieferanten, wenn es sich um eine Kühl-Gefrier-Kombination handelte, verglichen mit einer PV-Anlage (*b* = – 2,04; *p* < 0,001). Damit replizieren die Ergebnisse den Produkteffekt aus dem Laborexperiment und legen nahe, dass die Verständlichkeit oder Vertrautheit mit der Produktkategorie die Wahl TCO-optimaler Optionen positiv beeinflussen kann.

Tabelle 2.7 Ergebnisse der Regressionsanalysen in Studie 1b

	Studie 1			Studie 2		
Abhängige Variable: Entscheidungsoutput (0 = nicht TCO-optimal, 1 = TCO-optimal)						
Unabhängige Variable						
Achsenabschnitt	0,25		(0,27)	0,97	**	(0,31)
Gruppen	0,04		(0,31)	−0,31		(0,44)
Produktkategorie (0 = KGK; 1 = PV-Anlage)	−2,04	***	(0,49)			
Gruppen x Produktkategorie	0,38		(0,55)			
Preisrang 2				−0,80	+	(0,43)
Preisrang 3				−0,60		(0,43)
Preisrang 4				−1,20	**	(0,42)
Gruppen x Preisrang 2				0,73		(0,60)
Gruppen x Preisrang 3				−0,06		(0,60)
Gruppen x Preisrang 4				0,42		(0,59)

Anm.: Signifikanzlevel *** $p < 0{,}001$; ** $p < 0{,}01$; * $p < 0{,}05$, + < 0,1. Standardfehler in Klammern. n = 423 in Studie 1, n = 801 in Studie 2. KGK = Kühl-Gefrier-Kombination, PV-Anlage = Photovoltaik-Anlage

Zur Überprüfung von H_{3a} und H_{3b} wurde der Interaktionseffekt des Preisrangs in der zweiten Prolific-Studie analysiert (Tabelle 2.7). Auffällig war, dass Gruppen leicht häufiger TCO-optimale Entscheidungen trafen als Individuen, wenn der TCO-optimale Lieferant den zweitgünstigsten Kaufpreis aufwies ($b = 0{,}73$). Dieses Ergebnis ist jedoch nicht signifikant, sodass sich kein dominanter Unterschied bedingt durch den zweit niedrigsten Kaufpreis erkennen lässt. Während im Laborexperiment Anbieter mit dem geringsten und zweit niedrigsten Kaufpreis häufig gewählt wurden, hat in der Prolific-Studie der zweit niedrigste Einkaufspreis einen negativen einfachen Effekt ($b = – 0{,}80$) im Vergleich zum günstigsten Anbieter, sodass H_{3b} abgelehnt werden muss und Teilnehmer den TCO-optimalen Anbieter in der Online-Studie sogar signifikant seltener wählen, wenn er den zweitniedrigsten Kaufpreis hat.

Zeitgleich finden die Ergebnisse aber auch Evidenz dafür, dass der niedrigste Kaufpreis zu einer in Teilen signifikant häufigeren Auswahl des TCO-optimalen Anbieters führt (b *Preisrang 2* = - 0,80; $p < 0{,}1$; b *Preisrang 3* = - 0,60; $p > 0{,}1$; b *Preisrang 4* = - 1,20; $p < 0{,}01$) und findet erste Hinweise, dass der Einkaufspreis einen relevanten Effekt auf die Auswahl des TCO-optimalen Anbieters hat. Individuen scheinen aber auch nicht verstärkt den Lieferanten mit dem günstigsten Kaufpreis zu wählen, sodass auch H_{3a} abgelehnt wird. Zudem wurde das teuerste Produkt signifikant seltener gewählt ($b = -1{,}20$; $p < 0{,}01$).

Diese Ergebnisse unterstreichen dennoch, dass der Kaufpreis durchaus eine relevante Rolle in der TCO-basierten Entscheidungsfindung spielt. Insbesondere TCO-optimale Anbieter, die geringe Kaufpreise haben, führen zu TCO-optimalen Wahlen. Ob die Teilnehmer dabei eine Optimierung der TCO beachtet haben oder sich viel mehr auf den Kaufpreis fokussiert haben und dadurch zufällig durch die Kombination des TCO-Rangs und des Preisrangs die TCO-optimale Wahl getroffen haben, bleibt allerdings an dieser Stelle ungeklärt.

2.5.5 Zusätzliche Analysen - Classifier-Analysen

Methode

Um die Diskussionsthemen über die verschiedenen Bedingungen und Entscheidungsphasen hinweg zu analysieren und so ein weiteres Verständnis über die Entscheidungsmechanismen zu erhalten, wurden Classifier-Analysen mithilfe von Machine-Learning-Techniken durchgeführt.

Für das Laborexperiment wurden Audioaufnahmen aus der Gruppen- und Think-Aloud-Bedingung (Entscheidungs- und Begründungszeit) sowie aus der individuellen Kondition (nur Begründungszeit) mittels Whisper (https://github.com/openai/whisper) transkribiert. Die Transkripte wurden nach Kondition, Entscheidungs-/Begründungszeit und jeweiligem Produktkauf segmentiert. So wurden 80 Gruppentranskripte (40 pro Produktkategorie), 74 Individuen-Transkripte (37 pro Kategorie) und 84 Think-Aloud-Transkripte (42 pro Kategorie) gewonnen. Dabei war je eine Audio-Aufnahme aus der individuellen Kondition, sowie eine Audio-Aufnahme aus der Think-Aloud Kondition von unzureichender Qualität, sodass sie in die Classifier-Analysen nicht einbezogen werden konnten und dadurch die Abweichung zum analysierten Datensatz der Regressionsanalysen entsteht.

Während die Transkripte im Laborexperiment auf gesprochener Sprache basierten, lag in der Prolific-Studie ausschließlich schriftliche Kommunikation vor. Da die Laborexperiment-Transkripte auf Deutsch und die Prolific-E-Mails auf Englisch waren, mussten unterschiedliche Classifier-Modelle trainiert werden.

Die Vorverarbeitung umfasste die Segmentierung von Sätzen, das Entfernen von Stoppwörtern, die einheitliche Umwandlung in Kleinbuchstaben sowie das Stemming. Die Sätze wurden anhand vordefinierter Themen/Label (z. B.

„Analytisch", „Einkaufspreis", „Total Cost of Ownership" und „Energiekosten") kategorisiert.

Ein Subset von 100 Sätzen wurde von einem Marketing-Doktoranden und einer GPT-API anhand der Label annotiert. Die Interrater-Reliabilität lag mit einem Cohen's Kappa von 0,81 über dem akzeptierten Schwellenwert, was auf eine hohe Konsistenz der Annotationen hinweist (McHugh 2012).

Da die Large Language Modelle (LLM) zum Zeitpunkt der Analyse für die englische Sprache stärker etabliert und getestet waren, während bei deutschen Sprachmodellen noch kein klar vorherrschendes Modell identifiziert werden konnte, wurden mehrere deutsche Sprachmodelle anhand der 100 vorselektierten Sätze evaluiert, bevor eines für die deutsche Classifier-Analyse ausgewählt wurde.

Sieben deutschsprachige Modelle wurden auf Basis der Trainingsdaten geprüft, um ihre Eignung für die Analysen in dieser Forschungsarbeit sicherzustellen (siehe Tabelle 2.8). Berücksichtigt wurden nur Modelle, die auf breiten, qualitativ hochwertigen deutschsprachigen Datensätzen (z. B. Wikipedia) trainiert wurden.

Feinjustierung des Classifiers

Um das am besten geeignete Modell für die geplante Analyse zu bestimmen, war es wichtig, zunächst die unterschiedliche Performance der deutschsprachigen Modelle zu testen und zu vergleichen. Da es zahlreiche Modelle gibt, mussten in einem ersten Schritt alle Sprachmodelle identifiziert werden, die auf deutschen Daten trainiert wurden. Selektierte Modelle wurden auf einem breiten Datensatz (z. B. Wikipedia-Artikel) trainiert und sind dadurch nicht auf ein bestimmtes Format, wie z. B. Comedy-Podcasts, beschränkt. Dieser Prozess führte zur Auswahl von sieben Modellen, die für die weitere Analyse in Frage kamen. Eine Übersicht über diese Modelle und die Daten, mit denen sie trainiert wurden, ist in Tabelle 2.8 zu finden.

Tabelle 2.8 Übersicht deutscher LLM und ihrer Trainingsgrundlage

#	Sprache	Trainiert auf
1	Distilbert-base-german-cased	Nicht detailliert angegeben.
2	Bert-base-german-cased	Wikipedia, OpenLegalData, Nachrichten
3	Bert-base-german-dbmdz-uncased	Wikipedia-Dump, EU Bookshop-Korpus, Open Subtitles, CommonCrawl, ParaCrawl und News Crawl
4	Distilbert-base-multilingual-cased	Wikipedia
5	Bert-basemultilingual cased	Wikipedia
6	Bert-basemultilingual uncased	Wikipedia
7	XLM-roberta-base	2,5TB gefilterter CommonCrawl

Eine Feinjustierung erfolgte für alle sieben Modelle (Bayerische Staatsbibliothek 2020; Conneau et al. 2019; Devlin et al. 2019; Sanh et al. 2019; Yang et al. 2024) exemplarisch auf das Label „Energiekosten", um ihre F1-Ergebnisse und ihre Genauigkeit zu vergleichen und das am besten geeignete Modell für alle nachfolgenden Analysen auszuwählen. Feinjustierung bedeutet in dem Fall, dass die vortrainierten sieben Sprachmodelle auf einem weiteren kleinen Datensatz, den 100 gelabelten Sätzen, weiter trainiert wurden, um so für die geplante Labeling-Aufgabe bestmöglich vorbereitet zu sein. Tabelle 2.9 gibt einen Einblick in die Ergebnisse der sieben Sprachmodelle, die auf dem annotierten Trainingsdatensatz feinjustiert wurden.

Das Distilbert-base-german-cased Modell (1) zeigte auffällig perfekte Werte über alle Kategorien, weshalb stattdessen das zweitbeste Modell, Bert-base-german-cased (2), gewählt wurde. Dass die Werte von F1, Präzision, Recall, AUC und Genauigkeit im Distilbert-base-german-cased-Modell alle den perfekten Wert von 1,000 annehmen, lässt eher auf eine unerwünschte Überanpassung (Overfitting) im Modell hindeuten. Aufgrund der methodischen Streuung der Inhalte und der typischen Varianz bei Sprachdaten erscheint eine perfekte Klassifikation aller Metrinken als unrealistisch. Das BERT-Base-German-Cased-Modell, das Groß- und Kleinschreibung berücksichtigt, erreichte einen F1-Score von 0,9787 und eine Genauigkeit von 0,9630, was eine zuverlässige Klassifikation der Entscheidungsthemen gewährleistet.

Für die englische Analyse der Prolific-Daten wurde das etablierte BERT-Base-Cased-Modells verwendet (Devlin et al. 2019).

Anschließend wurde das LLM feinjustiert, um metakognitive Äußerungen herauszufiltern. Das heißt, Sätze, die nicht direkt mit dem Entscheidungsprozess in

Tabelle 2.9 Ergebnisse der Feinjustierung der sieben LLM aus Tabelle 2.8

Large Language Model	1	2	3	4	5	6	7
Verlust	0,082	0,118	0,197	0,363	0,348	0,272	0,314
F1	1,000	0,979	0,958	0,920	0,939	0,920	0,920
Präzision	1,000	0,958	0,920	0,852	0,885	0,852	0,852
Recall	1,000	1,000	1,000	1,000	1,000	1,000	1,000
AUC	1,000	1,000	0,989	0,837	0,750	0,935	0,880
Genauigkeit	1,000	0,963	0,926	0,852	0,889	0,852	0,852

Anm.: Performances der deutschen Large Language Modelle (LLM) nach Feinjustierung auf 100 vorselektierte Sätze

Verbindung stehen, wie z. B. Aufgabeninstruktionen, Teilnehmer-IDs und Füllwörter wurden exkludiert. Diese Aussagen wurden über alle Bedingungen hinweg entfernt, um sicherzustellen, dass der Datensatz ausschließlich entscheidungsrelevante Inhalte enthält. Sätze wurden einem Thema zugeordnet, wenn sie eine Übereinstimmungsrate von mindestens 0,7 erreichten.

Die Ergebnisse der Classifier-Analysen geben an, zu wie viel Prozent die untersuchten Sätze das jeweilig betrachtete Thema beinhalten. Zur übersichtlichen Darstellung wurde der Mittelwert je Term pro betrachteter Kondition gebildet. Eines der Ziele war es, zu identifizieren, ob Gruppenentscheidungen analytischer sind als individuelle Entscheidungen. Um sicherzustellen, dass der Trainingsdatensatz akkurat analytische Sätze erkennt, wurde vorbereitend die Annotation des Datensatzes mittels GPT-API durchgeführt. Dazu wurde der API folgender Prompt übergeben:

"Please give an estimate in the form of a value between 0,00 and 1,00 (never respond with anything other than a value), if the following sentence spoken by a buyer expresses that the sentence spoken is analytical (value close to 1,00) or not (value close to 0,00), definition in the following.

> *"Analytical: relating to or using analysis or logical reasoning. Important: Please evaluate whether the sentence is analytical, not whether these thoughts are true or false."*

Die Ergebnisse fungieren als trainierter Datensatz, der für die Feinjustierung an den Classifier übergeben wurde. Ergebnisse, die mit über 70 % Zustimmung als analytisch eingestuft wurden, wurden demnach in dem resultierenden Trainingsdatensatz als positiv (1), also analytisch gewertet. Da der GPT-Algorithmus in mehreren Durchgängen in unterschiedlichen Ergebnissen resultieren kann, wurde eine zweite Bewertung durch GPT durchgeführt. Cohen's Kappa zwischen den beiden Ratings ergibt einen Wert von 0,883 und liegt damit im akzeptablen Bereich (McHugh 2012). Als dritter Rater wurde ein Doktorand aus dem Marketing-Bereich eingesetzt, der die 100 Sätze bewertete und übereinstimmend als analytisch bewertete Sätze in den finalen Trainingsdatensatz aufnahm. Basierend auf den Feinjustierungen wurden die Datensätze nach Filtern auf Metakognitionen mittels Classifiern analysiert.

Ergebnisse
Zusammengefasst deuten die Ergebnisse der feinjustierten Classifier darauf hin, dass Individuen häufiger analytische Sätze sprechen (Individuen Kontrollgruppe: 60,41 %, Think-Aloud: 50,41 %) als Gruppen (28,90 %). Eine erste Erklärung dafür kann darin liegen, dass trotz der Bereinigung auf Metakognition, Gruppen häufiger das Vorgehen besprechen und mehr Sätze zur Planung austauschen, die in der Regel weniger analytisch sind.

Individuen erwähnten zudem häufiger den Kaufpreis (Kontrollgruppe: 38,42 %, Think-Aloud: 27,66 %, Gruppen: 13,10 %) sowie die Total Cost of Ownership (TCO) (Kontrollgruppe: 62,76 %, Think-Aloud: 60,62 %, Gruppen: 40,59 %) im Vergleich zu Gruppen. Ein ähnliches Muster zeigt sich für Energiekosten (Kontrollgruppe: 13,78 %, Think-Aloud: 14,43 %, Gruppen: 8,94 %) im Laborexperiment. Langfristige Überlegungen spielten über alle Bedingungen hinweg nur eine untergeordnete Rolle.

Dass der Kaufpreis weniger stark besprochen wird als die TCO bietet vorsichtige Hinweise dafür, dass die Unterschiede in der Wahl des TCO-optimalen Anbieters bei variierendem Preisrang nicht über den Kaufpreis, sondern tatsächlich über die TCO zu erklären sein können.

Für Studie 1b, Phase 1 erfolgt die Classifier-Analyse ebenfalls auf Satzebene, wobei die Übereinstimmung der Satzinhalte mit den Begriffen in Prozent angegeben wird. Für die Gruppenkondition wurden die Sätze aller drei Runden einbezogen. Die Ergebnisse der Prolific-Studie bestätigen, dass es in den feinjustierten Classifier-Analysen kaum Unterschiede zwischen den Konditionen gibt. Lediglich beim Thema TCO diskutieren die Individuen verstärkt den Aspekt (51,55 %), während es für Gruppen weniger wichtig (42,68 %) erscheint.

Der Kaufpreis hat bei den Gruppen eine leicht höhere Bedeutung, hat aber insgesamt eine sehr niedrige Wichtigkeit. Insgesamt lässt sich allerdings auch hier validieren, dass Individuen, wenn auch knapp, häufiger analytisch vorgehen als Gruppen (99,1 % vs. 95,28 %) (Tabelle 2.10).

Tabelle 2.10 Ergebnisse der Classifier-Analysen der Prolific-Studie

Begriff	Analytisch		Preis		TCO		Energiekosten	
	Individuen	Gruppe	Individuen	Gruppe	Individuen	Gruppe	Individuen	Gruppe
Ja	99,1 %	95,28 %	1,55 %	1,96 %	51,55 %	42,68 %	15,12 %	12,37 %
Nein	0,9 %	4,72 %	98,45 %	98,04 %	48,45 %	57,32 %	84,88 %	87,63 %

Anm.: Die Werte in der „Ja“-Zeile geben an, zu wie viel Prozent der Classifier eine Zustimmung der Sätze zu den Begriffen schätzt

Die Ergebnisse liefern Evidenz dafür, dass in dieser Studie der Einkaufspreis grundsätzlich deutlich seltener diskutiert wurde als TCO, was überraschend ist, da auch in dem Prolific-Experiment häufig nicht die TCO-optimale Wahl getroffen wurde.

Da im Laborexperiment kein Thema von Gruppen häufiger besprochen wurde als von Individuen und in der Prolific-Studie lediglich der Einkaufspreis marginal häufiger diskutiert wurde, wurde im Folgenden die Analyse um weitere Begriffe erweitert. Um zusätzliche Themen zu identifizieren, analysierte GPT die Daten und bestimmte „Einsparungen“, „Budget“, „Risiko“, „Entscheidungsprozess“ und „Versicherung“ als weitere relevante Diskussionsinhalte.

Neben den feinjustierten Classifiern gibt es zudem die Option, Sätze über Zero-Shot-Classifier labeln zu lassen. Um die Erkenntnisse über „Analytisch“, „Einkaufspreis“, „TCO“ und „Energiekosten“ zu validieren, wurde der Zero-Shot-Classifier auf die Datensätze angewendet.

Zero-Shot-Classifier

Der Zero-Shot-Classifier basierend auf dem etablierten mDeBERTa-v3-base-xnli-multilingual-nli-2mil7 Modell (He et al. 2021; Laurer et al. 2022) wurde in Python implementiert. Er ermöglicht die thematische Klassifikation von Textpassagen, ohne dass eine Feinjustierung des Modells erforderlich ist (Yin et al. 2019).

Basierend auf dem Zero-Shot-Classifier wurden zunächst die Daten aus dem Laborexperiment auf Erwähnung der identifizierten Themen untersucht. Die Ergebnisse finden sich in Tabelle 2.11 und weichen leicht von denen des feinjustierten Classifiers ab. Dabei geben die Werte, die nicht in Klammern stehen an, zu welchem Ausmaß von 0 bis 1 Begriffe in den jeweiligen Konditionen diskutiert werden, während die Werte in Klammern über eine Kondition in Summe 1 ergeben und somit deutlicher aufzeigen, wie die Themen innerhalb der Kondition verteilt wurden. Die Ergebnisse des Zero-Shot-Classifiers in Tabelle 2.11 beziehen sich auf die Datensätze nach Filtern auf metakognitive Sätze und zunächst lediglich auf das Szenario mit vollständigen Informationen. Die Ergebnisse in den Analysen der unvollständigen Information und ohne Auftrennen der Konditionen zeigen aber grundsätzlich ein ähnliches Bild.

Aus den Daten lässt sich zunächst schließen, dass die Konditionen durchaus unterschiedliche Themen stärker gewichten und dadurch einen unterschiedlichen Fokus in ihren Entscheidungsfindungen haben.

In der Betrachtungsweise der Begründungszeit, in der jeder Begriff einen Wert bis 1 erreichen kann, wird deutlich, dass Einsparungen und organisationale

Themen entlang aller Konditionen eine hohe Bedeutung haben (Einsparungen Individuen = 0,72, Think-Aloud = 0,71, Gruppen = 0,57; organisationale Themen Individuen = 0,73, Think-Aloud = 0,74, Gruppen = 0,62), ebenso wie der Nachhaltigkeitsbegriff (Individuen = 0,67, Think-Aloud = 0,63, Gruppen = 0,55). An sich ist die Kombination von Einsparungen und Nachhaltigkeit ein guter Ansatz, um den TCO-optimalen Anbieter zu wählen. Dies deutet darauf hin, dass zentrale Elemente des TCO-Konzepts wie Einsparungen und Nachhaltigkeit auch ohne explizite Nennung des Begriffs in Entscheidungsprozesse integriert. In dieser Betrachtungsweise bestätigt sich jedoch der Effekt aus den feinjustierten Classifiern, dass kein Begriff stärker in der Gruppenkondition diskutiert wird als in den anderen beiden Konditionen.

Betrachtet man hingegen die Werte des Zero-Shot-Classifiers in Tabelle 2.11, in dem jede Kondition in Summe über alle Themen einen Wert von 1 erreichen kann, so kehrt sich dieses Bild um und auch Gruppen besprechen manche Themen stärker als die beiden individuellen Konditionen.

In den Daten der Begründungszeit fällt auf, dass Gruppen verstärkt analytisch argumentieren (Gruppen = 0,08; Individuen = 0,04; Think-Aloud = 0,04). Der Unterschied zu den anderen Modellen kann in der feineren Betrachtungsweise liegen. Ebenso sind die Gruppen in der Entscheidungszeit analytischer als die Think-Aloud-Kondition. Dies bietet Evidenz dafür, dass Gruppen unter bestimmten Betrachtungspunkten wie vollständigen Informationen durchaus auch analytischere Themen besprechen können als Individuen. Da sich der Effekt aber nicht in allen Analysen bestätigt, sind die Ergebnisse nicht robust genug, um abzuleiten, dass Gruppen per se analytischer sind, wenn es um ökonomisch nachhaltige Kaufentscheidungen geht.

Weiter diskutieren Gruppen deutlich stärker das Risiko (Gruppen = 0,12; Individuen = 0,07; Think-Aloud = 0,09). Auch dies ist in der reinen Betrachtung der Entscheidungszeit wiederzufinden.

Weiter verdeutlichen die Ergebnisse, dass Individuen einen leicht stärkeren Fokus auf den Einkaufspreis legen als Gruppen (Einkaufspreis – Individuen = 0,12; Think-Aloud = 0,11; Gruppen = 0,09). Insgesamt sind die Total Cost of Ownership hingegen deutlich weniger thematisiert und sind sowohl in der Begründungs- als auch der Entscheidungszeit das Thema, das am wenigsten entlang aller Gruppen besprochen wird.

Auch bei Einbezug aller Szenarien (vollständig und unvollständig) bleibt das Gesamtbild ähnlich. Da sich die Ergebnisse des Zero-Shot-Classifiers und der feinjustierten Classifier in einigen Aspekten widersprechen, sind jedoch keine robusten Ableitungen auf das tatsächliche Entscheidungsverhalten möglich.

Tabelle 2.11 Ergebnisse der Zero-Shot-Classifier-Analysen des Laborexperiments in den Szenarien mit vollständigen Informationen

	Einsparungen	*Budget*	*Analytisch*	*Risiko*	*Entscheidungsprozess*	*Organisational*	*Einkaufspreis*	*TCO*	*Langfristigkeit*	*Versicherung*	*Nachhaltigkeit*	*Energiekosten*
Phase	*Begründungszeit*											
Individuen	0,72 (0,10)	0,63 (0,11)	0,57 (0,04)	0,57 (0,07)	0,61 (0,11)	0,73 (0,07)	0,54 (0,12)	0,31 (0,03)	0,63 (0,16)	0,38 (0,04)	0,67 (0,05)	0,51 (0,10)
Think-Aloud	0,71 (0,10)	0,61 (0,10)	0,61 (0,04)	0,64 (0,09)	0,64 (0,10)	0,74 (0,08)	0,53 (0,11)	0,30 (0,03)	0,58 (0,11)	0,44 (0,05)	0,63 (0,05)	0,56 (0,14)
Gruppen	0,57 (0,10)	0,53 (0,11)	0,58 (0,08)	0,61 (0,13)	0,54 (0,08)	0,62 (0,07)	0,41 (0,09)	0,28 (0,04)	0,53 (0,14)	0,38 (0,04)	0,55 (0,06)	0,45 (0,07)
Phase	*Entscheidungszeit*											
Think-Aloud	0,60 (0,08)	0,58 (0,11)	0,58 (0,05)	0,65 (0,10)	0,51 (0,06)	0,68 (0,08)	0,50 (0,13)	0,32 (0,04)	0,50 (0,12)	0,39 (0,06)	0,55 (0,05)	0,49 (0,12)
Gruppen	0,50 (0,08)	0,52 (0,12)	0,58 (0,08)	0,63 (0,14)	0,48 (0,07)	0,61 (0,08)	0,40 (0,10)	0,27 (0,04)	0,46 (0,12)	0,37 (0,05)	0,50 (0,05)	0,41 (0,07)

Anm.: Werte in Klammern ergeben entlang einer Kondition, z. B. Individuen immer 1 und verdeutlichen so die Gewichtung der Begriffe innerhalb der Kondition. Werte in der jeweils oberen Zeile der Konditionen können hingegen jeweils einen Wert bis 1 annehmen und geben so einen konkreteren Überblick über das Vorkommen des Begriffes in den Sätzen

2.5.6 Diskussion Studie 1

Studie 1 und 1b untersuchen, ob Gruppen häufiger TCO-optimale Entscheidungen treffen als Individuen und ob unvollständige Informationen diesen Effekt moderieren. Die Ergebnisse widersprechen H_1 und bieten Evidenz dafür, dass Individuen in simultanen Entscheidungen signifikant eher TCO-optimale Entscheidungen treffen als Gruppen. Dies bestätigt Literaturstränge, die besagen, dass Gruppen durch ihre Verzerrungen und daraus resultierenden Nachteilen in manchen Situationen, schlechtere Entscheidungen treffen können als Individuen (Henthorne et al. 1993; Sunstein/Hastie 2014) und erweitert dies um den Kontext ökonomisch nachhaltiger Kaufentscheidungen.

Die Ergebnisse sind im Laborexperiment signifikant, während im Prolific-Experiment keine signifikanten Unterschiede im Entscheidungsoutput festgestellt werden. Dennoch treffen Gruppen in diesem Setting nicht signifikant häufiger TCO-optimale Entscheidungen, sodass auch hier keine Evidenz für H_1 gefunden wird.

Die Unterschiede in den Ergebnissen könnten durch den sequenziellen Entscheidungsprozess in den Prolific-Studien erklärt werden (Mogilner et al. 2013). Sequenzielle Entscheidungsfindung kann potenzielle Konformitätsverzerrungen reduzieren und allen Teilnehmenden eine zusätzliche Evaluationsmöglichkeit durch mehr Zeit und weniger direkten Meinungsaustausch bieten (Dijksterhuis/van Olden 2006; Seale/Rapoport 1997). Zudem haben die Teilnehmer hier mehr Möglichkeiten sich mit dem Thema auseinanderzusetzen. Zusätzlich können die Unterschiede auch am Offline, bzw. Online-Format der Erhebung liegen. Während der Prolific-Studie haben Teilnehmer die Möglichkeit Online-Tools in ihre Entscheidungen einzubeziehen. Im Laborexperiment war zu sehen, dass sich viele Teilnehmer sogar gegen einen Taschenrechner entschieden, weil sie die gemeinsame Zeit lieber für den Austausch mit den anderen Gruppenmitgliedern nutzten.

Weiter liefern die Ergebnisse der Classifier-Analysen einen Beleg dafür, dass Informationen von Gruppen und Individuen unterschiedlich verarbeitet werden, was sich in den verschiedenen Schwerpunkten der Diskussionen zu Themen wie Risiko und Kaufpreis verdeutlicht. Individuen diskutieren den Kaufpreis stärker, während Gruppen Risiken als wichtiger wahrnehmen. In den Zero-Shot-Classifiern sind Gruppen zudem analytischer, der Effekt zeigt sich jedoch nicht in den individuell feinjustierten Classifiern, sodass die Ergebnisse nicht auf robuste Unterschiede hindeuten.

Eine unterschiedliche Verarbeitung von Informationen erscheint plausibel, da beide Entscheidungseinheiten unterschiedliche Voraussetzungen zur Entscheidungsfindung haben. Ein größerer Fokus auf Risiken in Gruppen kann dadurch erklärt werden, dass unterschiedliche Gruppenmitglieder unterschiedliche Risiken wahrnehmen und dadurch mehr Meinungen und Anknüpfungspunkte zur Diskussion dieser Risiken im Raum stehen. Dabei sind Risiken ein elementarer Bestandteil, wenn es um langfristige Investitionen geht, was eine Erklärung dafür bieten kann, dass Gruppen häufiger vom TCO-optimalen Ergebnis abweichen.

Ein ebenfalls durchgeführtes Topic-Modelling (s. Anhang A 2.2 im elektronischen Zusatzmaterial) bestätigt zudem, dass Gruppen nicht mehr Themen besprechen als Individuen. Hingegen ist es bei Gruppen eher so, dass sie einige wenige grobe Themen oder hingegen mit circa 14 Themen sehr viele kleine Themen besprechen, während die optimale Themenmenge bei Individuen höher ist und mit zunehmender Anzahl an Optimalität gewinnt. Gruppen scheinen also eher auf einer abstrakten Ebene zu diskutieren oder sich jedoch über viele, dennoch weniger als bei den Individuen, Themen auszuschauten. Das verdeutlicht, dass Gruppen keinem klaren Muster folgen und den Anschein machen, in zwei Arten aufteilbar zu sein. Dies bietet eine Grundlage zum Verständnis, weshalb Individuen tendenziell eher TCO-optimale Entscheidungen treffen als Gruppen. TCO beinhaltet viele Aspekte, wenn Individuen diese in ihrer Summe eher beleuchten, anstatt sich auf wenige Informationen zu konzentrieren, kann es ihnen besser gelingen, eine Gesamteinschätzung zu geben.

Es findet sich Evidenz für H_2, die untersucht, ob Gruppen beim Vorliegen unvollständiger Informationen TCO-suboptimaler entscheiden als beim Vorliegen vollständiger Informationen. Unvollständige Informationen limitieren die Entscheidungsfindung in Gruppen erheblich und reduzieren die Wahl des TCO-optimalen Anbieters signifikant, während Individuen hiervon nicht signifikant betroffen sind. In dem Szenario der Kühl-Gefrier-Kombination war die TCO-optimale Entscheidung trotz unvollständiger Informationen leicht identifizierbar. Durch einfache Addition der vorhandenen Werte ließ sich der optimale Anbieter ohne Annahmen über fehlende Informationen bereits bestimmen. In dem Szenario der PV-Anlage war dies nicht so leicht möglich, da unter anderem bei zwei Anbietern, auch bei dem tatsächlich TCO-optimalen Anbieter die Angaben zur Laufzeit gefehlt haben. Durch Annahmen basierend auf den anderen Angaben der konkurrierenden Produkte hätte durchaus der TCO-optimale Anbieter logisch erschlossen werden können. Dafür musste aber deutlich mehr logisches und strategisches Denken und Kombinieren angewendet werden. Die Ergebnisse deuten darauf hin, dass Gruppen anfälliger für kognitive Überlastung und heuristische

Entscheidungsstrategien sind, wenn Daten fehlen (Charness/Sutter 2012) und sich in diesem Umfeld klar als unterlegene Entscheidungseinheit erweisen.

2.6 Studie 2 – Experteninterviews

Wie die Ergebnisse der Vorstudie und Studie 1 verdeutlichen, konzentrieren sich viele Entscheidungseinheiten nach wie vor auf andere Kriterien als auf die konsequente Einbeziehung der Total Cost of Ownership in ihren Entscheidungsprozess. Besonders ist dies bei Gruppen zu beobachten, hier vor allem auch im organisationalen Kontext. Um zu verstehen, warum die TCO bei Gruppen- und Unternehmensentscheidungen nicht konsequent berücksichtigt werden, wurden Experteninterviews mit B2B-Einkäufern durchgeführt. Ziel dieser Interviews war es, die Ergebnisse aus der Vorstudie und Studie 1 zu validieren und vertiefte Einblicke in Mechanismen und Herausforderungen realer Einkaufsprozesse zu gewinnen. Weiter sollen Ansatzpunkte identifiziert werden, wie Gruppen und Individuen gezielt bei der Umsetzung TCO-optimaler Entscheidungen unterstützt werden können.

2.6.1 Methode

Stichprobe Die Interviews wurden von zwei Mitgliedern des Forschungsteams geführt, die in Deutschland und in Frankreich tätig sind, so dass sowohl die französische als auch die deutsche Perspektive berücksichtigt wurde. Die Einkaufsexperten wurden so ausgewählt, dass sie einen umfassenden Überblick über die Entscheidungsprozesse im Zusammenhang mit TCO bieten.

Die Forscher stellten sicher, dass unter den Experten ein breites Spektrum an Unternehmensgrößen, Branchen und Einkaufserfahrungen vertreten war, um so ganzheitliche Einblicke in die Einkaufsrealität zu erhalten. Alle Einkäufer wurden entweder über die persönlichen Netzwerke der Autoren oder über internationale berufliche Netzwerke (z. B. LinkedIn) rekrutiert. Die Interviews wurden parallel von den beiden Forschern durchgeführt, die dann die Erkenntnisse aus den Interviews diskutierten.

Die Datenerhebung wurde bis zum Erreichen der theoretischen Sättigung fortgesetzt (Strauss/Corbin 1998). Durch kontinuierliches Auswerten der Interviews wurde die Sättigungsmenge festgestellt. Bei dem Codieren der Interviews verdeutlichte sich, dass ab dem 22. Interview keine neuen relevanten Kategorien oder Konzepte mehr entwickelt werden konnten. Da sich ab diesem Punkt die

Tabelle 2.12 Übersicht über die Interviewpartner in den Experteninterviews

ID	m/w/d	Einkaufserfahrung in Jahren	Position	Industrie	Mitarbeiter weltweit	TCO verpflichtend?
P1	M	23	Einkaufsdirektor	Lebensmittel	85000	Nicht bekannt
P2	W	17	Abteilungsleiter Einkauf	Energie	65000	Nicht bekannt
P3	M	7	Projektleiter Einkauf	Technologie und industrielle Fertigung	150000	Nicht bekannt
P4	M	24	Abteilungsleiter Einkauf	Technologie und industrielle Fertigung	80000	Nicht bekannt
P5	W	13	Einkäufer	Gesundheit	2300	Nicht bekannt
P6	M	10	Einkäufer	Landwirtschaft	13000	Nicht bekannt
P7	M	13	Einkaufsmanager	Industrielle Ausrüstung	1500	Nicht bekannt
P8	M	23	Einkäufer	Bekleidung	300	Nicht bekannt
P9	M	21	Einkaufsdirektor	Elektronik	200	Nicht bekannt
P10	M	9	Einkaufsmanager	Facility Management	400000	Nicht bekannt
P11	M	5	Projekteinkäufer	Bauwesen	35000	Nicht bekannt
P12	M	17	Einkaufsdirektor	Chemie	8000	Nicht bekannt
P13	M	13	Transition Manager	Transport	250000	Nicht bekannt
P14	M	7	Warengruppenmanager Einkauf	Lebensmittel	30000	Nicht bekannt
P15	W	23	Einkaufsdirektor	Möbel	400	Nicht bekannt

(Fortsetzung)

Tabelle 2.12 (Fortsetzung)

ID	m/w/d	Einkaufserfahrung in Jahren	Position	Industrie	Mitarbeiter weltweit	TCO verpflichtend?
P16	M	7	Projektmanager Einkauf	Technologie und industrielle Fertigung	330000	Ja
P17	W	3	Einkäufer	Gesundheit	48000	Nein
P18	W	4	Technischer Einkäufer	Lebensmittel	47000	Nein
P19	M	4	Strategischer Einkäufer	Fertigung	17000	Nein
P20	M	15	Einkaufsleiter	Lebensmittel	5300	Nein
P21	W	43	Einkaufsleiter	Lebensmittel	130	Nein
P22	M	5	Strategischer Einkäufer	Kosmetik	2300	Ja
P23	M	17	Strategischer Einkäufer	Elektronik	23500	Nein
P24	M	5	Strategischer Einkäufer	Gesundheit	46500	Nein
P25	M	5	Einkäufer	Fertigung	200	Nein

Antworten der Teilnehmer inhaltlich weitgehend wiederholten und keine neuen Erkenntnisse gewonnen werden konnten, wurde entschieden, die Datenerhebung nach Durchführung der vereinbarten Interviews zu beenden. Die Interviews wurden innerhalb von zwei Monaten abgeschlossen, was zu einer endgültigen Stichprobe von 25 Einkaufsexperten führte. Eine Übersicht über die Interviewteilnehmer findet sich in Tabelle 2.12. Die Interview-IDs in der Tabelle dienen als Referenz für die im folgenden Abschnitt zitierten Aussagen.

Interviewablauf Auf Grundlage der Literaturrecherche und der vorausgehenden Studien wurden die Interviews in drei Teile gegliedert. Der Interviewleitfaden findet sich in Anhang A 2.3 im elektronischen Zusatzmaterial. Der erste Teil enthielt Fragen zum Standard-Einkaufsprozess und zu den Entscheidungsabläufen innerhalb des Unternehmens. Teilnehmer wurden gebeten, Beispiele zur Veranschaulichung ihrer Prozesse zu nennen, um so eine bessere Anschauung und Vergleichbarkeit zu ermöglichen.

Im zweiten Teil wurden die Experten zu ihrem Wissen und der Verwendung von TCO in ihrem Unternehmen befragt. Um die Diskussion über TCO zu erleichtern, selbst wenn das Konzept dem Experten nicht bekannt war, folgte das Interview dem Ansatz, zunächst danach zu fragen, wie das Unternehmen mit Energiekosten und nachhaltigen Praktiken umgeht.

Der letzte Teil der Befragung konzentrierte sich auf die Entscheidungsfindung in der Gruppe, spezifisch am Beispiel der TCO. Der Teil folgte dem Theory-in-Use-Ansatz (Zeithaml et al. 2020), um umfassende Einblicke in alle potenziell relevanten Aspekte der Nutzung von TCO zu erhalten. Während der Interviews haben die Forscher aktiv zugehört und den Teilnehmern die Möglichkeit gegeben, ihre Meinung umfassend zu äußern.

Die Interviews wurden über Microsoft Teams geführt und mit OBS Studio (https://obsproject.com/) aufgezeichnet, wobei die Zustimmung aller Teilnehmer dafür vorlag. Die Audioaufnahmen wurden mittels Whisper lokal verarbeitet und transkribiert. Personenbezogene Daten, Unternehmensinformationen und alle anderen identifizierbaren Attribute wurden vor der Analyse entfernt. Jedes Interview dauerte maximal 60 Minuten.

Analysemethode Die Auswertung der Interviews erfolgte anhand der etablierten Gioia-Methode, die eine strukturierte, theoriegeleitete Ableitung von Konzepten aus qualitativen Daten ermöglicht (Gioia et al. 2013). In einem ersten Schritt wurden die Interviews dafür offen kodiert (Strauss/Corbin 1998). Ein Fokus lag auf dem Identifizieren von Aussagen, die Aufschluss darüber geben, wie Einkäufer organisationale Gruppenentscheidungen wahrnehmen. Um die Integrität der Aussagen der Teilnehmer zu wahren und gegebene Aussagen möglichst authentisch abzubilden, orientiert sich die Kodierung erster Ordnung eng am exakten Wortlaut der Teilnehmer.

Nachdem die offene Kodierung abgeschlossen war, wurden in einem iterativen Prozess ähnliche oder thematisch verwandte Aussagen zusammengeführt, um daraus übergeordnete Kategorien erster Ordnung abzuleiten (Gioia et al. 2013). So wurde beispielsweise ein Zitat („bei unklaren Bedürfnissen um Gruppenfeedback bitten"), das zunächst offen kodiert wurde, in die Kategorie „Einkäufer klären Bedürfnisse, indem sie Informationen von der Entscheidungseinheit anfordern" überführt.

Im zweiten Schritt wurden die Konzepte erster Ordnung in übergeordnete Themen zweiter Ordnung zusammengefasst, indem ähnliche Kodierungen auf der Grundlage ihrer Beziehung zur Gruppendynamik auf einer höheren Abstraktionsebene gruppiert wurden.

Abschließend wurden aggregierte Dimensionen aus den Themen zweiter Ordnung entwickelt, die die drei wichtigen Schritte im organisationalen Kaufprozess identifizierten:

(1) Der Entscheidungsprozess über die, für den Kauf relevanten Kriterien, (2) Die Faktoren, die für die finale Anbieterauswahl der Entscheidungseinheit (EE) wichtig sind, und (3) Wie die Entscheidungseinheit ihre Entscheidungen optimieren kann, um eher TCO-optimale Entscheidungen zu treffen. All diese Elemente wurden in eine Datenstruktur integriert, die in Abbildung 2.5 zu finden ist (Gioia 2021).

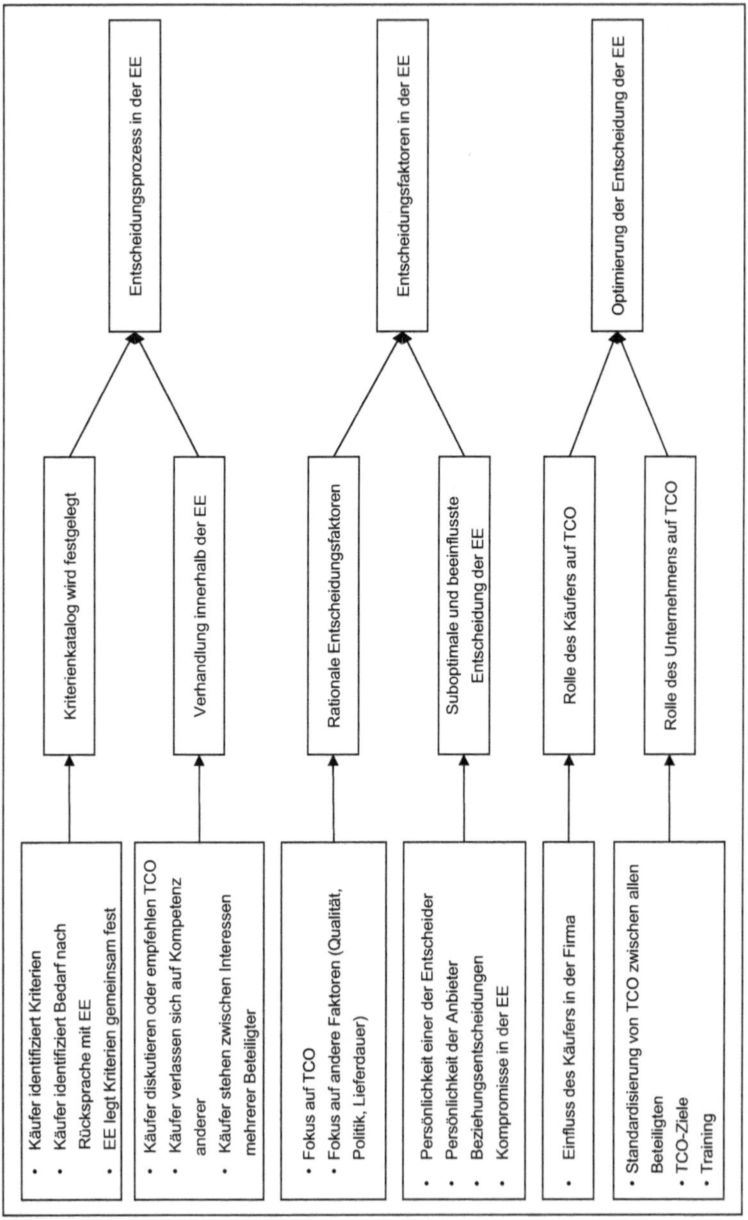

Abbildung 2.5 Datenstruktur der Entscheidungsfindung in den Entscheidungseinheiten (EE)

2.6.2 Ergebnisse – Entscheidungsprozesse in den Entscheidungseinheiten

Bevor Kaufentscheidungen getroffen werden, wird in der Regel zunächst ein Kriterienkatalog und das gemeinsame Ziel aller, am Kaufprozess beteiligten Personen, definiert (Robinson et al. 1967). Abschnitt 2.6.2 gibt dabei einen Einblick, wie Entscheidungseinheiten diese Kriterien initial bestimmen und durch Verhandlungen final festlegen. Dabei liegt ein Fokus darauf, wie TCO einbezogen wird. Der Entscheidungsprozess unterteilt sich in die Festlegung des Kriterienkatalogs und mögliche nachgelagerte Verhandlungen innerhalb der Entscheidungseinheit bezüglich des Entscheidungsprozesses hinsichtlich der relevanten Produktattribute.

Festlegung des Kriterienkatalogs
Kaufentscheidungsprozesse unterscheiden sich von Unternehmen zu Unternehmen. Gemeinsam haben dabei fast alle Unternehmen, dass vor einem Kauf die bestimmten Anforderungen an das zu kaufende Produkt bzw. die zu kaufende Dienstleistung definiert werden müssen (Nicosia/Wind 1977; Webster/Wind 1972). Dieser Schritt kann dabei in der Regel von einem einzelnen Einkäufer durchgeführt werden oder gemeinschaftlich mit anderen Mitgliedern der Entscheidungseinheit, zum Beispiel als Gruppe (Stoddard/Fern 2002).

Die Interviews bieten Evidenz dafür, dass egal ob es sich um Individual- oder Gruppenentscheidungen handelt, immer das Einbeziehen aller am Kauf Beteiligten zur Kriterienfestlegung wichtig ist. Diese Absprache ist insbesondere wichtig, wenn ein Individuum, vorwiegend der Einkäufer, die finale Produktauswahl allein treffen soll. P15 stellt fest: *„Wenn der Bedarf nicht klar definiert ist, dann müssen wir natürlich mit den Ingenieuren und Abteilungen sprechen und es ist eine abgestimmte Wahl. Vielleicht setzen wir uns sogar mit der Verkaufsabteilung zusammen"(P15).* Die Festlegung der Kriterien ist dabei häufig zwischen technischen, rechtlichen und operationellen Anforderungen jeder Abteilung abzustimmen (P10).

Die Alternative ist, dass die Entscheidungseinheit direkt gemeinsam als Gruppe über die Kriterien entscheidet und demnach auch die Anforderungen und Ziele gemeinsam definiert. Dies erfolgt in der Regel unter der Bedingung, dass die Mindestanforderungen jeder Abteilung erfüllt werden. Ein solches Vorgehen minimiert Risiken für potenzielle weitere Konflikte innerhalb der Entscheidungseinheit, die sich durch unterschiedliche und unausgesprochene Vorstellungen ergeben können. Die Experten stellen fast einheitlich fest, dass eine gemeinsame

Verhandlung zwischen aller beteiligten Personen zur Abstimmung der finalen Kaufkriterien unabdingbar ist.

Verhandlung innerhalb der Entscheidungseinheit
Bei der Festlegung der Kriterien kommt den Einkäufern eine entscheidende Rolle zur Sicherstellung wirtschaftlich nachhaltiger Kaufentscheidungen und der Vermeidung von langfristigen unbekannten Folgekosten zu, weshalb sie insbesondere einen Fokus auf das Einbeziehen von TCO legen. P17 bestätigt dies: *„Es kann auch sein, dass, wenn niemand sagt, bitte schaut euch das Gesamtkonstrukt an, dass die Entscheidung dann auch in eine nicht nachhaltige Richtung geht, also wenn ein Einkäufer nicht einbezogen wird, sondern nur die Fachabteilung“ (P17).*

Dabei fokussieren sich Einkäufer häufig auch auf die Überzeugung der restlichen Entscheidungseinheit zum Einbeziehen der TCO. Das erfolgt vor dem Hintergrund, dass viele Einkäufer finden, dass TCO die unternehmerischen Ziele sinnvoll abbilden kann, wie P22 beschreibt: *„Wir haben immer versucht, das Ziel zu erreichen. Und das konnte man in der Regel nur mit den niedrigsten TCO erreichen“.*

P24 fügt hinzu: *„Also ich als Einkäufer treffe keine Entscheidung alleine, weil es dafür komplexe Gründe gibt, aber zumindest gibt es einen Vier-Augen-Prozess und Sechs-Augen-Prozess und so weiter. Das bedeutet, dass ich als Einkäufer mit meinem netten TCO-Ansatz eine Empfehlung aussprechen kann, was aus sozialer Sicht am besten ist, aber natürlich muss ich immer mit der Person sprechen, die es braucht. Sie entscheidet letztendlich, was für ihre Bedürfnisse am besten ist“ (P24).* Das verdeutlicht, dass es durchaus trotz der Vorteile von TCO zu Diskussionen über das Einbeziehen dieser als Hauptkriterium kommt.

Eine Herausforderung bei der Überzeugung der Entscheidungseinheit hinsichtlich TCO als Kriterium, ist, dass in den Entscheidungseinheiten verschiedene Abteilungen mit unterschiedlichen präferierten Kriterien und oft fehlendem Hintergrundwissen zu TCO zusammenkommen. TCO werden dann selten als gemeinsame Priorität für die Anbieterauswahl definiert *„Unsere Buying Center sind immer gemischt. Die bestehende Gruppe besteht nicht nur aus Einkäufern, sondern aus gemischten Gruppen von Abteilungsvertretern und Einkäufern. […] Da sind nicht drei Einkäufer und einer aus dem Bereich drin, also drei Einkäufer im Sinne von drei kostensensiblen Leuten und einer inhaltlichen Person“ (P17).*

Die Einbeziehung mehrerer Abteilungen in die Kriterienfestlegung und anschließende Verhandlung gewährleistet zwar einen ausgewogenen Entscheidungsprozess, bringt aber auch Herausforderungen mit sich. Unterschiedliche Prioritäten und Perspektiven der Abteilungen können zu Konflikten führen, wie P19 feststellt: *„Was ich immer beobachte, ist, dass man als Gruppe reingeht und* *jeder ganz schlimm in seine Abteilungsmuster verfällt. Der eine sagt, „mach mal, wir müssen das jetzt machen, weil wir dann Geld sparen". Dann sagt der Ingenieur, „nein, wir müssen das nicht machen". Ich würde sogar noch weiter gehen und sagen, wenn man auf einer hierarchischen Ebene ist, jeder steht in gewisser Weise unter Druck, dass er sein Rollenbild vertritt und das ist oft ein großes Problem in der Praxis" (P19).*

Zusammenfassend lässt sich beschreiben, dass die Einkäufer eine hohe Priorität auf die Betrachtung von TCO im Kaufprozess legen. Da die Entscheidungen in Unternehmen aber häufig gemeinsam als Gruppe getroffen werden und hier unterschiedliche Abteilungen mit unterschiedlichen Prioritäten zusammenkommen, müssen die Einkäufer häufig die restliche Entscheidungseinheit von dem Konzept des TCO überzeugen. Wenn diese Kommunikation nicht funktioniert und kein Konsens erzielt werden kann, müssen Entscheidungen unter Umständen an höhere Managementebenen weitergeleitet werden, um eine Lösung zu finden. P17 beschreibt: *„Wenn wir jetzt gegensätzliche Meinungen haben, sage ich mal, auf der Einkaufsseite Variante A empfohlen wird, aber die Abteilung sagt, wir sind für B, die sind viel teurer und sowieso, aber die Nase gefällt uns besser, dann tragen wir das eine Eskalationsstufe nach oben und dann wird eine gemeinsame Entscheidung getroffen" (P17).*

Sollte selbst dann trotz aller Bemühungen kein gemeinsamer Konsens gefunden werden, dann müssen die relevanten Faktoren für den Produktkauf neu eruiert werden. *„... dann kommt die Produktion und sagt, auf dem Papier sieht alles super aus, aber ich kann das Produkt nicht verarbeiten, wir kriegen das nicht hin, es funktioniert nicht so, wie wir uns das vorgestellt haben und dann muss natürlich der ganze Prozess wieder von vorne beginnen" (P25).*

Diese Erkenntnisse verdeutlichen die Komplexität des Entscheidungsprozesses in einer Gruppe, insbesondere hinsichtlich der Abwägungen unterschiedlicher Interessen wie technischer, finanzieller und betrieblicher Belange, während zeitgleich wirtschaftliche und strategische Interessen optimiert werden sollen.

2.6.3 Ergebnisse – Entscheidungsfaktoren in den Entscheidungseinheiten

Betrachtet man Gruppen als Entscheidungseinheit, so muss im Anschluss an die Kriteriendefinition und Einholung der unterschiedlichen Informationen über die verschiedenen Anbieter eine gemeinsame Entscheidung hinsichtlich der finalen Produkt-/Lieferantenauswahl getroffen werden. Dabei können die Reaktionen der Entscheidungseinheit auf drei wesentliche Aspekte reduziert werden und dadurch die Gruppen in drei Kategorien einsortiert werden. Die drei unterschiedlichen Kategorien, in denen auf die vorgeschlagene Lieferantenauswahl reagiert werden kann, sind in den folgenden drei Varianten beschrieben. Variante 1 betrachtet dabei, dass die Entscheidungseinheit die TCO-optimale Lösung ebenfalls als präferierte Entscheidung betrachtet, Variante 2 bedeutet, dass für die Entscheidungseinheit andere Kriterien zur Auswahl des optimalen Lieferanten überwiegen und in der dritten Variante lehnt die Entscheidungseinheit den TCO-optimalen Anbieter basierend auf subjektiven Einflüssen ab. Damit stellen Variante 1 und Variante 2 rationale Entscheidungskriterien als Grundlage dar, während Variante 3 suboptimale Kriterien und persönliche Verzerrungen beinhaltet und so zu suboptimalen Entscheidungen führt.

Variante 1: Entscheidungseinheit bestätigt TCO als optimale Entscheidung
Das wünschenswerteste Ergebnis für einen Einkäufer in Gesprächen mit der Entscheidungseinheit ist die Sicherstellung der Optimierung langfristiger Kosten durch die Wahl der TCO-optimalen Lösung. Die Interviews bieten Evidenz dafür, dass in der Praxis die meisten Entscheidungseinheiten mit den TCO-Anforderungen der Einkäufer übereinstimmen.

Mehrere Interviewpartner betonen die faktische und nachvollziehbare Natur der TCO-Berechnungen. So hebt P4 hervor: *„Wenn wir die Ergebnisse erst einmal präsentiert haben, gibt es nicht mehr viel Raum für Zweifel, da sie faktisch sind"*. In ähnlicher Weise merken P10 und P18 an, dass die Klarheit und Einfachheit der TCO-Berechnungen den Entscheidungsprozess unkompliziert machen: *„Die Zahlen werden sehr objektiv und einfach dargestellt"* (P18).

P7 verweist auf die logische Natur der TCO-Argumentation und deren Wirkung in Gruppenentscheidungen: *„TCO sind Daten, weil sie in Excel eingegeben werden. Die Gesamtkosten sind eine Zahl, wenn also A höher ist als B und niedriger als C, dann zeigen wir das einem Gremium und 10 Leute werden den Sinn darin sehen"* (P7). Diese Aussage unterstreicht, dass eine gemeinsame Validierung innerhalb der Entscheidungseinheit nicht nur möglich, sondern häufig ein entscheidender Faktor zur Akzeptanz der TCO-basierten Lösung ist.

Variante 2: Entscheidungseinheit validiert andere optimale Kriterien
TCO ist zwar ein wichtiger Faktor, aber nicht immer die einzige Determinante in Kaufentscheidungen. Andere Überlegungen wie Sicherheit, technische Integration und strategische Belange können je nach Kaufsituation Vorrang vor den TCO haben. P6 hebt hervor, wie zusätzliche Kriterien den Einfluss der TCO deutlich reduzieren können: *„Sie werden von anderen Kriterien übertönt. Wenn man Kriterien wie Sicherheit, Architektur, Integration in das Anwendungsportfolio usw.*

hinzufügt, wird das Preiskriterium zugunsten technischer und funktionaler Kriterien verwässert, die wichtiger sind" (P6).

P23 reflektiert die Einkaufsrealität, indem er betont, dass in der Praxis oft andere Faktoren den Ausschlag geben: *„Aber sie (TCO) werden nicht immer berücksichtigt. Manchmal gibt es Situationen, in denen die Qualität oder der Anschaffungspreis wichtiger sind. Wir kennen die Überlegung, aber wir berücksichtigen sie nicht immer, wenn wir in der Realität Entscheidungen treffen. Und wir sind auch nicht verpflichtet, sie immer zu berechnen oder in die Entscheidung mit einzubeziehen. Wenn ein anderer Anbieter besser, schneller oder zuverlässiger ist, dann würde man sich für ihn entscheiden. Und manchmal entscheiden auch andere Kriterien".*

Auch das wahrgenommene Risiko erweist sich als Schlüsselfaktor in der Entscheidungsfindung. P4 erklärt, dass wenn Entscheidungseinheiten von der TCO-optimalen Wahl abweichen, dies häufig auf erkannte Risiken zurückzuführen ist, die strategische Anpassungen erforderlich machen: *„Der Erste ist also am Ende nicht unbedingt der Erste, aber wir wissen, warum. Und wir sind uns alle einig, dass er nicht aus diesem oder jenem Grund ausgewählt wurde. Aber es ist mehr die operative Seite, die eine andere Wahl beeinflusst als die mathematische Seite. Das kommt natürlich vor"* (P4).

Zudem wirken sich übergeordnete strategische Prioritäten wie drohende Krisen oder die geopolitische Situation auf die Lieferantenauswahl aus und können zu Abweichungen von TCO als optimales Kriterium führen. P17 erkennt zwar die Objektivität der TCO an, deutet jedoch auch an, dass sie in der Realität nicht immer das maßgebliche Kriterium bleibt: *„Ich denke, es muss möglich sein, die subjektiven Faktoren so weit wie möglich auszuschalten, denn dieses TCO-Konzept ist sehr objektiv. Es basiert auf einer Menge objektiver Prinzipien und Daten".*

Es lässt sich zusammenfassen, dass die TCO als relevantes Kriterium zwar durch die Einkäufer in die Entscheidungseinheiten hineingetragen werden, hier jedoch regelmäßig andere Anforderungen abgewogen werden. Diese Abwägungen können dazu führen, dass TCO auch als das nicht relevanteste Attribut eingeschätzt werden kann, sodass andere Kriterien wie Qualität, Risiken, Lieferzeiten oder Sicherheiten überwiegen.

Variante 3: Entscheidungseinheit validiert TCO aufgrund subjektiver Einflüsse nicht

In der dritten Variante geraten rationale Kriterien wie TCO in den Hintergrund. Die Einkäufer räumen in den Interviews zudem ein, dass bestimmte Entscheidungen aufgrund verschiedener subjektiver Einflüsse suboptimal getroffen werden. Ein häufig genannter Faktor ist der Einfluss dominanter Persönlichkeiten und hierarchischer Strukturen in den Entscheidungseinheiten, die zu abweichendem

Verhalten führen. P23 erklärt, wie sich diese Dynamik auf die Entscheidungsfindung auswirken kann: „*In einer Gruppe können Themen wegdiskutiert oder zu Tode diskutiert werden. Und dann gibt es natürlich das Problem, wer die stärkste Meinung hat*“.

Auch persönliche Präferenzen für bestimmte Lieferanten können rationale Entscheidungen erschweren. P17 beobachtet, dass sich Gruppenmitglieder von der Ausstrahlung oder dem Auftreten von Anbietern beeinflussen lassen: „*Es kommt sehr oft vor, dass sich die Abteilungen von Persönlichkeiten blenden lassen, sowohl von Händlern als auch von Lieferanten*“. Außerdem können langjährige Beziehungen zwischen Einkäufern und Lieferanten zu abweichenden Entscheidungen führen, wie P24 beschreibt: „*Das ist auch ein großes Compliance-Problem, das auch grundlegend geregelt ist, dass, wenn bestimmte Einkäufer mit bestimmten Lieferanten, sagen wir mal, lange Zeit zusammenarbeiten, sie den Lieferanten natürlich überschätzen oder ihm den Vorzug geben, weil sie denken, dass der Lieferant stärker ist, also ist es eigentlich auf, sagen wir mal, emotionale Aspekte zurückzuführen*“.

In Situationen, in denen die Gruppe Schwierigkeiten hat, einen Konsens zu finden, können zudem suboptimale Entscheidungen entstehen. Suboptimale Entscheidungen sind besonders häufig anzutreffen, wenn die Verantwortlichkeit diffus ist, was zu dem führt, was P19 und P23 als „*geteiltes Risiko*“ oder geteilte Verantwortung bezeichnen. Dieser Mangel an Eigenverantwortung kann zu einer schlechten Entscheidungsfindung führen, wie P19 beschreibt: “*Wenn man alleine dasitzt, muss man es herausfinden und dann muss es vor allem praktisch in die reale Welt übertragen werden. […] Und sobald sich Gruppen zusammenfinden, ist es das, was ich vorhin mit der gemeinsamen Verantwortung meinte. Es ist viel einfacher, etwas zu erreichen, wenn man das Gefühl hat, dass ein gewisser Konsens besteht*“. Diese Gruppendynamiken können dazu führen, dass die TCO als eigentlich objektives rationales Kriterium an Bedeutung verliert oder gar nicht berücksichtigt wird. Nicht aus inhaltlichen, sondern aus sozialen und emotionalen Gründen.

Zusammenfassend wird deutlich, dass der Einfluss von TCO auf Gruppenentscheidungen stark vom Zusammenspiel rationaler, strategischer und sozial-emotionaler Faktoren abhängt. Die Herausforderung besteht darin, TCO als objektives Kriterium in Entscheidungsprozesse zu integrieren, ohne dabei durch gruppendynamische Verzerrungen an Wirkung zu verlieren.

2.6.4 Ergebnisse - Optimierung der Entscheidung der Entscheidungseinheiten

Die bisherigen Ergebnisse der Interviews bieten Erklärungsansätze dafür, warum TCO-suboptimale Entscheidungen getroffen werden und führen dabei zum Beispiel subjektive Gründe wie Emotionen oder persönliche Vertrautheiten an. Zudem verdeutlicht sich, dass andere Kriterien in der Gruppenentscheidung mitunter als wichtiger bewertet werden als TCO. Ein weiteres Ergebnis ist, dass primär Einkäufer mit dem Konzept TCO vertraut sind und andere Mitglieder der Entscheidungseinheit erst von dem Konzept überzeugen müssen.

Dass es zahlreiche Aspekte gibt, die zu den Abweichungen von TCO-optimalen Entscheidungen führen und damit langfristigen Kosteneinsparungen für Unternehmen verhindern können, führt zu der Frage, wie Gruppen unterstützt werden können, TCO-optimale Kaufentscheidungen zu treffen. Dazu wurden in den Interviews drei wesentliche Treiber identifiziert, die bei der Verbesserung der Entscheidungen hinsichtlich TCO helfen können. Definiert werden dabei: Der Einkäufer, das Unternehmen und TCO-Trainings.

Die Rolle des Einkäufers

Da die TCO in erster Linie in den Einkaufsabteilungen als bekannte Zielgröße identifiziert werden und mit den Zielen und Erwartungen der Einkäufer übereinstimmen, fühlen sich diese häufig in der Verantwortung, das Konzept im Unternehmen aktiv zu vermitteln. Um eine TCO-optimale Wahl innerhalb der Gruppen zu sichern, nehmen die Einkäufer aktiv Einfluss auf die Gruppen.

Mehrere Einkäufer erwähnen, dass sie sich bemühen, das Bewusstsein zu schärfen und den operativen Teams die Bedeutung der TCO zu vermitteln (P1, P6). Einige berichten sogar, dass sie verschiedene Abteilungen informell schulen, um ein gemeinsames Verständnis der langfristigen Kostenperspektive zu fördern (P3).

Indem sie andere Mitglieder für TCO sensibilisieren, verringern die Einkäufer nicht nur den Eindruck, dass sie sich zu sehr auf den Kaufpreis konzentrieren, sondern verstärken auch ein gemeinsames Verständnis der langfristigen Vorteile. Dies kann die anderen Gruppenmitglieder motivieren, eine ähnliche Perspektive einzunehmen. P17 betont: *„Mir ist es immer wichtig, dass sie den Sinn dahinter (TCO) verstehen und auch eine persönliche Motivation haben. Das heißt, es würde mir jetzt spontan einfallen, so zu argumentieren, dass sie sehen, dass es zu unserem Vorteil ist, wenn wir darüber nachdenken und wenn wir es so sehen. Das sehe ich auf jeden Fall als meine Aufgabe als Einkäufer"* (P17).

In einigen Fällen gehen diese Bemühungen bis hin zu einem strategischeren Ansatz, bei dem die Käufer absichtlich Preisinformationen zurückhalten und nur TCO präsentieren, um die Übereinstimmung mit ihrer Entscheidung sicherzustellen (P17).

Die Rolle der Unternehmen
Die Ergebnisse bieten Evidenz dafür, dass in den meisten Unternehmen keine eindeutigen Rahmenbedingungen zur Berechnung und Verwendung von TCO vorliegen und es viel mehr für viele Einkäufer eine intuitive Abschätzung ist. Daraus resultiert die Aussage, dass Unternehmen dringend Rahmenwerke aufstellen müssen, um die TCO-optimale Entscheidungsfindung zu verbessern.

In einem ersten Schritt muss eindeutig geklärt werden, wer innerhalb der Organisation für die Berechnung und Einhaltung von TCO verantwortlich ist. Mehrere Einkäufer gaben an, dass sie zwar aktiv den Gedanken TCO in die Entscheidungseinheit tragen, die TCO-Berechnungen aber von anderen Abteilungen durchgeführt werden (P18, P25, P11).

Daraus folgt, dass Unternehmen einerseits klar kommunizieren müssen, wer zur Berechnung der TCO verantwortlich ist, aber zeitgleich auch standardisierte Prozesse zur Implementierung von TCO bieten sollten. Ein strukturierter Ansatz erleichtert Vergleiche und sorgt für Konsistenz bei den TCO-Berechnungen. Wie P6 betont, würde ein standardisierter Prozess und eine standardisierte Vorlage *„die Dinge sehr vereinfachen"*.

Darüber hinaus ist eine abteilungsübergreifende Abstimmung von entscheidender Bedeutung für die Förderung eines Konsenses bei der Entscheidungsfindung. Anstelle widersprüchlicher Abteilungsziele sollten Unternehmen übergreifende Ziele festlegen, wie P16 hervorhebt.

TCO-Förderung durch Trainings
Viele Einkäufer betonen zudem, wie wichtig Trainings sind, um die Akzeptanz der TCO und eine optimale Entscheidungsfindung zu fördern: *„Ich glaube, dass die Leute, die solche Entscheidungen treffen, die eine TCO-Berechnung durchführen müssen, einfach besser geschult werden müssen"* (P18). Nach Einschätzung mehrerer Experten sollten solche Trainings idealerweise in der Einkaufsabteilung beginnen. P10 unterstreicht diese Aussage dadurch, dass die TCO ein grundlegendes Wissen für Einkäufer sein sollten: *„TCO sollte das ABC aller Einkäufer im Unternehmen sein. Auch wenn wir sie nicht auffordern, es umzusetzen, sollten sie es im Kopf haben"* (P10).

Doch nicht nur die Einkäufer sollten Trainings hinsichtlich der Verwendung von TCO erhalten. Vielmehr ist ein Training aller Beteiligten in der Entscheidungseinheit relevant, um ein gemeinsames Grundverständnis über TCO zu schaffen. P4 erwähnt, dass in seinem Unternehmen alle neu eingestellten Mitarbeiter der Einkaufsabteilung eine TCO-Schulung durchlaufen. Auch P2 hebt den Nutzen gezielter Trainings hervor: *„In diesem Integrations- und Schulungsprozess ist es gut, die Leute daran zu erinnern, was TCO sind, wofür sie verwendet werden, wie sie verwendet werden und eine Mini-Schulung durchzuführen"* (P2).

Über die allgemeine Sensibilisierung hinaus sollten Trainings auch spezifische Anleitungen zur Berechnung der TCO in einem branchen- oder unternehmensspezifischen Kontext bieten. Die Experten kommunizieren einen Bedarf an konkreten Berechnungshilfen. P23 hebt den Wert eines strukturierten Berechnungsrahmens hervor: *„Schulungen sind in dieser Hinsicht sehr nützlich. Wenn wir wenigstens ein Berechnungsschema hätten, wäre das eine große Hilfe, um die TCO leichter zu ermitteln"* (P23). Dies würde zudem Einheitlichkeit bei der Berechnung unterstützen und die Kommunikationsgrundlage erleichtern.

Während die Trainings der Einkaufsabteilung von wesentlicher Bedeutung sind, betonen die Einkäufer auch die Notwendigkeit, andere Entscheider innerhalb des Unternehmens zu schulen. P2 bekräftigt diesen Punkt und plädiert für interne Trainings aller Gruppenmitglieder in der Entscheidungseinheit.

Doch nicht nur innerhalb der Entscheidungseinheit ist das Wissen über TCO häufig unzureichend. Auch externe Partner wie Lieferanten benötigen ein Verständnis der TCO-Logik, um gemeinsame Verhandlungen zielgerichtet führen zu können. P10 merkt an, dass Gespräche und Verhandlungen mit Vertriebsmitarbeitern aktuell oft schwierig sind, weil sie die TCO nicht verstehen. P2 schlägt daher vor, auch externe Schulungen anzubieten: *„Ich würde Schulungen empfehlen, um das Bewusstsein intern und auch extern zu schärfen. Ich denke, wir müssen den Lieferanten einen Kurs geben, aber um zu sagen, das stellen wir uns vor und bei der ersten Leistungsprüfung zu sagen, hier würden wir gerne über TCO sprechen"* (P2).

Trainings stellen damit einen zentralen Hebel dar, um TCO dauerhaft im Entscheidungsprozess zu verankern. Entscheidend ist, dass sie nicht nur punktuell, sondern entlang der gesamten Wertschöpfungskette etabliert werden sollen. Das bedeutet eine Vertrautheit mit TCO durch Training von Einkäufern über interne Entscheidungsträger bis hin zu externen Partnern, wie den Anbietern, zu schaffen.

2.6.5 Diskussion Studie 2

Die Ergebnisse der Interviews verdeutlichen, dass in organisationalen Kaufentscheidungen Kaufkriterien und die finale Lieferantenauswahl von mehreren Personen gemeinsam getroffen werden müssen. Dabei übernehmen Einkäufer die Rolle, die ökonomische Nachhaltigkeit der Unternehmen sicherzustellen, indem sie den Faktor TCO in Kaufentscheidungen einbringen. Experten betonen aber auch, dass die Betrachtung von TCO als Entscheidungskriterium von einigen Gruppenmitgliedern nicht als sinnvoll betrachtet wird. Wichtig ist es hier, eine Lösung zu finden, sodass die Interessen aller Abteilungen im definierten Kriterienkatalog vertreten sind. Die Ergebnisse bieten dabei Evidenz dafür, dass das Konzept TCO nicht bei allen Entscheidern verankert ist, was das Einbeziehen des Konzepts erschwert. Insbesondere in Gruppenentscheidungen wird ein Fokus auf ein unbekanntes Kriterium häufig nicht umgesetzt.

Im Anschluss an die Kriterienbestimmung folgt in der Regel die Lieferantenauswahl. Hier bestätigen die Interviews, dass es auch dabei nicht immer zur Auswahl des TCO-optimalen Anbieters kommt. Das kann zum einen an objektiven Gründen liegen, wie geopolitischen Situationen, Qualität, Lieferzeiten oder dem Einkaufspreis, der kurzfristig zur Verfügung stehen muss. Zum anderen können aber auch subjektive Gründe, wie Vertrauen zu Bestandslieferanten oder ein gutes Bauchgefühl bei einem Hersteller eine entscheidende Rolle spielen und ein abweichendes Verhalten vom TCO-optimalen Anbieter bewirken. Subjektive Eindrücke sind nur teilweise durch rationale Argumente zu korrigieren und können deswegen trotz zahlreicher Maßnahmen auch langfristig zu abweichendem Verhalten von ökonomisch nachhaltigen Lösungen führen.

Im dritten adressierten Frageblock erörtern die Einkäufer, wie geholfen werden kann, TCO-optimale Entscheidungen zu treffen. Drei Haupttreiber sind die Einkäufer, das Unternehmen und Trainings. Die Rolle von Unternehmen kann darin gesehen werden, dass es durch die Management-Ebene Vorgaben braucht, wie und ob TCO in Entscheidungen einfließen sollen. Guidelines und systematische Ansätze können helfen. Ein Fokus seitens des Unternehmens auf TCO kann so einerseits bewirken, dass sich Entscheider im Einbeziehen von TCO unterstützt fühlen und schafft zum anderen auch klare Vorgaben, die leichter zu befolgen sind. Ebenso wird die Rolle von Trainings erwähnt, die einerseits sicherstellen können, dass alle Einkäufer mit TCO vertraut sind und so deren Relevanz besser intern kommunizieren können, andererseits aber auch allen Abteilungen in den Unternehmen zugänglich gemacht werden sollen, damit eine verbesserte Entscheidungsgrundlage in Gruppendiskussionen geschaffen werden kann und nicht nur die Einkaufsabteilung TCO versteht und umsetzen möchte. Trainings bilden so die Schnittstelle zwischen Unternehmen, die Trainings steuern müssen, den Einkäufern, die TCO-Konzepte bereits heute häufig schulen und den anderen Mitgliedern der Entscheidungseinheit, die so ein tieferes Verständnis über Nutzen und Anwendung von TCO erhalten können und systematisch bessere Entscheidungen treffen können.

2.7 Studie 3 – Training von Gruppen zur Verbesserung TCO-optimaler Entscheidungen

Die vorherigen Studien verdeutlichen, dass Gruppen nicht häufiger TCO-optimale Entscheidungen treffen als Individuen und unter bestimmten Bedingungen sogar seltener TCO-optimale Anbieter wählen. Durch unterschiedliche Meinungen und Erfahrungen wird eine Einigung und Fokussierung auf TCO erschwert. Dennoch sind Gruppenentscheidungen in der Praxis verbreitet und institutionell verankert. Zudem verfügen Gruppen über einige Vorteile, wie die Möglichkeit zu einem verbesserten Austausch und dem daraus resultierenden Einbeziehen mehrerer Kriterien. Gruppen haben sich als Entscheidungseinheit häufig etabliert, sodass Änderungen auf Individuen als künftige Entscheider schwer durchzusetzen wären. Dies führt zu der Frage, wie Gruppenentscheidungen hinsichtlich TCO-Optimalität verbessert werden können. Aufbauend auf den Erkenntnissen aus den Experteninterviews untersucht Studie 3, ob dabei gezielte Trainings behilflich sein können und Gruppen zu mehr TCO-optimalen Entscheidungen führen können. Die durchgeführten Erhebungen im Rahmen dieser Studie wurden zuvor von der institutionellen Ethikkommission des Karlsruher Instituts für Technologie genehmigt.

2.7.1 Studiendesign

Diese Studie verwendete ein 2 (Training vs. Kein Training) × 4 (Preisrang 1–4) Between-Subjects-Design, um zu untersuchen, ob Trainings die TCO-optimale Entscheidungsfindung in Gruppen verbessern und ob der Preisrang diesen Effekt moderiert. Der Preisrang bezieht sich im Experimentaldesign analog der ersten Forschungsarbeit auf die Position des Einkaufspreises des betrachteten Angebots im Vergleich zu den anderen Kaufpreis-Positionen, die angeboten werden. Hat ein Anbieter beispielsweise den niedrigsten Einkaufspreis, so würde ihm Preisrang 1 zugeteilt werden, während der Anbieter mit dem höchsten Kaufpreis Preisrang 4 hätte.

Die Entscheidung bezog sich auf den Kauf einer PV-Anlage und hatte das identische Design zur ersten Laborstudie inne. Lediglich durch die veränderten Preisränge wurden die Werte der Anbieter in den unterschiedlichen Szenarien angepasst, wobei auch hier analog Phase 2 in Studie 1b sichergestellt wurde, dass die prozentualen Differenzen der resultierenden TCO zwischen den Anbietern in den Szenarien konstant bleiben. Die PV-Anlage wurde als Produkt gewählt, da Gruppen hier in der ersten Studie deutlich größere Probleme hatten, den TCO-optimalen Anbieter zu wählen und das Ziel in Studie 3 war, zu untersuchen, ob Gruppen sich deutlich durch Trainings verbessern können. In diesem Szenario bot sich also das größte Verbesserungspotenzial und auch der größte Bedarf. Zudem wurde das Szenario nur mit vollständigen Informationen untersucht, um sicherzustellen, dass eindeutig ist, welcher der Anbieter auch rechnerisch TCO-optimal ist.

Die Teilnehmenden (n = 240, verteilt auf 80 Gruppen) wurden über Prolific rekrutiert. Dabei wurde sichergestellt, dass alle Teilnehmenden fließend englisch sprechen und berufstätig sind, sodass sie sich das Szenario eines gemeinsamen Produktkaufs besser vorstellen und die Gruppenmitglieder auf jeden Fall gemeinsam kommunizieren können.

Gruppen wurden randomisiert zusammengesetzt, je nachdem welche Teilnehmenden sich zum gleichen Zeitpunkt im Experiment, beziehungsweise konkreter dem gemeinsamen Meetingraum eingefunden haben. Teilnehmer wurden über Prolific zunächst zu der Studie und dann aus der Studie heraus in den Hauptraum eines Meetings in BigBlueButton (https://bigbluebutton.org/) navigiert. Aus diesem Hauptraum wurden dann grundsätzlich drei Teilnehmende in Breakout-Räume mit je einem Forschenden zugeteilt. Einzelne Gruppen hatten technische Probleme, sodass einer der drei Teilnehmenden wenig bis nichts gesagt hat. Da dennoch auch hier meistens zumindest eine finale Abstimmung zustande kam und auch in diesen Gruppen immer mindestens zwei Teilnehmer diskutiert haben, waren dennoch die Anforderungen an Gruppen im Allgemeinen erfüllt, sodass diese Gruppen weiter inkludiert wurden. Zusätzlich folgte angeschlossen an das gemeinsame Gruppenmeeting ein kurzer Fragebogen. Einige Teilnehmende, die zuvor am Call teilgenommen haben, haben aufgrund technischer Probleme nicht an der abschließenden Umfrage in Prolific teilgenommen, sodass ihre Antwort im exportierten Datensatz nicht aufzufinden ist. In den Fällen wurde die Aufnahme des Meetings angehört, um sicherzustellen, dass die Person auch der Entscheidung zugestimmt hat und dann der Datensatz ergänzt.

In der Trainingsbedingung sahen die Teilnehmenden zunächst nach Beginn der Studie ein KI-generiertes 2,5-minütiges Video eingebettet in Prolific, das die Grundprinzipien von TCO erklärte, motivierte, warum die Berechnung sinnvoll ist und eine Beispielrechnung vorgab. Ziel war es durch das Video ein einheitliches Verständnis der langfristigen Kostenkomponenten zu schaffen, bevor die Gruppenentscheidung erfolgte. Dabei wurde darauf geachtet, dass die Stimme eine KI-Stimme ist und die Bilder KI-generiert sind, um Verzerrungen durch das Videodesign zu minimieren. Den Trainingstext haben drei Forschende aus dem Marketing-Bereich gemeinsam entworfen und von einer Person mit Vertriebserfahrung validieren lassen. Teilnehmende in der Kondition ohne Training übersprangen diesen Schritt und gelangen aus der Prolific-Studie direkt in das BigBlueButton-Meeting. Gruppen bestanden immer einheitlich aus Teilnehmern, die entweder davor ein Training oder kein Training erhalten haben.

Im Breakoutroom hatten die Teilnehmenden drei Minuten Zeit, um das Szenario zur Photovoltaikanlage zu lesen, anschließend fünf Minuten zur Diskussion und Auswahl eines Lieferanten sowie eine Minute für die Begründung ihrer Entscheidung. Die Einhaltung der Zeit wurde dabei von dem anwesenden Forschenden in Haupt- und Breakoutraum kontrolliert. Die Gespräche in der Entscheidungs- und Begründungszeit wurden über die Software OBS Studio aufgezeichnet, sodass die Entscheidungsprozesse rekonstruiert und analysiert werden konnten.

Die Teilnehmenden waren 51,35 % männlich und 47,88 % weiblich. In die endgültige Analyse wurden nur diejenigen Teilnehmenden aufgenommen, die am Meeting teilnahmen und eine Gruppennummer zugewiesen bekamen.

2.7.2 Vorstudie

Um die Wirksamkeit der Trainings im Vorfeld zu validieren, wurde eine Vorstudie mit 100 Prolific-Teilnehmenden durchgeführt. Die Studie folgt einem Between-Subjects-Design mit vier Bedingungen: (1) Training (TCO-Video + Übungsaufgabe), (2) Nur Salesvideos, (3) Systematische TCO-Berechnung und (4) Kontrollgruppe (keine Intervention). Die Interventionsmaßnahmen Training und systematische TCO-Berechnungen gehen dabei auf Wünsche und Vorschläge der Einkäufer aus den Experteninterviews in 2.6 zurück.

Das Training wurde analog dem beschriebenen Training der Hauptstudie konstruiert. Kondition 2, die nur Verkaufsvideos beinhaltete, sah vier kurze Videos zu jedem der Anbieter. Jedes der Videos hob ein vorteilhaftes Attribut des Anbieters hervor. Hier wurden zum Beispiel der niedrige Kaufpreis, der hohe Wert des Produktes, die niedrigen TCO oder Benefits herausgearbeitet. Die Verkaufsperson im Video war ebenfalls KI-generiert und sah für alle vier Anbieter identisch aus, sodass durch die Person keine Verzerrungen entstehen konnten. Die Reihenfolge der Videos war ebenfalls randomisiert, um Reihenfolgeneffekte zu vermeiden.

Im systematischen Ansatz wurden die Teilnehmenden Schritt für Schritt durch die TCO-Berechnung geführt, mussten die Werte in jedem Schritt jedoch selbst erarbeiten. Die Kondition inkludierte Instruktionen wie das Ausfüllen aller Kostenkomponenten, das Multiplizieren mit dem Strompreis oder das Dividieren durch die Nutzungsdauer.

Die Teilnehmenden wurden zufällig einer der vier Bedingungen zugewiesen, bevor sie eine Entscheidungsaufgabe bearbeiteten. Im Unterschied zu der anschließenden Hauptstudie, wurden die unterschiedlichen Interventionen nur mit Individuen getestet, um hier einen generellen Effekt feststellen zu können. Zudem erfolgt in der Vorstudie noch keine Differenzierung nach Preisrängen, sodass das Studiendesign reduziert ist.

Tabelle 2.13 Ergebnisse der Regressionsanalyse der Vorstudie zu Studie 3

Abhängige Variable: Entscheidungsoutput (1 = TCO-optimale Entscheidung, 0 = nicht)			
Achsenabschnitt	0,493		(0,383)
Training	1,405	+	(0,728)
Verkaufsvideo	−0,562		(0,533)
Systematischer Ansatz	0,296		(0,661)

Anmerkungen: n = 100 Teilnehmer rekrutiert über Prolific; TCO = Total Cost of Ownership. Standardfehler in Klammern
*** $p < 0{,}001$; ** $p < 0{,}01$; * $p < 0{,}05$, + $p < 0{,}1$

Die Ergebnisse (Tabelle 2.13) verdeutlichen, dass die Trainings die TCO-optimale Entscheidungsfindung signifikant verbessert ($b = 1{,}405$; $p = 0{,}0536$). Der systematische Ansatz hatte ebenfalls einen positiven, jedoch nicht signifikanten Effekt, während die „Verkaufsvideo"-Bedingung zu schlechteren TCO-Entscheidungen führte. Der Effekt des systematischen Ansatzes war jedoch ebenfalls nicht signifikant ($b = 0{,}296$; $p = 0{,}2926$).

Auf Grundlage dieser Ergebnisse umfasste die finale Trainingskondition in der Hauptstudie ein kurzes instruktives Video zu TCO, gefolgt von einer Übungsaufgabe mit Feedback und motivierenden Botschaften. Dies entspricht den Erkenntnissen aus früheren Forschungen zu effektiven Schulungsmaßnahmen und ist analog zu den Erkenntnissen der Vorstudie (Ganster et al. 1991; Walter 1975).

2.7.3 Ergebnisse Hauptstudie

Die durchgeführte logistische Regressionsanalyse der Hauptstudie untersucht, inwiefern ein TCO-spezifisches Training die Wahrscheinlichkeit erhöht, dass Gruppen den TCO-optimalen Anbieter wählen und ob dieser Effekt durch Preisränge des Anbieters moderiert wird.

Die abhängige Variable gibt an, ob eine Gruppe den TCO-optimalen Lieferanten gewählt hat (kodiert als 1) oder nicht (kodiert als 0). Die unabhängigen Variablen umfassen die Trainingskondition sowie den Preisrang des TCO-optimalen Lieferanten.

Insgesamt haben sich in der Trainingskondition 15 von 40 Gruppen für den TCO-optimalen Anbieter entschieden, während es in der Kondition ohne Training 11 von 40 Gruppen waren. Dabei ist der Unterschied besonders bei Preisrang 1 (Mit Training: 6 von 10 TCO-optimale Entscheidungen, Ohne Training: 2 von 10 TCO-optimale Entscheidungen) und bei Preisrang 2 (Mit Training: 8 von 10 TCO-optimale Entscheidungen, Ohne Training: 5 von 10 optimale Entscheidungen) zu erkennen. Umgekehrt verhält es sich bei Preisrang 3, bei dem die Gruppen ohne Training leicht häufiger TCO-optimale Entscheidungen treffen (Ohne Training: 3 von 10 TCO-optimale Entscheidungen, Mit Training: 1 von 10 TCO-optimale Entscheidungen) und bei Preisrang 4, bei dem lediglich eine Gruppe in der Kondition ohne Training die TCO-optimale Wahl traf. Das kann darauf hindeuten, dass Gruppen ohne Training eher eine Entscheidung basierend auf gelernten Heuristiken wie der Preis-Qualitäts-Heuristik treffen, während trainierte Gruppen sich intensiver mit den Entscheidungen auseinandersetzen und mehr Argumente betrachten.

Als Baseline für die Regressionsanalysen wurde Preisrang 3 gewählt. Hintergrund dieser Wahl ist, dass in Preisrang 4 kaum Varianz bestand. Nur eine Gruppe traf die TCO-optimale Entscheidung, während 19 Gruppen eine der suboptimalen Alternativen wählten. Aufgrund dieser ungleichen Verteilung konnte Preisrang 4 keine verlässliche Vergleichsbasis bieten. Um die Robustheit der Ergebnisse sicherzustellen, wurden die Analysen einmal mit und einmal ohne Berücksichtigung des Preisrangs 4 durchgeführt. Beide Varianten führten zu konsistenten Ergebnissen, sodass der Ausschluss von Preisrang 4 keine Auswirkungen auf die Interpretation hatte. Preisrang 3 wurde daher als Baseline festgelegt, wie in Tabelle 2.14 und 2.15 dargestellt.

Tabelle 2.14 gibt die Ergebnisse der ersten Regressionsanalyse inklusive Preisrang 4 an. Die Ergebnisse liefern Evidenz dafür, dass Gruppen, die kein Training erhalten haben, bei Vorliegen von Preisrang 1 ($b = -3{,}142$; $p < 0{,}1$) und Preisrang 2 ($b = -2{,}736$; $p < 0{,}1$) signifikant schlechtere Entscheidungen treffen als Gruppen, die ein Training erhalten haben.

Tabelle 2.14 Ergebnisse der Regressionsanalyse der Studie 3, inklusive Preisrang 4

Abhängige Variable: Entscheidungsoutput (1 = TCO-optimale Entscheidung, 0 = nicht)			
Unabhängige Variable			
Achsenabschnitt	−2,197	*	(1,054)
Kein Training	1,350		(1,260)
Preisrang 1	2,603	*	(1,236)
Preisrang 2	3,584	**	(1,318)
Preisrang 4	−16,369		(2062,64)
Kein Training x Preisrang 1	−3,142	+	(1,621)
Kein Training x Preisrang 2	−2,736	+	(1,616)
Kein Training x Preisrang 4	15,019		(2062,64)

Anmerkung: n = 80 Gruppen mit insgesamt 240 Teilnehmenden rekrutiert via Prolific; Standardfehler in Klammern
*** $p < 0{,}001$; ** $p < 0{,}01$; * $p < 0{,}05$, + $p < 0{,}1$

Aufgrund der minimalen Varianz in den Antworten im Preisrang 4 (nur eine Gruppe wählte den TCO-optimalen Lieferanten) wurde dieser aus der weiteren Analyse ausgeschlossen. Diese Ausschlussentscheidung hatte keinen Einfluss auf die Ergebnisse und bestätigt die Robustheit dieser. Die Ergebnisse des überarbeiteten Modells ohne Preisrang 4 sind in Tabelle 2.15 dargestellt.

Tabelle 2.15 Ergebnisse der Regressionsanalyse der Studie 3, exklusive Preisrang 4

Abhängige Variable: Entscheidungsoutput (1 = TCO-optimale Entscheidung, 0 = nicht)			
Unabhängige Variable			
Achsenabschnitt	−2,197	*	(1,054)
Kein Training	1,350		(1,260)
Preisrang 1	2,603	*	(1,236)
Preisrang 2	3,584	**	(1,318)
Kein Training x Preisrang 1	−3,142	+	(1,621)
Kein Training x Preisrang 2	−2,736	+	(1,616)

Anmerkung: n = 60 Gruppen mit insgesamt 180 Teilnehmenden rekrutiert via Prolific; Standardfehler in Klammern. Preisrang 4 wegen fehlender Varianz der Antworten ausgeschlossen
*** $p < 0{,}001$; ** $p < 0{,}01$; * $p < 0{,}05$, + $p < 0{,}1$

Die Ergebnisse liefern teilweise Unterstützung für H_4, die besagt, dass Trainings dazu führen, dass Gruppen eher TCO-optimale Entscheidungen treffen. Obwohl der einfache Effekt der Trainings nicht statistisch signifikant ist (b = 1,350; p = 0,284), deutet die Interaktion mit dem Preisrang auf einen positiven Effekt der Trainings auf das Treffen TCO-optimaler Entscheidungen unter bestimmten Bedingungen hin.

Wenn der TCO-optimale Lieferant den niedrigsten Kaufpreis aufwies (Preisrang 1), verbesserte das Training die Entscheidungsfindung signifikant (b = −3,142; p = 0,053). Ein ähnlicher Effekt wurde für Preisrang 2 gefunden (b = −2,736; p = 0,090). Dies unterstützt H_4, indem Evidenz dafür gefunden wird, dass Trainings die TCO-optimale Entscheidungsfindung insbesondere dann fördern, wenn der Kaufpreis des Lieferanten zu den niedrigeren gehört.

H_{3b} wird durch den signifikanten Effekt des Preisrangs auf die Entscheidungsfindung unterstützt. Wenn der TCO-optimale Lieferant den zweitgünstigsten Kaufpreis aufwies, war die Wahrscheinlichkeit signifikant höher, dass er gewählt wurde (b = 3,584; p = 0,007). Ein ähnlicher Effekt zeigte sich für Preisrang 1 (b = 2,603; p = 0,035). Diese Ergebnisse verdeutlichen, dass Entscheidungsträger eher TCO-optimale Lieferanten wählen, wenn der Kaufpreis in einem niedrigen Rang liegt, wobei der zweitgünstigste Preisrang die Kondition darstellt, in der dies am wahrscheinlichsten ist. Dieser Effekt war allerdings in der ersten Studie nicht signifikant vorzufinden, sodass er nicht robust erscheint.

2.7.4 Weitere Analysen der Entscheidungsprozesse – Classifier-Analysen

Zur vertieften Analyse wurde ein Zero-Shot-Classifier, der auf dem facebook BART Large MNLI-Modell eingesetzt, um Unterschiede im thematischen Fokus zwischen Gruppen mit Training und Ohne Training zu untersuchen. Der Classifier bewertete das Vorkommen zentraler Entscheidungsthemen, darunter „Langfristigkeit“, „TCO“, „Analytisch“, „Kaufpreis“ und „Energiekosten“.

Beim Zero-Shot-Classifier kann die Analyse auf zwei unterschiedliche Arten erfolgen. Entweder wird die Option Label = False gewählt, dann wird angenommen, dass ein Text nur zu einem einzigen Label (Entscheidungsthemen) passt. Die Wahrscheinlichkeit aller möglichen Labels summiert sich in diesem Fall zu 1 auf. Wird dagegen Label = True gewählt, dann können mehrere Labels gleichzeitig für denselben Text relevant sein. Jedes Label wird dabei unabhängig bewertet und kann eine Wahrscheinlichkeit von bis zu 1 erreichen, ohne dass sich die Wahrscheinlichkeiten aller Label auf 1 summieren müssen.

Die Ergebnisse, die in Tabelle 2.16 detailliert dargestellt sind, liefern Evidenz dafür, dass geschulte Gruppen stärker auf langfristige Überlegungen (28,66 % vs. 18,49 %) und TCO (22,39 % vs. 21,06 %) fokussierten, während ungeschulte Gruppen den Energiekosten mehr Bedeutung beimaßen (18,83 % vs. 10,64 %).

Diese Ergebnisse legen nahe, dass Trainings die Diskussion stärker auf langfristige finanzielle Auswirkungen lenken und somit ihre Rolle in der Verbesserung TCO-gesteuerter Entscheidungsfindung unterstützen.

Tabelle 2.16 Ergebnisse Zero-Shot-Classifier-Analyse der Studie 3

	Langfristigkeit	TCO	Analytisch	Einkaufspreis	Energiekosten
Zero-Shot Classifier mit Label = False, Summe von 1 über alle untersuchten Begriffe					
Gruppen mit Training	0,2866	0,2239	0,2255	0,1575	0,1064
Gruppen ohne Training	0,1849	0,2106	0,2298	0,1932	0,1883
Zero-Shot Classifier mit Label = True, jeder Begriff kann mit bis zu 1 bewertet werden					
Gruppen mit Training	0,9196	0,9436	0,9422	0,7998	0,7407
Gruppen ohne Training	0,8738	0,9334	0,9347	0,8913	0,9192

2.8 Übergreifende Diskussion

2.8.1 Beantwortung der Hypothesen

Die vorliegende Forschungsarbeit untersucht, wie sich die Zusammensetzung der Entscheidungseinheit auf das Treffen TCO-optimaler Kaufentscheidungen auswirkt und ob unvollständige Informationen, Preisränge der TCO-optimalen Anbieter und Trainings diese Effekte verstärken oder abschwächen. Dazu sind die Ergebnisse des Projekts entlang der getesteten Hypothesen in der nachfolgenden Tabelle 2.17 zusammengefasst. Die Ergebnisse der Experteninterviews aus Studie 2 werden aufgrund des explorativen Designs nicht in Tabelle 2.17 aufgenommen, da hierfür keine vorregistrierten Hypothesen vorliegen.

Tabelle 2.17 Übersicht über die Ergebnisse der Forschungsarbeit in Kapitel 2

Hypothese	Studie	Zentrale Ergebnisse
H_1: Gruppen wählen wahrscheinlicher den Anbieter mit den geringsten TCO als Individuen.	Studie 1, Studie 1b	Es gibt keine Evidenz für H_1. Gruppen treffen in simultanen Entscheidungen signifikant schlechtere Entscheidungen als Individuen und gleich schlechte Entscheidungen in einem sequenziellen Setting.
H_2: Die Effektivität von Gruppen nimmt ab, wenn die bereitgestellten Informationen unvollständig sind.	Studie 1	Es gibt Evidenz für H_2.
H_{3a}: Individuen wählen mit höherer Wahrscheinlichkeit den Anbieter mit dem niedrigsten Kaufpreis als Gruppen.	Studie 1b	Es gibt keine Evidenz für H_{3a}.
H_{3b}: Teilnehmer wählen mit höherer Wahrscheinlichkeit den Anbieter mit den niedrigsten Total Cost of Ownership, wenn dieser den zweitgünstigsten Kaufpreis aufweist.	Studie 1b, Studie 3	H_{3b} findet in Studie 1b keine Evidenz, findet jedoch Unterstützung bei Gruppen, die ein TCO-Training erhalten haben wie in Studie 3.
H_4: Gruppen treffen mit einer Schulung eher TCO-optimale Entscheidungen als ohne Schulung.	Studie 3	Es gibt initiale Evidenz für H_4, wenn der TCO-optimale Anbieter Preisrang 1 oder 2 hat.

2.8.2 Implikationen für die Forschung

Die Ausgangsidee dieser Forschungsarbeit ist, dass unterschiedliche Entscheidungseinheiten (Individuen oder Gruppen) bedingt durch ihre eigenen Dynamiken, Wissensaustausch und kognitiven Kapazitäten unterschiedlich gut darin sind, TCO-optimale Kaufentscheidungen zu treffen. Unterschieden wird dabei zwischen Individuen, die ohne weiteren Einfluss Kaufentscheidungen treffen und Gruppen, die aus drei Teilnehmern bestehen und eine gemeinsame Kaufentscheidung treffen müssen.

Studie 1 und Studie 1b verdeutlichen, dass Gruppen nicht eher TCO-optimale Entscheidungen treffen als Individuen und bieten damit keine Evidenz für H_1. Dabei kann beobachtet werden, dass Gruppen in einem Kontext, in dem sie simultan eine Kaufentscheidung treffen sollen, signifikant häufiger Entscheidungen mit suboptimalen TCO treffen als die Kontrollgruppe der Individuen. Dieser Effekt wird abgeschwächt, wenn Gruppen sequenziell Entscheidungen treffen (Studie 1b). In dem Fall sind die Unterschiede zwischen ihren und individuellen Entscheidungen nicht mehr signifikant. Es kann dabei beobachtet werden, dass allgemein beide Konditionen häufig von der TCO-optimalen Wahl abweichen. Eine mögliche Erklärung für den beobachteten Unterschied zwischen simultanen und sequenziellen Entscheidungen ist, dass sich Teilnehmer in sequenziellen Prozessen länger mit einem Thema auseinandersetzen können und verzerrende Gruppendynamiken über E-Mails nicht so leicht auftreten können, da Teilnehmer außer der bisherigen Meinung keinen direkten Effekt der weiteren Gruppenmitglieder erleben (Frey/Van De Rijt 2021; Van Parys/Ash 2018).

Insbesondere leistet die Produktkategorie einen entscheidenden Beitrag dazu, ob TCO-optimale Anbieter gewählt werden. Es kann beobachtet werden, dass beim Kauf von haushaltsüblichen Geräten wie Kühl-Gefrier-Kombinationen, die in einem niedrigeren Preissegment angesiedelt sind, beide Entscheidungseinheiten leichter TCO-optimale Entscheidungen treffen als beim Kauf von PV-Anlagen, die höherpreisig und eine längerfristige Anschaffung sind und mit deren Kauf vermutlich weniger Teilnehmer vertraut sind. Eine Vertrautheit mit den Gütern scheint also zu ermöglichen, dass Teilnehmer sich gründlicher mit den gesamten Kosten auseinandersetzen und bestätigt so bestehende Forschung in dem Gebiet (Park/Lessig 1981). Ein weiterer Erklärungsansatz kann darin liegen, dass kleinere Zahlenwerte leichter zu verarbeiten sind als höhere Preise und dies dazu führt, dass Kühl-Gefrier-Kombinationen leichter mit ihren Gesamtkosten berechnet werden können als PV-Anlagen (King/Janiszewski 2011). Wenn die vorliegenden Produktinformationen unvollständig sind, verschlechtern sich die Entscheidungen von Gruppen weiter signifikant, während Individuen nicht diese großen Probleme bei Unvollständigkeit der Informationen haben. Gruppen scheinen also in unsicheren Kontexten verstärkt suboptimale Entscheidungen zu treffen, weil sich Prioritäten und Diskussionspunkte nicht sinnvoll zur Lösung des Problems anpassen.

Die Ergebnisse, dass Gruppen nicht eher TCO-optimale Entscheidungen treffen als Individuen sind interessant, da Gruppen per se zwar über einige Mechanismen verfügen, die zu Verzerrungen führen können, wie beispielsweise Konformitätsverzerrungen oder der Gruppenpolarisierungen (Kassin et al. 2016, S. 328), andererseits aber auch folgend der Theorie der Weisheit der Vielen mehr Kapazitäten haben, Informationen auszutauschen, sich zu beraten und so höhere Kapazitäten aufbringen können, um Rechnungen und Überlegungen zu TCO anzustellen (Keuschnigg/Ganser 2017). Einige Studien sehen deswegen Gruppen auch als die überlegene Entscheidungseinheit im Allgemeinen an, wodurch es wichtig ist, zu verstehen, warum sie in dem Kontext von ökonomisch nachhaltigen Entscheidungen mehr Schwierigkeiten als Individuen haben (Hill 1982; Michaelsen et al. 1989; Ward/Reingen 1990).

Zur weiteren Beantwortung dieser Fragestellung befasst sich Studie 2 in Experteninterviews (n = 25) mit organisationalen Kaufkontexten und untersucht hier, wie TCO überhaupt in unternehmerischen Kontexten verstanden und angewandt werden, was Barrieren sind und unter welchen Umständen die Anwendung am besten funktioniert. Interessanterweise bestätigt sich dabei, dass viele Einkäufer den Begriff Total Cost of Ownership zwar kennen, ihn jedoch nicht einheitlich definieren können und auch in der großen Mehrheit durch die Unternehmen keine Vorgaben über die Definition und Verwendung von TCO besteht.

Zudem dienen die Experteninterviews dazu, zu identifizieren, wieso Gruppen Probleme haben könnten, TCO-optimale Entscheidungen zu treffen und wie unterschiedliche Rollen und Ziele den Effekt verstärken und abschwächen können. Es kristallisiert sich ein Bild heraus, aus dem hervorgeht, dass insbesondere die „Einkäufer" in den Gruppen eine überzeugende Rolle einnehmen und das Konzept TCO verstanden haben müssen, um die restlichen Gruppenmitglieder, die hier oft noch keine Berührungspunkte zu TCO hatten, überzeugen zu können. Dazu kommt der Wunsch nach mehr Training sowohl für die Einkäufer als auch für die anderen Gruppenmitglieder zum Thema TCO, um hier eine gemeinsame Grundlage schaffen zu können und Gruppen zu TCO-optimaleren Entscheidungen führen zu können.

Dass TCO ein Konzept ist, das nicht allen Entscheidern bekannt ist, bietet weiter Evidenz für H_2, die besagt, dass Gruppen signifikant schlechtere Entscheidungen treffen, wenn die Informationen, die sie vorliegen haben, unvollständig sind. Dazu beitragen kann zum Beispiel auch unvollständiges Wissen oder unvollständige Informationen über die Verwendung von TCO.

Dies bestätigt bestehende Literatur über eine Verschlechterung der Entscheidungsqualität von Gruppen, wenn vorliegende Informationen nicht vollständig sind (Lam/Schaubroeck 2000; London 1975). Da bei Individuen dieser Effekt nicht auftritt, lässt sich ableiten, dass Gruppen anfälliger für solche Umstände sind. Interessanterweise sind insbesondere TCO-Berechnungen oft mit Unsicherheiten verbunden, da sie weit in der Zukunft liegende Kosten schätzen müssen oder häufig nicht klar ist, welche Informationen in die Gesamtkosten einfließen müssen. Um dem entgegenzutreten können einheitliche Guidelines auf wissenschaftlichen Standards helfen, um so einen Rahmen zu schaffen, der die wichtigsten Informationen und Attribute inkludiert und zeitgleich Sicherheit schafft, dass die Berechnungen einen Großteil der TCO-Betrachtung abdecken.

Als weitere Hypothese wurde in der Forschungsarbeit untersucht, ob der Kaufpreis einen Erklärungsansatz für die Entscheidungen der Individuen (H_{3a}) und Gruppen sein kann. Für beides lässt sich keine Evidenz finden (Studie 1b), sodass H_{3a} abgelehnt wird, da Individuen keine Präferenz für den niedrigsten Einkaufspreis haben.

Interessanterweise muss auch H_{3b} grundsätzlich abgelehnt werden, obwohl die deskriptiven Ergebnisse aus Studie 1 eine Tendenz abzeichnen, dass TCO-optimale Anbieter verstärkt gewählt werden, wenn diese den zweiten Preisrang haben. Studie 3 hingegen deutet darauf hin, dass trainierte Gruppen eher den TCO-optimalen Anbieter wählen, wenn er den zweiten Preisrang hat.

Ein möglicher Erklärungsansatz für das unterschiedliche Verhalten zwischen Gruppen und Individuen ist die Betrachtung der Classifier-Analysen, die daraufhin deuten, dass Gruppen verstärkt das Thema Risiko besprechen (Studie 1). Wenn Gruppen eine höhere Risikoaversion haben, kann dies zu einer Reduzierung der Auswahl des TCO-optimalen Anbieters führen, da TCO eine Risikokomponente bedingt durch Unsicherheiten in der Schätzung und den langfristigen Verbindlichkeiten aufweisen (Henthorne et al. 1993).

Aus den Experteninterviews ergab sich der klare Wunsch nach Trainings hinsichtlich TCO. Eine anschließende Online-Studie ($n = 240$ ausgewerteten Antworten) findet in Teilen Evidenz für H_4 und dafür, dass Gruppen nach einem Training zu TCO signifikant häufiger den TCO-optimalen Anbieter wählen, zumindest wenn dieser in Preisrang 1 oder Preisrang 2 liegt, als ohne Trainings. Dies deutet darauf hin, dass Gruppen Anbieter mit kostengünstigen Produkten ohne Trainings eher meiden. Hingegen sind die Gruppen ohne Training leicht, aber nicht signifikant besser im Wählen des TCO-optimalen Anbieters, wenn dieser Preisrang 3 oder 4 hat. Eine Ursache kann in gelernten Ansätzen wie der Preis-Qualitäts-Heuristik liegen, aus der hervorgeht, dass Käufer niedrige Preise mit geringer Qualität assoziieren (Levin/Johnson 1984). Haben Teilnehmende kein Training bezüglich TCO erhalten, kann es demnach sein, dass sie sich eher auf solche Heuristiken verlassen, während Teilnehmende mit Training mehr Kostenaspekte in ihre Überlegungen einbeziehen.

Insgesamt kann die vorliegende Forschungsarbeit nicht abschließend erklären, warum Gruppen seltener TCO-optimale Entscheidungen treffen als Individuen, sie kann jedoch dazu beitragen, mögliche Mechanismen aufzudecken, die zu einer Verbesserung der Entscheidungsprozesse führen können.

(1) Eine zentrale Erkenntnis der Studie ist, dass Gruppen in der Entscheidungsfindung hinsichtlich TCO weniger optimal agieren als Individuen. Ein möglicher Erklärungsansatz liegt in den Entscheidungsmechanismen der

Gruppen, die darauf hindeuten, dass Risiken verstärkt besprochen werden und weniger Themen diskutiert werden als bei Individuen. Zeitgleich ist TCO aber ein Konzept, das auch langfristige Entscheidungen einbezieht und viele unterschiedliche Produktkomponenten umfassen muss, sodass Gruppen sich hiermit schwerer tun könnten. Zudem bietet die Verbesserung der Gruppenentscheidungen in sequenziellen Kontexten Hinweise darauf, dass simultane Entscheidungen doch zu Verzerrungen und damit zu suboptimalen Entscheidungen führen können, während Individuen diesem Effekt nicht begegnen. Zudem scheint es Gruppen schwerer zu fallen, sich auf TCO als relevantes Zielattribut zu einigen, sodass dies TCO-optimale Entscheidungen erschwert.

Es gibt jedoch Ansätze, wie Gruppenprozesse optimiert werden könnten, um eine bessere TCO-Integration zu ermöglichen und so die Vorteile, die Gruppen haben, besser nutzen zu können. Dies sind zum einen die sequenziellen Entscheidungsprozesse, wie beispielsweise eine Kommunikation über E-Mails und zum anderen können Trainings das Bewusstsein für TCO stärken und die Entscheidungsfindungen von Gruppen dahingehend optimieren.

(2) Ein weiteres zentrales Thema ist das insgesamt unzureichende Bewusstsein für das TCO-Konzept sowohl bei Konsumenten als auch in Unternehmen. Obwohl TCO an sich ein sinnvolles und rationales Konzept zur Optimierung der ökonomischen Nachhaltigkeit sind, bestätigt sich (Studie 1, Studie 2, Studie 3), dass Käufer häufig nicht mit dem Konzept vertraut sind oder es inkonsistent interpretieren. Eine fehlende Standardisierung und klare Kommunikation des Begriffs führen dazu, dass Verbraucher sich stärker am Einkaufspreis orientieren und langfristige Kosten vernachlässigen. Die mangelnde Verbreitung des TCO-Ansatzes deutet darauf hin, dass es bisher an geeigneten Instrumenten zur Vermittlung der langfristigen Kostenperspektive fehlt. Unternehmen könnten durch gezielte Kommunikation an ihre Mitarbeitenden dafür sorgen, dass sie dies besser verstehen und lernen anzuwenden oder formale Guidelines aufsetzen, die dabei helfen, das System zu internalisieren. Besonders relevant wäre dies bei Produkten mit langer Nutzungsdauer oder hoher Varianz in den Betriebskosten.

Es ist zu erwähnen, dass die Studien nicht mit tatsächlichen organisationalen Einkäufern durchgeführt wurden. Wie in zahlreichen Studien dieser Art, werden häufig Gruppen aus Studierenden zusammengesetzt (z. B. Morssinkhof et al. 2011). Deswegen ist es nicht klar, ob sich die Ergebnisse so in einem tatsächlichen organisationalen Kontext, in dem höhere Formalisierungsgrade auftreten und sich die Gruppenmitglieder meist besser kennen (Johnston/Bonoma 1981) bestätigen. Zwar validieren die meisten Experten in den Interviews, dass ähnliche

Entscheidungsmuster auch in organisationalen Gruppen auftreten, dennoch kann nicht abschließend gesagt werden, dass sich die Situationen so übertragen lassen. Auch in der Online-Prolific-Studie wurden Gruppen zusammengestellt, zwar aus Teilnehmenden, die sich aktuell in einer festen Anstellung befinden, dennoch sind auch sie in der Regel keine professionellen Einkäufer, die sich intensiver und häufiger mit der Thematik auseinandersetzen.

Ein weiterer wichtiger Unterschied zu realen Entscheidungssettings ist, dass in den Studien Cases vorgegeben waren, anhand derer die Teilnehmenden eine Entscheidung treffen sollten. Dies impliziert, dass der Suchaufwand für die Informationsbeschaffung bereits deutlich reduziert war und auch Informationen angegeben waren, die in realen Einkaufsszenarien schwerer zu beschaffen sind. Zudem mussten die Teilnehmenden in den Szenarien bedingt durch den Experimentalaufbau doch unter Zeitdruck entscheiden. Diese Komponente spiegelt nicht wider, dass in Unternehmen auch oft mehrere Meetings bis zu einer Kaufentscheidung angesetzt sind. Zukünftige Forschung könnte diesen Thematiken weiter nachgehen und mögliche Verzerrungen durch das Experimentaldesign eruieren.

2.8.3 Implikationen für das Management

Aus den Studien ergeben sich Implikationen, die Unternehmen und im konkreten Manager nutzen können, um innerhalb der Unternehmen zu langfristigen Kosteneinsparungen durch Verwendung von TCO zu kommen. Dabei können trotzdem die Vorteile von Gruppen, also Buying Centern, genutzt werden, es müssen nur weitere Rahmenbedingungen geschaffen werden, sodass sie ihre Stärken vollumfänglich nutzen können.

Zum einen würden unternehmensinterne Guidelines und Vorlagen zur Berechnung von TCO dafür sorgen, dass ein klarer Rahmen vorgegeben ist und den allgemeinen Diskussionen in Buying Centern als Grundlage dienen. Indem Mitarbeiter erkennen, dass ihre Kaufentscheidungen vom Management unterstützt werden, steigt die Wahrscheinlichkeit, dass sie diesen Entscheidungen eine höhere Präferenz einräumen (Ramus/Steger 2000).

Zum anderen können Guidelines allein nicht ausreichend sein, da vielen Personen nach wie vor nicht klar ist, was TCO ist und wie dies richtig verwendet wird. Hierzu wären verpflichtende Trainings eine sinnvolle und hilfreiche Unterstützung, um die langfristige Etablierung von TCO zu integrieren. Trainings haben in den vorliegenden Studien den Effekt, dass sich Gruppen auf das Thema TCO konzentrieren können, ohne dabei andere Aspekte außenvorzulassen. Einkäufer, die von dem Konzept TCO bereits gehört haben, haben weniger Probleme weitere Mitglieder des Buying Centers von der Relevanz der Betrachtung von TCO zu überzeugen.

Als letzte Implikationen für Manager aus den vorliegenden Studien ergibt sich, dass Gruppen insbesondere Probleme mit unvollständigen Informationen haben, die bei TCO aber häufig vorliegen. Hier können einerseits Rahmenwerke helfen, indem sie klar kommunizieren, wie mit fehlenden Informationen umgegangen werden muss. Andererseits helfen etablierte unternehmensinterne Datenbanken dabei, Informationen schneller und unkomplizierter beschaffen zu können. So können im Allgemeinen Unternehmen stärker von Gruppenentscheidungen profitieren und ökonomische Ziele leichter erreicht werden.

Der Einfluss der Darstellungsform von Energieinformationen auf ökonomisch nachhaltige Kaufentscheidungen

3

3.1 Einleitung

„Energielabels helfen Verbraucherinnen und Verbrauchern bei der Auswahl von Produkten die Energie – und damit bares Geld – sparen" (Europäische Kommission 2024a). Beispielsweise kann eine Familie beim Kauf einer neuen Waschmaschine durch das Energielabel erkennen, dass ein Gerät mit der Energieeffizienzklasse A weniger Strom verbraucht als ein Gerät mit Klasse D. Energieverbrauchskennzeichnungen, auch Energielabel genannt, sind in sehr vielen Ländern, wie den USA, den EU-Ländern oder China, etabliert und haben das ausgegebene Ziel, Verbraucher dabei zu unterstützten, Energie und Kosten zu sparen (Europäische Kommission 2024a; Generaldirektion Energie 2021; Murray/Mills 2011). Eine Eurobarometer-Studie von 2024 bestätigt die Bekanntheit des Labels in der EU „The EU energy label is well-known, influencing purchasing decisions for energy and money savings" und damit die Annahme, dass Verbraucher durch die Labelkennzeichnung Energie und Geld sparen (Europäische Kommission 2024c). Ein zentraler Treiber für den Einfluss der Label auf die Kaufentscheidungen kann das zunehmende Klimabewusstsein vieler Konsumenten sein, da viele Käufer den Kauf energieeffizienter Produkte mit einem persönlichen Beitrag zur Nachhaltigkeit assoziieren (Bertini et al. 2020). So bieten Label für Konsumenten, die z. B. verstärkte Klimabedenken in Folge des

Ergänzende Information Die elektronische Version dieses Kapitels enthält Zusatzmaterial, auf das über folgenden Link zugegriffen werden kann https://doi.org/10.1007/978-3-658-49311-0_3.

A. Gerlach, *Nachhaltige Einkaufsentscheidungen im B2B und B2C*, Beiträge zur empirischen Marketing- und Vertriebsforschung,
https://doi.org/10.1007/978-3-658-49311-0_3

Klimawandels haben, eine Option, um schnell die ökologischen Konsequenzen des Kaufs zu überblicken (Hajek/König 2022).

Die Grundidee hinter solchen Labels ist es dabei, ökologische Vorteile sichtbarer zu machen, den Unternehmen Anreize für Innovationen zu bieten und gleichzeitig finanzielle Anreize für Käufer zu schaffen, indem sie signalisieren, dass energieeffiziente Produkte langfristig Kosten einsparen können (EU 2024; Girod et al. 2017). Allerdings gibt es initiale Evidenz, dass die Darstellung von Energieinformationen als Energielabel zu verzerrten Wahrnehmungen bei Verbrauchern führt, wie beispielsweise einer überschätzten Energiefreundlichkeit von A-Label-Produkten. Waechter et al. (2015) finden beispielsweise Evidenz, dass Konsumenten ihre Einschätzung des Energieverbrauchs stark an der Effizienzklasse orientieren und dabei konkrete Verbrauchszahlen ignorieren und so die tatsächliche Energieeffizienz überschätzen. Stadelmann und Schubert (2018) analysieren reale Verkaufsdaten in Kooperation mit einem Onlinehändler in der Schweiz und finden dabei ebenso Evidenz für einen verzerrten Effekt der Energieeffizienz, da Label zwar den Anteil verkaufter energieeffizienter Geräte erhöhen, gleichzeitig die gekauften Geräte dann aber größer sind als das eigentlich geplante oder frequentierter genutzt werden, was den Energieverbrauch im Vergleich zu einem Produkt mit schlechterem Label sogar erhöhen kann. Dies verdeutlicht, dass Label nicht nur den positiven Effekt haben, sondern auch zu nachteiligem Verhalten bei und für Verbrauchern führen können.

Der Effekt von Labels auf Verbraucher ist bereits in einigen Facetten untersucht worden.

Dabei verdeutlichen bisherige Studien, dass die Label häufig dazu führen, dass Verbraucher eine starke Präferenz für A-/B-Label entwickeln und diese auswählen ohne andere Produkteigenschaften, wie die Gesamtkosten, in die Auswahl einzubeziehen (Andor et al. 2020; Houde 2018; Schleich et al. 2021). Dies führt unter anderem dazu, dass Verbraucher solch hohe Energielabel auch monetär vergüten, beziehungsweise bereit sind, höhere Preise zu zahlen, nur um ein besseres Label oder überhaupt ein Label-zertifiziertes Produkt zu erhalten, selbst wenn die Einsparungen durch niedrigere Energieverbräuche sehr marginal sind (Andor et al. 2020; Galarraga et al. 2011; Waechter et al. 2015).

Erklärungsansätze für die starke Präferenz von Top-Labels werden bisher primär darin gesehen, dass Verbraucher andere Produkteigenschaften, wie den Einkaufspreis durch die Labeldarstellung nicht mehr so prominent wahrnehmen (Gigerenzer/Gaissmaier 2011; Goeschl 2019; Huse et al. 2020; Lee et al. 2013). Die verzerrte Wahrnehmung wird insbesondere verstärkt bei Verbrauchern, die mit den Labels vertraut sind (Testa et al. 2015). Studien verweisen auf psychologische Faktoren und soziale Normen der Verbraucher als Gründe für eine

Bevorzugung der Energielabel (Mills/Schleich 2010). Zudem werden die langfristigen Energieeinsparungen häufig überschätzt (del Mar Solà et al. 2021). Gleichzeitig haben viele Verbraucher Schwierigkeiten, die Informationen in den Buchstabenklassifikationen der Labels in einen konkreten Energieverbrauch oder monetäre Einsparungen umzuwandeln oder entsprechende Vergleichswerte zu finden (Blasch et al. 2019; Bull 2012; Stadelmann/Schubert 2018). Diese Verzerrungen stehen im Widerspruch zu der ursprünglichen Intention der Label, Kunden „in die Lage zu versetzen, sachkundige Entscheidungen auf der Grundlage des Energieverbrauchs von energieverbrauchsrelevanten Produkten zu treffen“ (vgl. Europäisches Parlament/Rat der Europäischen Union 2017).

Andererseits weist erste Forschung darauf hin, dass Unternehmen die Präferenz für Top-Label ausnutzen. Neben der Nachfragerseite wird daher zudem die Angebotsseite betrachtet. Auf dem US-amerikanischen Markt optimieren manche Unternehmen ihre Produkte gerade so, dass sie eine Zertifizierung und damit ein Label erhalten (Houde 2018). Dadurch lässt sich die erhöhte Zahlungsbereitschaft der Verbraucher für Label-zertifizierte Produkte über tatsächlich weitergegebene Preisaufschläge ausschöpfen (Houde 2022). Gleichzeitig konterkariert diese minimale Innovation jedoch die ursprüngliche Idee, dass Labels Hersteller zur Produktion innovativer, energiesparender Produkte anregen sollen (Goeschl 2019).

Während Energielabel in ihrer Grundfunktion die ökologische Nachhaltigkeit adressieren, wird durch die Kennzeichnung oft ein zentraler Aspekt nicht berücksichtigt, nämlich die ökonomische Bewertung des Produktkaufs. Wenn Verbraucher jedoch Produkte mit Top-Labels wählen, ohne den tatsächlichen Energieverbrauch und Einkaufspreis angemessen in die Entscheidung einzubeziehen, können daraus ökonomisch suboptimale Entscheidungen resultieren und so den intendierten Punkt der EU, dass die Label zu Kosteneinsparungen führen sollen, verfehlen (Europäische Kommission 2024a). Die potenzielle Diskrepanz zwischen ökologischer Signalwirkung und ökonomischen Ergebnissen der Käufe bildet einen Untersuchungsgegenstand dieser Arbeit ab.

Die vorliegende Forschungsarbeit trägt in zwei wesentlichen Aspekten zur bestehenden Literatur über den Label-Bias bei. Erstens erweitert sie bestehende Studien um detaillierte verhaltenswissenschaftliche Erklärungsansätze für die Entstehung des Label-Bias. Dabei werden individuelle Einflussfaktoren wie Rationalität, Klimabedenken und die Neigung zu sozialer Erwünschtheit und deren Auswirkungen auf die Präferenz von Top-Labels erstmals systematisch analysiert. Nur wenige Arbeiten untersuchen bisher persönlichkeitsbezogene Faktoren als Erklärungsansatz für den gefundenen Bias. Wenn sie es tun, dann grundsätzlich ohne die Verknüpfung unterschiedlicher Verhaltensmuster zu den jeweiligen Energiestufen (Huse et al. 2020; Min et al. 2014; Ward et al. 2011) und ohne Einbeziehen der ökologischen Komponente, wie gesteigerte Bedenken durch den Klimawandel. Die vorliegende Arbeit untersucht insbesondere den Effekt der Klimabedenken als zentralen Treiber des Top-Label-Bias und verknüpft dieses Wissen mit der Reaktion der Hersteller. Damit leistet die Studie einen neuen Beitrag zur Verbindung von konsumentenseitigem Verhalten als Erklärung für den Top-Label-Bias und strategischem Herstellerhandeln.

Zweitens trägt die Arbeit zum Verständnis resultierender Total Cost of Ownership und damit langfristiger ökonomischer Konsequenz aus der unterschiedlichen Darstellung von Energieinformationen bei. Während bisherige Studien Lebenszykluskosten lediglich als Zusatzinformationen auf den Preisschildern berücksichtigen (Andor et al. 2019; Denny 2022; Olsthoorn et al. 2023; Stadelmann/Schubert 2018), fehlt eine systematische Analyse, die den Einkaufspreis und Stromkosten mit der Informationsdarstellung kombiniert, um zu untersuchen, wie sich dies auf die Kaufentscheidung und damit langfristige finanzielle Folgen auswirkt. Die vorliegende Arbeit schließt die Lücke, indem sie die Verknüpfung zwischen ökologischer Signalwirkung durch die Label und den tatsächlichen ökonomischen Konsequenzen für die Konsumenten in den Fokus rückt. Ergänzt wird dies um erste Betrachtungen, wie sich der Einkaufspreis von Produkten und die erwarteten Energiekosten auf die TCO auswirken, um so abzuleiten, wie Verbraucher sinnvoll die Gesamtkosten abschätzen können, ohne Rechnungen unternehmen zu müssen. Dies ergänzt eine praxisrelevante Evidenz zur realen Abschätzung der Lebenszykluskosten, wie sie bislang in der Literatur nicht vorzufinden ist.

Zur Untersuchung der Effekte und Beantwortung der Forschungsfrage unterteilt sich das Projekt in zwei Teile. Der erste Teil betrachtet die Nachfragerseite in Form der Konsumenten und der zweite Teil die Anbieterseite, die die Herstelleraktionen analysiert. Insgesamt werden in dem ersten Teil eine Analyse von Felddaten und drei Online-Studien durchgeführt, während der zweite Teil aus drei Analysen von Felddaten besteht.

Um zunächst zu verstehen, wie Energieeffizienz und Kaufpreis als ökologische und ökonomische Produktattribute die Produktkäufe beeinflussen, untersucht eine Vorstudie anhand von Stiftung Warentest Reports (n = 26) und zwei Webscraping-Analysen welche Rolle der Einkaufspreis für die entstehenden Gesamtkosten spielt und wie sich der Energieverbrauch auf die Gesamtkosten und die Bewertung auswirkt.

Ein nachfolgendes Experiment (I) untersucht, wie die Darstellung der Energieinformationen die Produktauswahl am Beispiel von Kühl-Gefrier-Kombinationen beeinflusst. Dazu wird in Experiment I eine Online-Conjoint-Studie (n = 811) durchgeführt, in der die Auswirkung der Darstellung von Energieinformationen (Verbrauch; Jährliche Kosten; Label; Keine weiteren Angaben zu Energieverbräuchen) untersucht wird. Ergänzend dazu befasst sich Experiment II in einer weiteren Online-Conjoint-Studie (n = 400) als Energiedarstellungsform ausschließlich mit den Energielabels und untersucht, welche individuellen Charaktereigenschaften (Rationalität, Neigung zu sozialer Erwünschtheit, Klimabedenken) mit der Darstellungsform der Label interagieren und wie dies die Wirkung von Labels verstärken oder abschwächen kann. Ergänzend dazu liefert Experiment III (n = 158) weitere Einblicke über die Wirkungsmechanismen von Energiedarstellungsformen hinsichtlich ihrer wahrgenommenen Energieeffizienz. Im zweiten Teil des Forschungsprojekts befassen sich drei Analysen mit unternehmerischen Preismechanismen in Bezug auf Kühlschränke, um so die Reaktionen auf Präferenzen von Konsumenten zu verstehen. Eine erste Analyse untersucht webgescrapte Daten (n = 301) darauf, inwieweit sie über dem Schwellenwert zur Erlangung eines Energielabels liegen. Ergänzt wird dies mit einer Untersuchung der Preismechanismen von einer Kühlschrankkomponente, den Kühlern, und der Entwicklung der Preise der finalen Produkte. Eine dritte empirische Analyse untersucht mittels Zeitreihenanalyse und einer nachgelagerten Metaanalyse, ob Hersteller je Labelklasse unterschiedliche Preismechanismen auf Anstiege von Klimabedenken in der Bevölkerung zeigen.

3.2 Theoretisch-konzeptionelle Grundlagen

In der vorliegenden Forschungsarbeit wird untersucht, wie unterschiedliche Energieinformationsformate, der Kaufpreis sowie der tatsächliche Energieverbrauch das Entscheidungsverhalten von Konsumenten bei energieverbrauchenden Produkten beeinflussen. Darüber hinaus wird geprüft, inwiefern individuelle Verbrauchereigenschaften diesen Entscheidungsprozess mitbestimmen. Der konzeptionelle Rahmen ist in Abbildung 3.1 dargestellt.

Die übergeordnete Annahme des konzeptionellen Rahmens ist, dass unterschiedliche Darstellungsformen von Energieinformationen (Verbrauchsangaben, Kostenangaben, Label) trotz gleicher zugrundeliegender Energieverbräuche unterschiedlich energiefreundlich wahrgenommen werden. Diese unterschiedliche Wahrnehmung führt zu potenziellen Unterschieden im Entscheidungsoutput. Dabei wird hier als Entscheidungsoutput untersucht, ob durch die unterschiedliche Wahrnehmung der Darstellungsformen die Total Cost of Ownership verändert sind und wie sich die erklärte Präferenz in einem Experimentaldesign verändert. Es wird davon ausgegangen, dass die Darstellungsform nicht nur direkt den Entscheidungsoutput (z. B. Präferenz oder TCO-Optimalität) beeinflusst, sondern insbesondere auch die Wirkung der Produktattribute modifiziert. Im Zentrum steht die Hypothese, dass der Einfluss des Preises in der Label-Darstellung geringer ausfällt, während der Einfluss des Energieverbrauchs stärker zum Tragen kommt. Damit liegt ein Interaktionseffekt zwischen Darstellungsform und den Entscheidungsmerkmalen vor, der im Rahmen eines experimentellen Designs getestet wird.

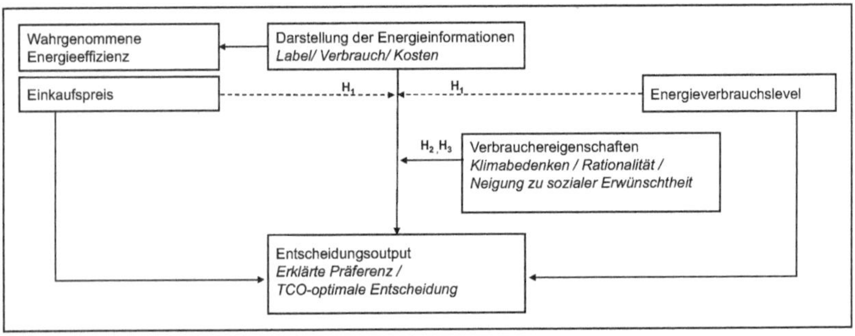

Abbildung 3.1 Übersicht über den konzeptionellen Rahmen in Kapitel 3

Aufbauend auf diesen Erkenntnissen zur Nachfrageseite analysiert der zweite Teil der Arbeit, wie Unternehmen ihre Preisgestaltung an das Konsumentenverhalten anpassen, insbesondere in Bezug auf Energieklassen, Produktoptimierung und zeitlich variable Verbrauchersensitivitäten.

3.2.1 Der Effekt von Energieverbrauchskennzeichnungen (Labels)

Eines der zugrundeliegenden Konzepte ist, dass die Darstellung von Energieinformationen den Entscheidungsoutput beeinflusst. Hierbei hat bisherige Forschung insbesondere den Effekt von Energieverbrauchskennzeichnungen untersucht und dabei festgestellt, dass diese Labels häufig zu Verzerrungen in Verbraucherwahrnehmungen führen und die Kaufentscheidungen so beeinflussen, dass Verbraucher

Tabelle 3.1 Übersicht über eine Auswahl verwandter Literatur

Paper	*Daten / Analyse*	*Abhängige Variable*	*Unabhängige Variable*	*TCO*	*Div. Energiedarstellung*	*Verhaltensmechanismen*	*Preismechanismen*
Allcott/ Taubinsky 2015	Szenarioexperiment mit Conjoint-Analysen	Kauf von CFL Leuchtmitteln	Informationsintervention; Rabattcoupons	(✓)	✓	X	X
Andor et al. 2019	719 Haushalte in einer deskriptiven Smartmeter-Studie	WTP für Leuchtmittel	Keine Info; Label; TCO; Energielabel-Ranking	✓	(✓)	X	X
Andor et al. 2020	Discrete choice Experiment mit 5069 Haushalten	Wahl energieeffizienter Produkte	Informationsmenge im Energielabel	X	X	✓	X
Blasch et al. 2019	Schweizer Haushalte in einem linear Probit Modell	Fähigkeit, die kosteneffizienteste Alternative zu identifizieren	Monetäre Informationen zu künftigem Energieverbrauch	✓	X	X	X
D'adda et al. 2022	Feldexperiment mit Regressionsanalysen	Kauf eines Kühlschranks	Energieinformationen auf dem Label	✓	X	X	X
Galarraga et al. 2011	Hedonische Methoden zur Analyse von Felddaten von Kühlschränken	Price Premium für hocheffiziente Kühlschränke	Energielabel (A)	X	X	X	X
Houde 2018	Framework Entwicklung anhand Mikrodaten aus dem US-Kühlschrank-Markt	Wahl eines Kühlschranks	Preis, Zertifizierung, Rabatte, Energiekosten, Produktattribute	✓	✓	X	✓
Houde 2022	Felddaten aus den USA	Price Premium für Energy Star Produkte	Produkteigenschaften, Markteigenschaften; Zertifizierung	(✓)	X	X	✓

(Fortsetzung)

Tabelle 3.1 (Fortsetzung)

Paper	*Daten / Analyse*	*Abhängige Variable*	*Unabhängige Variable*	*TCO*	*Div. Energiedarstellung*	*Verhaltensmechanismen*	*Preismechanismen*
Stadelmann/ Schubert 2018	Deskriptive Analysen von Kaufdaten einer Schweizer Website	Prozentuale Überschätzung monatlicher Energiekosten	Lebenszykluslabel; Energieeffizienzlabel	X	X	X	X
Sun et al. 2014	Regressionsanalysen auf Klimaanlagen	Preis von Klimaanlagen; Verbrauch	Level des Energielabels	✓	X	X	✓
Waechter et al. 2015	ANOVA & Deskriptive Analysen von Online-Umfragen	Schätzung und Wahrnehmung von Energieverbräuchen von Gütern	Energieeffizienzklasse, Energieverbrauchsinformationen	X	(✓)	(✓)	X
Ward et al. 2011	Contingent Choice Modell mit Panel-Teilnehmenden	Auswahl / WTP	Preis; Präsenz des Energy Star Labels	X	X	X	X
Zha et al. 2020	Online-Umfrage als Discrete-Choice Experiment	Konsumentenauswahl	Einstellung von Verbrauchern zu Labels	X	✓	✓	X

Anmerkung: X = Aspekt wird nicht beleuchtet, (✓) = Aspekt wird teilweise beleuchtet, ✓ = Aspekt wird in der Studie betrachtet

eine sehr starke Präferenz für A- und B-Label entwickeln. Die vorliegende Forschung baut auf diesen gefundenen Verzerrungseffekten auf und untersucht, wie Persönlichkeitsmerkmale, darunter insbesondere ökologische Aspekte wie Klimabedenken den Entscheidungsoutput beeinflussen und ergänzt zudem, wie sich die Darstellungsformen auf den tatsächlich resultierenden Total Cost of Ownership auswirken.

Tabelle 3.1 gibt einen Überblick über angrenzende Studien, die sich explizit mit einer Verzerrung der Kaufentscheidung durch Label beschäftigen und wie sich diese von der hier vorliegenden Studie unterscheiden.

Tabelle 3.1 gibt einen Überblick darüber, dass bestehende Studien hauptsächlich reale Kaufdaten betrachten oder Szenario-Experimente und Umfragen durchführen. An das etablierte Vorgehen setzt die hier vorliegende Studie an, indem Online-Experimente in Kombination mit Felddaten-Analysen einen Einblick in zugrundeliegende Mechanismen und resultierende Auswirkungen auf den Entscheidungsoutput ermöglichen. Die Felddaten, die in diesem Projekt untersucht werden, sind jedoch zugänglich und reduzieren so mögliche Verzerrungen aus Beobachtungen von Haushalten, die explizit für Studien ausgewählt wurden und sich deswegen abweichend verhalten können.

Die hier vorliegende Forschung betrachtet als abhängige Variable den Entscheidungsoutput, hierbei in konkreter Form von erklärter Präferenz der Verbraucher zum Produktkauf und zu den resultierenden Total Cost of Ownership. Damit grenzt sie sich dabei von einem Großteil der anderen Studien durch Betrachtung der TCO ab. Die Betrachtung des Total Cost of Ownership ist dabei ein neuer Aspekt, insbesondere dadurch, dass die TCO in den Studien basierend auf aktuellen Strompreisen und angegebenen Verbräuchen konkret berechnet werden und ermöglicht weitere Evidenz dafür, wie ökologische Attribute, wie die Energielabel, ökonomische Entscheidungen tatsächlich beeinflussen und verzerren können. Auch die erklärte Präferenz ist bisher in den angrenzenden Studien nur selten (Andor et al. 2020; Ward et al. 2011) untersucht worden. Dabei ermöglicht eine Untersuchung der erklärten Präferenzen Entscheidungen und Präferenzstrukturen der Verbraucher entlang unterschiedlicher Kriterien besser zu verstehen. Bisherige Studien fokussieren verstärkt die ökologische Nachhaltigkeitskomponente und wie die Label die tatsächlichen Energieverbräuche beeinflussen (Blasch et al. 2019; Galarraga et al. 2011). Da die EU aber auch als entscheidendes Ziel von Labels kommuniziert, dass diese zu langfristigen Kosteneinsparungen führen sollen, liefert die vorliegende Studie auch durch Betrachtung der TCO einen Beitrag zur tatsächlichen Überprüfung, ob dies zu einer nachhaltigen Optimierung führt.

Ergänzt wird dies um Betrachtungen von Produktreports, um so zu untersuchen, ob es Ansätze gibt, die Verbrauchern dabei helfen, die Gesamtkosten durch Betrachten sichtbarer Produktattribute abzuschätzen.

Ebenso ist die Wahl der unabhängigen Variable ein Unterschied. Bisherige Studien fokussieren sich häufig auf das Energielabel und seinen Informationsgehalt, bzw. um die Ergänzung von Informationen zusätzlich zu dem Label und den Effekt auf die abhängige Variable. Die hier vorliegende Studie untersucht erstmals, wie die Darstellungsformen Energieverbrauch, Energiekosten und Energielabel den Entscheidungsoutput beeinflussen. Die Kombination der Auswahl dieser drei Formen ist dabei neu.

Als neuen Beitrag zur Literatur betrachtet das vorliegende Paper detailliert den Einfluss von Verhaltensmechanismen, beziehungsweise konkreter Persönlichkeitsmerkmalen auf den Entscheidungsoutput und wie es den Effekt von Energielabels auf den Entscheidungsoutput moderiert. Bisherige Forschung untersucht Einstellungen zu Labels im Allgemeinen, betrachtet aber keine Persönlichkeitsattribute detaillierter und vor allem nicht, wie sich diese auf die unterschiedlichen Energielevel auswirken. Dabei kann ein Verhaltensmerkmal beispielsweise einen verstärkenden Effekt für eine A-Label-Präferenz und gleichzeitig eine verstärkte Ablehnung für ein schlechtes Label bedeuten. Darum ist eine detaillierte Auseinandersetzung wichtig. Zudem beleuchtet bisherige Forschung nicht, wie ökologisch orientierte Verhaltensmechanismen die ökonomischen Auswirkungen eines Produktkaufs beeinflussen. Insbesondere adressiert die hier vorliegende Forschung den Effekt von Klimabedenken der Verbraucher auf die Verzerrung in der Produktauswahl durch Label und liefert dadurch einen entscheidenden Erklärungsansatz. Ebenso werden die Rationalität und Neigung zu sozialer Erwünschtheit der Verbraucher untersucht. Dies ermöglicht ein tieferes Verständnis, wie es zu den Verzerrungen kommen kann und erlaubt so, Herstellern, Konsumenten und politischen Entscheidungsträgern Ableitungen für das eigene Handeln zu ermöglichen.

Zudem betrachtet bisher ausschließlich eine Studie von Houde (2022), wie sich Labelzertifizierungen auf die Zahlungsbereitschaft der Verbraucher in den USA auswirken und wie Hersteller dieses Wissen nutzen. Die hier vorliegende Studie verbindet individuelle Persönlichkeitsmerkmale der Konsumenten und deren Auswirkungen auf die Auswahl der Produkte mit den Reaktionen der Hersteller und liefert dadurch erstmalig eine gesamtwirtschaftliche Betrachtung der Auswirkungen der Label. Dabei wird die bestehende Forschung (Houde 2022) um den Aspekt erweitert, dass reale Verbraucher-Verhaltensdaten über Google-Trends mit unternehmerischen Preisentwicklungen kombiniert werden und ebenso Preise der Produktkomponenten der finalen Produkte betrachtet werden.

Insgesamt erweitert die vorliegende Forschung Erkenntnisse über Verzerrungen durch Energielabel primär um das Wissen über konsumentenseitige Verhaltensmuster, die den Effekt beeinflussen, insbesondere um die Rolle von Klimabedenken auf die Produktauswahl. Dies ermöglicht eine tiefergehende Erklärung des Effektes, sodass Ansatzpunkte zur Behebung geliefert werden können. Zudem kombiniert die Studie erstmalig Verbraucherverhalten und Herstellerreaktionen in Bezug auf Energielabel in einem regulierten Markt in einem direkten Vergleich der Verbraucheraktionen und Herstellerreaktionen.

3.2.2 Darstellung der Energieinformationen

Die Darstellung der Energieinformationen kann auf unterschiedliche Weise erfolgen und soll den Verbrauchern einen Überblick über den tatsächlichen Verbrauch des Produktes geben (Generaldirektion Energie 2021). Die geläufige Darstellungsform in der EU zur salienten Verdeutlichung des Energieverbrauchs sind die Energieverbrauchskennzeichnungen in Form von Energielabels (Europäische Kommission 2024a). Zudem ist die Angabe der Energieinformationen in jährlichem Verbrauch in kWh häufig ergänzend aufgeführt. Weniger verbreitet ist die Kommunikation der jährlich resultierenden Energiekosten unter Annahme eines Strompreises, wird jedoch hier in Bezug zu den Gesamtkosten als weitere Komponente im Experimentaldesign aufgeführt. Eine Kombination der Darstellungsformen ist in der Realität ebenso möglich (Newell/Siikamäki 2014), wird in der vorliegenden Studie aber nicht angewandt, da häufig auch in diesen Fällen eine der Darstellungsformen die primär sichtbare ist.

Energieverbrauchskennzeichnungen

Energieverbrauchskennzeichnungen sind mittlerweile ein gängiges Mittel zur Kommunikation des Energieverbrauchs. Sei es in freiwilliger Form wie in den USA oder als verpflichtendes Label wie in der EU (Europäische Kommission 2024a; Houde 2022; Jain et al. 2021; Park 2017; Ward et al. 2011; Zhang/Tao 2020). Dabei wurden sie in Europa bereits 1992 eingeführt mit der initialen Idee, Informationen über den Energieverbrauch verständlicher und transparenter zu machen, um so die Energienachfrage zu senken und eine zukunftsorientierte, klimafreundliche Ausrichtung zu gewährleisten (Europäische Kommission 2024a; Europäisches Parlament/Rat der Europäischen Union 2017; Goeschl 2019; Verplanken/Weenig 1993). Regelmäßige Überprüfungen und Anpassungen der Label sorgen für eine zeitgemäße Einschätzung und wurde zuletzt 2021 von einem A + + + bis D-Schema auf ein A bis G-Schema modernisiert, um Innovationen von Herstellern einzubeziehen, die zu immer mehr Verdichtung in den besten Labelkategorien führten (Europäisches Parlament/Rat der Europäischen Union 2017). Das Label stellt farblich codiert von grün (A-Label) bis rot (G-Label) die Energiestufen dar (van Asselt/Biermann 2007; Europäische Kommission 2024a).

Energieverbrauch
Neben der Angabe des Energieverbrauchs als saliente Label, empfiehlt die EU zusätzlich auch den Energieverbrauch in kWh anzugeben (EnBW 2024). Der tatsächliche Energieverbrauch der Geräte ist dabei der Wert, den das Gerät bei einer durchschnittlichen Benutzung unter kontrollierten Bedingungen innerhalb eines Jahres verbraucht (Waechter et al. 2015). Zudem dient die Verbrauchsangabe als Referenzwert zur Berechnung des Energieeffizienzindexes, der wiederum die Bewertungsgrundlage zur Einstufung in eine Label-Kategorie ist (BfEE 2017). Grundsätzlich ist der Energieverbrauch in kWh auch auf den Energieverbrauchskennzeichnungen zu finden, obwohl dies im Online-Handel oft aus Platzgründen erst in nachgelagerten Strukturen, zum Beispiel in angefügten Handbüchern, sichtbar wird. Somit ist es faktisch für Verbraucher sehr schwer, Angaben über den Energieeffizienzindex direkt zu finden.

Energiekosten
In der vorliegenden Studie beziehen sich die Energiekosten auf die jährlich entstehenden Energiekosten bei Produktnutzung und basieren auf dem angegebenen Energieverbrauch in kWh multipliziert mit dem durchschnittlichen Strompreis in Deutschland zum Zeitpunkt der Erhebung von 0,265€/kWh (Statistisches Bundesamt 2025). Grundsätzlich sind die Energiekosten jedoch nicht auf den Produktkennzeichnungen angegeben und finden sich, wenn eher in Studien. Da sie dennoch ein wichtiges Kriterium zur Bestimmung der Gesamtkosten sind, wurden sie im vorliegenden Experiment als Informationsdarstellung ergänzend aufgenommen.

3.2.3 Entscheidungsoutput

Der Entscheidungsoutput wird in dieser Forschungsarbeit auf zwei Weisen betrachtet. Zum einen untersucht er in den Conjoint-Experimenten die erklärte Präferenz. Dabei ist die erklärte Präferenz jeweils das Produkt aus einem vergleichenden Set zweier Produkte, welches der Verbraucher lieber wählen würde, wenn er sich entscheiden müsste. Die zweite betrachtete Variante ist die TCO-optimale Entscheidung. Dabei werden die resultierenden TCO aus einer

Entscheidung basierend auf den gegebenen Daten auf einen gegebenen Zeitraum berechnet und dann miteinander verglichen. Die Berechnung erfolgt basierend auf der durchschnittlich angegebenen Laufzeit der Produkte multipliziert mit den jährlichen Energiekosten und einer Addition des Kaufpreises. Dies erlaubt es, zu untersuchen, ob Teilnehmer eher das Produkt wählen würden, bei dem sie niedrigere oder höhere Gesamtkosten zahlen.

3.2.4 Weitere Produktattribute und ihre Wahrnehmung

Wahrgenommene Energieeffizienz

Die wahrgenommene Energieeffizienz betrachtet in der vorliegenden Studie, wie energieeffizient Verbraucher ein Produkt einschätzen. Dabei wird die wahrgenommene Energieeffizienz auf einer 7-Punkte-Skala gemessen von 1 = sehr ineffizient bis 7 = sehr effizient.

Einkaufspreis

Der Einkaufspreis in der vorliegenden Studie bezeichnet den unrabattierten Kaufpreis, der für ein Produkt zu entrichten ist. Bewertet man beim Produktkauf die Kosten des Gutes, ist ein Ansatz die Betrachtung der Gesamtkosten (TCO), die von Produktkauf bis Produktentsorgung anfallen (Ellram 1995). Dabei steht TCO für die ökonomische Nachhaltigkeit (Elkington 1997). Der andere Ansatz ist die Betrachtung des ausgeschriebenen Kaufpreises ohne das Einbeziehen weiterer Kostenattribute, so wie es hier beim Einkaufspreis betrachtet wird (Ferrin/Plank 2002).

Energieverbrauchslevel

Die Energieverbrauchslevel beziehen sich auf die tatsächliche Energieeffizienz der Produkte. Sie folgen dabei der Kategorisierung nach Energieverbrauchskennzeichnung, also der Einstufung in eine der sieben, beziehungsweise in diesen Studien sechs, Labelkategorien von A-G. Dies ermöglicht eine gewisse Vergleichbarkeit für die Analysen.

3.2.5 Verbrauchereigenschaften

Die vorliegende Studie untersucht die Auswirkungen von individuellen Eigenschaften wie Klimabedenken, Rationalität und der Neigung zu sozialer Erwünschtheit auf die Wahrnehmung von Energieverbrauchsleveln.

Klimabedenken

Durch den Klimawandel steigen in der Bevölkerung zunehmend die Klimabedenken (Bertini et al. 2020; Hajek/König 2022). Dabei können Klimabedenken so beschrieben werden: „Anxiety which is significantly related to anthropogenic climate change.“ (Pihkala 2020, S. 3). In der vorliegenden Studie werden Klimabedenken als Bedenken der Menschen hinsichtlich potenzieller negativer Klimaereignisse definiert, die sich auf die Umwelt und die Gesellschaft auswirken und Verbraucher dazu veranlassen, ein verstärktes Interesse an umweltfreundlichen Produkten zu entwickeln (Cronin et al. 2011a).

Rationalität

Rationale Verbraucher sind charakterisiert als solche, die ihren Nutzen oder ihre Zufriedenheit maximieren wollen (Markin 1979). Ebenso sind sie im weiteren Feld definiert als Verbraucher, die dem klassischen Homo Oeconomicus entsprechen und ihr persönliches Wohlergehen optimieren wollen (Kahneman/Tversky 1979). Markin (1979) definiert rationale Verbraucher als solche, die „familiar with all options and alternatives, seeking, and processing vast amounts of information“ sind und dabei hohe kognitive Leistung erbringen.

Neigung zu sozialer Erwünschtheit

Eine Neigung zu sozialer Erwünschtheit kann verstanden werden als der Wunsch von Konsumenten sozial bevorzugtes Verhalten, wie beispielsweise eine gesellschaftliche Verantwortung oder Altruismus, auszustrahlen (Chung/Monroe 2003). Im vorliegenden Projekt bezieht sich die Neigung zu sozialer Erwünschtheit darauf, dass es Verbrauchern so vorkommen kann, dass die Gesellschaft ökologisch vorbildliches Verhalten, also den Kauf von A-/B-Label-Produkten erwartet und sie sich darum so verhalten. Während sozial unerwünschte Verhaltensmuster, wie Käufe von stark energiekonsumierenden Gütern, eher vermieden werden würden.

3.3 Hypothesenentwicklung

Zur Beantwortung der Forschungsfrage wurden mehrere Hypothesen aufgestellt. Tabelle 3.2 bietet einen Überblick über die untersuchten Hypothesen in Teil I des Projekts, das die Nachfragerseite untersucht.

Tabelle 3.2 Übersicht der untersuchten Hypothesen in Kapitel 3

	Hypothese	Studie	n
H_1	Die Darstellung von Energieinformationen beeinflusst den Entscheidungsoutput, indem sie jeweils mit dem Effekt von Preis und Energieverbrauch interagiert. In der Label-Bedingung ist der Einfluss des Preises geringer, während der Einfluss des Energieverbrauchs stärker ausfällt.	Teil I, Experiment I	811
H_2	Klimabedenken verstärken den Effekt eines Top-Labels auf die Produktauswahl.	Teil I, Experiment II	400
H_3	Der Einfluss des Preises auf die Produktauswahl ist stärker und der Einfluss des Labels schwächer bei Teilnehmenden mit höherer Rationalität.	Teil I, Experiment II	400

Die initial vorregistrierten Hypothesen weichen von den untersuchten Hypothesen ab. Dabei basieren die Änderungen darauf, dass die Effekte durch die neu formulierten Hypothesen passender untersucht werden können. Die untersuchten Inhalte weichen jedoch nicht von den vorregistrierten Hypothesen ab. Eine Übersicht über die ursprünglich registrierten Hypothesen, die neuen Hypothesen und den Änderungsgrund finden sich in Tabelle 3.3.

Tabelle 3.3 Abweichung von vorregistrierten Hypothesen

Vorregistrierung	Experiment	Ursprüngliche Hypothese	Neue Hypothese	Begründung
AsPredicted #181198 (https://aspredicted.org/kjfy-nvcx.pdf)	I	H_1: Die Darstellung von Energieinformationen interagiert mit dem Effekt des Preises auf die Wahl und/oder mit dem Effekt des Energieverbrauchs auf die Wahl.	H_1: Die Darstellung von Energieinformationen beeinflusst den Entscheidungsoutput, indem sie jeweils mit dem Effekt von Preis und Energieverbrauch interagiert. In der Label-Bedingung ist der Einfluss des Preises geringer, während der Einfluss des Energieverbrauchs stärker ausfällt.	Zusammenfassung der ursprünglichen H_1–H_3 als eine klare Interaktionshypothese. Präzisere Formulierung des vermuteten Mechanismus.
AsPredicted #181198	I	H_2: Der Effekt des Preises auf die Wahl eines Profils ist in der Label-Bedingung der Darstellung von Energieinformationen am geringsten.	– (In H_1 inkludiert)	Inhaltlich in H_1 inkludiert. Separate Darstellung nicht mehr notwendig.
AsPredicted #181198	I	H_3: Der Effekt des Energieverbrauchs auf die Wahl eines Profils ist in der Label-Bedingung der Darstellung von Energieinformationen am höchsten.	– (In H_1 inkludiert)	Inhaltlich in H_1 inkludiert. Separate Darstellung nicht mehr notwendig.

(Fortsetzung)

Tabelle 3.3 (Fortsetzung)

Vorregistrierung	Experiment	Ursprüngliche Hypothese	Neue Hypothese	Begründung
AsPredicted #204058 (https://aspredicted.org/jcm8-5rhm.pdf)	II	H_4: Klimabedenken erhöhen die Wahrscheinlichkeit, dass sich Verbraucher für ein Produkt mit einer besseren Energieeffizienzklasse entscheiden, unabhängig von den tatsächlichen Gesamtkosten oder Energieeinsparungen.	H_2: Klimabedenken verstärken den Effekt eines Top-Labels auf den Entscheidungsoutput.	Ursprünglich implizierte eine Dreifachinteraktion. Überarbeitung zu einer zweifachen Interaktion mit klarer Aussage zur Moderation durch Klimabedenken.
AsPredicted #204058	II	H_5: Der Effekt des Preises auf die Wahl eines Profils ist stärker, und der Effekt der Label-Bedingung ist schwächer, für Teilnehmende mit höherer Rationalität.	H_3: Der Einfluss des Preises auf den Entscheidungsoutput ist stärker und der Einfluss des Labels schwächer bei Teilnehmenden mit höherer Rationalität.	Stilistische Straffung für Einheitlichkeit mit den anderen Hypothesen. Inhaltlich unverändert; bezieht sich auf zwei getrennte Zweifachinteraktionen.

3.3.1 Der Effekt von Einkaufspreis und Darstellung der Energieinformationen auf den Entscheidungsoutput

Mehrere Studien verdeutlichen, dass Energieeffizienzkennzeichnungen die Kaufentscheidungen von Konsumenten erheblich beeinflussen und dabei nicht nur als zusätzliche Informationsquelle wirken, sondern vielmehr andere Produkteigenschaften, wie beispielsweise den Kaufpreis, in den Hintergrund rücken (Anderson/Claxton 1982; Blasch et al. 2019; Joshi et al. 2019; Kallbekken et al. 2013; Waechter et al. 2015). Besonders verdeutlicht wird diese Tendenz dadurch, dass Verbraucher bereit sind, deutlich höhere Preise für ein Top-Label zu zahlen, selbst wenn die Energieeinsparungen nicht wesentlich höher sind (Waechter et al. 2015). Diese Herausforderung bestätigt, dass Konsumenten ihre Entscheidung stark an der kommunizierten Effizienzklasse ausrichten, ohne andere Informationen wie reale Verbrauchswerte oder Gesamtkosten adäquat zu berücksichtigen (Kallbekken et al. 2013; del Mar Solà et al. 2021; Poortinga et al. 2003; Sallee 2014).

Andor et al. (2020) beschreiben, dass Verbraucher in Label-Bedingungen weniger preissensitiv sind und sich stärker auf das visuelle Signal konzentrieren. Auch Galarraga et al. (2011) bestätigen, dass die Darstellungsform einen Einfluss auf die relative Wichtigkeit des Preises hat. Sobald die Energieinformation als Label präsentiert wird, verliert der Preis als Entscheidungsfaktor an Relevanz. Es liegt daher nahe, dass die saliente Darstellungsform des Labels die Relevanz des Preises im Entscheidungsprozess abschwächt, während numerische Energieinformationen diese Wirkung nicht oder in deutlich geringerem Maße entfalten.

Die visuelle Struktur von Labels trägt zudem dazu bei, dass sie deutlich stärker beachtet werden als numerische Preisangaben (Elmor et al. 2024).

Im Gegensatz dazu stehen numerische Darstellungsformen wie der konkrete Energieverbrauch in kWh oder die jährlichen Betriebskosten, die weniger auffällig sind und kognitiv aufwändiger verarbeitet werden müssen. Hier bleibt der Preis als offensichtliches und vertrautes Kriterium oft stärker im Entscheidungsprozess präsent (Elmor et al. 2024). Vor diesem Hintergrund ist davon auszugehen, dass die Wirkung von Preis und Energieverbrauch auf die Produktauswahl nicht konstant, sondern abhängig von der Art der Energieinformationsdarstellung ist.

Studien belegen zudem, dass Verbraucher den, mit einem energieeffizienten Produkt verbundenen, Energieverbrauch systematisch unterschätzen, insbesondere wenn die Energieeffizienz in Form eines Labels dargestellt wird (Andor et al. 2020). Dabei wird der Eindruck erweckt, dass ein Produkt mit einem besseren Label nicht nur effizienter sei, sondern auch deutlich mehr Energie einspare, selbst wenn die tatsächlichen Unterschiede im Verbrauch marginal sind (Waechter et al. 2015). Dieses Missverhältnis zwischen wahrgenommener und realer Effizienz ist auf die symbolische Aufladung und Vereinfachung durch die Labelstruktur zurückzuführen, die Differenzen zwischen den Klassen visuell stark betont (Waechter et al., 2015).

Die Darstellung in Form eines Labels suggeriert damit größere Unterschiede im Energieverbrauch als oft tatsächlich vorhanden. Dies verstärkt den Fokus auf die Energieinformation, während gleichzeitig die tatsächlichen numerischen Angaben, sofern vorhanden, kognitiv weniger präsent sind (del Mar Solà et al. 2021). Anders als bei numerischen Verbrauchsangaben in kWh, die eine aktive Auseinandersetzung erfordern, vermittelt das Label ein scheinbar klares Urteil über die Energieeffizienz, was den Effekt dieser Information auf die Kaufentscheidung zusätzlich verstärken kann.

Die Labelstruktur scheint also nicht nur Aufmerksamkeit auf die Energieinformationen zu lenken, sondern auch die subjektive Bewertung des Energieverbrauchs zu verzerren. Vor diesem Hintergrund wird angenommen, dass der Effekt von Einkaufspreis und Energieverbrauch abhängig von der Darstellung der Energieinformation ist und die Preissensitivität in der Label-Bedingung am geringsten ist und der Einfluss des Energieverbrauchs am stärksten.

Dies führt zur ersten Hypothese:

H_1: *Die Darstellung von Energieinformationen beeinflusst den Entscheidungsoutput, indem sie jeweils mit dem Effekt von Preis und Energieverbrauch interagiert. In der Label-Bedingung ist der Einfluss des Preises geringer, während der Einfluss des Energieverbrauchs stärker ausfällt.*

3.3.2 Die Auswirkung individueller Klimabedenken auf die Präferenz von Energielabels

Studien verdeutlichen, dass Energieeffizienzlabels irreführend sein können, da sie nicht zwangsläufig zu signifikanten Energieeinsparungen oder Kosteneinsparungen für den Verbraucher führen (Waechter et al. 2015). Dennoch sind viele Menschen bereit, einen Preisaufschlag für bessere Labels zu zahlen (Park 2017). Dies wirft die Frage auf, welche individuellen Persönlichkeitsmerkmale dieses Verhalten erklären.

Das Marketing energieeffizienter Labels scheint besonders gut bei Personen zu funktionieren, die mit dem Konzept von Energielabels vertraut sind und bei ihren „grünen", also ökologisch nachhaltigen, Kaufentscheidungen mögliche Gesundheits- und Sicherheitsaspekte berücksichtigen (Testa et al. 2015). Dies liefert erste Hinweise darauf, dass individuelle Anpassungen an eine nachhaltige Lebensweise und Umweltidentitäten die Präferenz für Labels beeinflussen (Olsthoorn et al. 2023; Testa et al. 2015).

Diese Erkenntnis wird durch Studien untermauert, die betonen, dass psychologische Merkmale und soziale Normen die Wahrnehmung von Energieeffizienzlabels beeinflussen (Mills/Schleich 2010). Insbesondere die Vernachlässigung des Kaufpreises zugunsten der Fokussierung auf Energieeffizienz wird in der Literatur mit Umweltbedenken von Verbrauchern in Verbindung gebracht (Denny 2022; Houde 2018). Darüber hinaus werden Kaufentscheidungen auf Basis von Labels häufig durch altruistische Motive, wie den Nutzen für die Allgemeinheit oder Umweltbedenken, beeinflusst (Ward et al. 2011). Diese Motive können zu einer übermäßigen Präferenz für Produkte mit besseren Energieeffizienzlabels führen, selbst wenn sie aus rationaler Sicht nicht die optimale Wahl darstellen (Waechter et al. 2015).

Dies führt zur Hypothese:

H_2: *Klimabedenken verstärken den Effekt eines Top-Labels auf den Entscheidungsoutput.*

3.3.3 Die Auswirkung individueller Rationalität auf die Präferenz von Energielabels

Während psychologische Merkmale die Bereitschaft erhöhen können, einen Preisaufschlag für A-Labels zu zahlen, kann dieses Argument auch in die entgegengesetzte Richtung angewendet werden. Rationale Konsumenten sind eher in der Lage mehrere Informationen gleichzeitig zu berücksichtigen und diese bewusst gegeneinander abzuwägen (Markin 1979). Die Annahme liegt nahe, dass sie in Entscheidungsprozessen nicht nur das Energielabel, sondern auch andere relevante Attribute wie den Kaufpreis und die langfristigen Energiekosten analysieren. Sie lassen sich weniger von salienten Reizen leiten, sondern orientieren sich an der Gesamtkalkulation der Kosten-Nutzen-Relation eines Produkts (Markin 1979).

In Bezug auf Energieeffizienzlabel bedeutet dies, dass rationale Konsumenten nicht ausschließlich auf visuelle oder symbolische Reize wie das Label reagieren, sondern auch andere relevante Informationen, wie den tatsächlichen Preis und die zu erwartenden Energiekosten in ihre Entscheidung integrieren sollten.

Während sich weniger rationale Konsumenten eher auf heuristische Signale wie das Label verlassen und dabei möglicherweise die tatsächlichen Kostenstrukturen übersehen, dürften rationalere Personen preissensitiver agieren und Labelinformationen eher kritisch hinterfragen. Aus diesem Grund ist davon auszugehen, dass der Einfluss des Preises auf die Entscheidung bei rationalen Konsumenten stärker ausfällt, während der Labeleffekt entsprechend schwächer ist. Dies führt zur folgenden Hypothese:

H_3: *Der Einfluss des Preises auf den Entscheidungsoutput ist stärker und der Einfluss des Labels schwächer bei Teilnehmenden mit höherer Rationalität.*

3.4 Methode und Vorstudie

Dieses Forschungsprojekt untersucht die Rolle von Energieinformationen in der Verbraucherentscheidung und wie Unternehmen das Verbraucherverhalten strategisch nutzen. Die Forschung ist in zwei Hauptteile unterteilt: die Nachfragerseite und die Anbieterseite, die Preisstrategien von Unternehmen und Marktdynamiken durch Marktstudien und Zeitreihenanalysen untersucht. Insbesondere im zweiten Teil baut die Studie auf bestehender Forschung von Houde (2018, 2022) auf, um weitere Einblicke in die strategischen Entscheidungen von Unternehmen zu liefern.

Einen Überblick über die durchgeführten Studien gibt Tabelle 3.4.

Tabelle 3.4 Übersicht über die Studien in Kapitel 3

#	Datengrundlage	Forschungsfrage	Analyse	n
	Stiftung-Warentest-Reports Webscraping	Welches Produktattribut schätzt die TCO energiekonsumierender Produkte am besten ab?	Regressionen	26
Teil 1				
1	Prolific	Wie beeinflussen Darstellungsformen von Energieinformationen die Produktauswahl von Verbrauchern?	Conjoint	811
2	Prolific		Conjoint	400
3	Prolific		ANOVA	158
Teil 2				
4	Webscraping	Nutzen Hersteller das Verhalten von Konsumenten gegenüber Energielabels aus?	Deskriptiv	301 Kühlschränke
5	Webscraping		Modellfitting	301 Kühlschränke, 162 Kühler
6	Webscraping Google Trends		Zeitreihenanalysen	15 Kühlschränke, 5 Google Trends Begriffe

3.4.1 Vorstudie – Die Rolle des Kaufpreises auf TCO-optimale Entscheidungen

Forschungsarbeit 1 verdeutlicht die Rolle von Entscheidungseinheiten auf die Wahl TCO-optimaler Entscheidungen, während Forschungsarbeit 2 sich mit den Effekten von weiteren Produktattributen, hier konkret Einkaufspreis und Energieverbräuchen, auf die Produktauswahl und damit verbundene TCO auseinandersetzt. Dabei stehen die Energieverbräuche für ein Kernsignal der ökologischen Nachhaltigkeit. Wie sich eben diese auf ökonomische Betrachtungen auswirkt, ist bisher kaum untersucht. Ein zentrales Spannungsfeld innerhalb der bestehenden Forschung zu Energieeffizienzlabels besteht darin, dass sie einerseits die Zahlungsbereitschaft erhöhen, wenn ein Top-Label vorliegt, andererseits jedoch das Ziel verfolgen, langfristige Kosteneinsparungen zu ermöglichen.

Vor diesem Hintergrund stellt sich die empirisch bislang nicht untersuchte Frage, ob höhere Ausgaben für energieeffiziente Produkte tatsächlich mit langfristigen finanziellen Vorteilen verbunden sind oder ob Konsumenten lediglich durch die Labelstruktur zum Zahlen höherer Preise verleitet werden, ohne dass daraus ein realer ökonomischer Nutzen resultiert.

Die folgende Vorstudie setzt genau hier an und analysiert auf Basis realer Marktdaten (Stiftung Warentest und Webscraping), ob in der Realität der Einkaufspreis oder der Energieverbrauch ein besserer Schätzer für die entstehenden Gesamtkosten ist. Ziel ist es, zu prüfen, ob höhere Preise tatsächlich mit niedrigeren langfristigen Energiekosten einhergehen und in welchen Produktkategorien dies zutrifft oder nicht.

Die Ergebnisse bilden die Grundlage für die nachfolgende experimentelle Untersuchung, in der systematisch getestet wird, wie unterschiedliche Energieinformationsformate die Wahrnehmung und Bewertung solcher Kostenstrukturen beeinflussen.

Die Analyse basiert auf 26 Berichten der Stiftung Warentest sowie zwei Datensätzen von Produkten eines großen deutschen Elektronik-Onlinehändlers, die durch Webscraping gewonnen wurden. Die ausgewählten Berichte von Stiftung Warentest wurden ab 2013 veröffentlicht, fokussieren sich aber auf Berichte vergangener Jahre nach Änderung des Klassifizierungssystems der Label. Berichte müssen zwingend die Kaufpreise und geschätzte Energiekosten über einen Zeitraum von 10–15 Jahren ausweisen, damit sie für die Analysen genutzt werden können. Ziel ist es, die Beziehung zwischen Kaufpreis, Energiekosten, Bewertung und Total Cost of Ownership (TCO) zu untersuchen.

Stiftung Warentest ist eine unabhängige Verbraucherorganisation, die vom Bundesministerium für Wirtschaft und Klimaschutz unterstützt wird. Ihre standardisierten Energiekostenschätzungen über 10–15 Jahre ermöglichen eine vergleichbare Analyse über 26 geprüfte Berichte und über verschiedene Haushaltsgeräte hinweg. Die Daten zu Kaufpreisen, geschätzten Energiekosten und Produktbewertungen (nach dem deutschen Schulnotensystem von 1 = sehr gut bis 6 = ungenügend) wurden manuell aus den Berichten extrahiert. TCO wurde als Summe aus Kaufpreis und Stromkosten berechnet. Regressionen wurden durchgeführt, um unter anderem zu analysieren, inwieweit der Kaufpreis ein Prädiktor für TCO ist.

Erweiterung der Analyse durch Webscraping-Daten

Um Marktgegebenheiten wie Rabattpreise und regionale Preisunterschiede zu adressieren, wurde die Analyse durch Webscraping-Daten eines führenden deutschen Einzelhändlers (Stand: Juni 2024) ergänzt. Der Datensatz umfasst 193

Kühl-Gefrier-Kombinationen und 157 Wäschetrockner und enthält Informationen zu Produktnamen, Herstellern, unrabattierten Preisen, Energieklassen und jährlichem Energieverbrauch (kWh).

Im Vergleich zu den Stiftung Warentest-Daten bietet dieser erweiterte Datensatz eine breitere Marktübersicht, da er eine größere Preisspanne und mehr Marken abdeckt. Dies ermöglicht eine detailliertere Berechnung der Total Cost of Ownership (TCO) und eine umfassendere Analyse der Preisstrukturen.

3.4.2 Ergebnisse

Die Ergebnisse der Analyse von Stiftung Warentest sind in Tabelle 3.5 dargestellt und beinhalten einen Überblick über die Regressionsanalysen. Die erste Regression untersucht dabei, wie sich der Einkaufspreis auf die resultierenden TCO auswirkt, während die zweite Regression untersucht, wie der Einkaufspreis die Note beeinflusst und die dritte Regression die Energiekosten die Note beeinflusst.

Tabelle 3.5 Ergebnisse der Regressionsanalysen der Vorstudie

	Effekt Einkaufspreis auf TCO (β)		Effekt Einkaufspreis auf Note (β)		Effekt Energiekosten auf Note (β)	
Kühl-Gefrier-Kombination 1 (Stiftung Warentest 2024b)	0,555	**	−0,002	***	0,001	+
Dunstabzugshaube 1 (Stiftung Warentest 2016)	0,996	***	0,020		−0,001	*
Dunstabzugshaube 2 (Stiftung Warentest 2021a)	1,002	***	−0,012		−0,001	**
Durchlauferhitzer (Stiftung Warentest 2023c)	1,035	***	−0,001	***	−0,003	
Geschirrspüler 1 (Stiftung Warentest 2019)	0,827	***	−0,001		0,002	
Geschirrspüler 2 (Stiftung Warentest 2018b)	1,101	***	0,001		0,004	
Geschirrspüler 3 (Stiftung Warentest 2021b)	1,184	***	−0,000		0,002	**

(Fortsetzung)

Tabelle 3.5 (Fortsetzung)

	Effekt Einkaufspreis auf TCO (β)		Effekt Einkaufspreis auf Note (β)		Effekt Energiekosten auf Note (β)	
Geschirrspüler 4 (Stiftung Warentest 2022b)	0,929	***	−0,001	***	0,001	
Glühbirnen (Stiftung Warentest 2013)	0,823	***	−0,051	**	0,136	**
Heizungspumpe (Stiftung Warentest 2018a)	1,352	**	−0,001		0,000	
Klimaanlage 1 (Stiftung Warentest 2023a)	0,964	***	0,000		0,005	*
Klimaanlage 2 (Stiftung Warentest 2022b)	1,046	***	0,000		0,007	***
Kühl-Gefrier-Kombination 2 (Stiftung Warentest 2022e)	0,274	+	−0,002	***	0,003	***
Kühl-Gefrier-Kombination 3 (Stiftung Warentest 2021d)	1,743	***	0,001	+	0,001	***
LED Lampen (Stiftung Warentest 2018b)	1,013	***	0,033		2,100	***
Luftreiniger 1 (Stiftung Warentest 2024a)	1,163	***	0,001		0,010	***
Luftreiniger 2 (Stiftung Warentest 2022a)	0,978	**	0,002		−0,005	
Trockner 1 (Stiftung Warentest 2023a)	0,494	+	−0,000		0,001	
Trockner 2 (Stiftung Warentest 2022c)	0,853	***	−0,001	+	0,004	
Trockner 3 (Stiftung Warentest 2021b)	0,836	***	0,001	*	0,001	
Waschmaschine 1 (Stiftung Warentest 2019b)	1,252	***	−0,001		−0,001	
Waschmaschine 2 (Stiftung Warentest 2018c)	1,015	***	−0,002	*	−0,004	+
Waschmaschine 3 (Stiftung Warentest 2023a)	0,976	+	−0,003	+	−0,001	
Waschmaschine 4 (Stiftung Warentest 2021c)	0,952	***	−0,003	**	−0,000	

(Fortsetzung)

Tabelle 3.5 (Fortsetzung)

	Effekt Einkaufspreis auf TCO (β)		Effekt Einkaufspreis auf Note (β)		Effekt Energiekosten auf Note (β)	
Waschmaschine 5 (Stiftung Warentest 2022e)	0,898	***	−0,002		−0,002	
Waschtrockner (Stiftung Warentest 2023b)	0,144		−0,002		0,001	

In 25 von 26 Berichten ist der Kaufpreis ein signifikanter Prädiktor für TCO, wobei ein höherer Kaufpreis in höheren Total Cost of Ownership resultiert. Die Effekte variieren jedoch je nach Produktkategorie. Während die Signifikanz bei Waschtrocknern schwächer ist ($\beta = 0{,}4936$; $p = 0{,}0568$), zeigt sich bei Klimaanlagen ein besonders starker Effekt ($\beta = 1{,}0456$; $p < 0{,}001$). Diese Ergebnisse bestätigen, dass der Kaufpreis der beste Ansatz ist, um langfristig resultierende Kosten abzuschätzen. Jedoch deuten die kategoriespezifischen Unterschiede darauf hin, dass weitere Einflussfaktoren berücksichtigt werden müssen.

Die zweite Regressionsanalyse untersuchte den Zusammenhang zwischen Kaufpreis und den Bewertungen von Stiftung Warentest. In 9 von 26 Berichten erhielten teurere Produkte signifikant bessere Bewertungen, insbesondere bei Kühl-Gefrier-Kombinationen ($\beta = -0{,}00191$; $p < 0{,}001$) und Geschirrspülern ($\beta = -0{,}0007$; $p < 0{,}001$). Allerdings lässt sich kein einheitliches Muster über alle Kategorien hinweg feststellen, da in den meisten Berichten keine signifikante Beziehung zwischen Preis und Bewertung beobachtet wird.

Die dritte Regressionsanalyse untersuchte den Einfluss der Energiekosten auf die Bewertungen. Signifikante Effekte wurden nur in wenigen Kategorien festgestellt (Tabelle 3.5), was darauf hinweist, dass Energiekosten in den Bewertungen von Stiftung Warentest nur eine untergeordnete Rolle spielen.

Erweiterung der Analyse durch Webscraping-Daten

Zur Erweiterung der Marktabdeckung wurden durch Webscraping Daten zu Kühl-Gefrier-Kombinationen (n = 193) und Wärmepumpentrocknern (n = 157) eines großen Einzelhändlers extrahiert. Die TCO wurde auf Basis der von Stiftung Warentest angenommenen Produktlebensdauer sowie des deutschen Strompreises (0,265€/kWh) berechnet. Die Ergebnisse bestätigten eine signifikant positive Relation zwischen Kaufpreis und TCO ($p < 0{,}001$) in beiden Fällen. Dies deutet darauf hin, dass teurere Geräte zwar weniger Energie verbrauchen, ihr hoher Kaufpreis jedoch insgesamt zu höheren Gesamtkosten führt.

3.4.3 Diskussion

Die Ergebnisse der Vorstudie verdeutlichen, dass der Kaufpreis das stärkste Signal zur Abschätzung der entstehenden TCO aus dem Produktkauf darstellt. In 25 von 26 Reports findet sich ein signifikanter Zusammenhang zwischen dem Preis und den berechneten TCO, während der Energieverbrauch selbst nur einen geringen Einfluss auf die TCO hat.

Dies liefert einen wichtigen Hinweis für die Forschung zu nachhaltigem Kaufen. Obwohl Energieverbrauchskennzeichnungen suggerieren, dass energieeffiziente Produkte langfristig günstiger sind, scheint in der Realität vor allem der Anschaffungspreis die ökonomische Nachhaltigkeit zu bestimmen. Damit wird deutlich, dass Verbraucher durch die Orientierung am Preis oft bereits eine gute Einschätzung der wirtschaftlichen Konsequenzen treffen würden.

Vor diesem Hintergrund stellt sich die Frage, ob das saliente Hervorheben von Energieinformationen, etwa durch Energielabel, diesen Zusammenhang verzerren kann. Wenn der Fokus zu stark auf ökologischen Signalen liegt, besteht die Gefahr, dass der Preis als Indikator für langfristige Kosten an Bedeutung verliert, obwohl er empirisch ein zuverlässiger Prädikator ist.

Diese Erkenntnis liefert die Grundlage für die nachfolgende experimentelle Untersuchung, die analysiert, wie die Darstellung von Energieinformationen die erklärte Präferenz eines Produktkaufs und die verbundene Wirtschaftlichkeit beeinflusst und ob Konsumenten in der Folge ökonomisch weniger vorteilhafte Entscheidungen treffen.

3.5 Teil I – Die Nachfragerseite

Energieverbrauchskennzeichnungen sollen eigentlich helfen, nachhaltiger zu konsumieren. Doch wenn solche Informationen vor allem die ökologische Wahrnehmung stärken, könnte dies ökonomisch nachteilige Effekte haben, etwa dann, wenn Konsumenten systematisch teurere Produkte wählen, ohne dass sich daraus ein realer Vorteil bei den langfristigen Kosten (TCO) ergibt.

Diese zentrale Frage steht im Fokus der ersten Studie. In einem Conjoint-Experiment wird untersucht, wie unterschiedliche Darstellungen von Energieinformationen die Produktauswahl beeinflussen und ob sich daraus unterschiedliche TCO für die Verbraucher ergeben. Damit wird empirisch geprüft, ob bestimmte Energieinformationsformate zu ökonomisch weniger vorteilhaften Entscheidungen führen.

Das zweite Experiment untersucht dann detaillierter, welche psychologischen Mechanismen hinter diesem Effekt stehen. Anhand von Persönlichkeitsmerkmalen wie Rationalität, Neigung zu sozialer Erwünschtheit und Klimabedenken wird analysiert, wieso ein Top-Label-Bias überhaupt entstehen und begünstigt werden kann. So entsteht ein besseres Verständnis über die Verbrauchersicht.

Das dritte Experiment erweitert dieses Verständnis, indem es untersucht, wie stark die wahrgenommene Energieeffizienz je Darstellungsform schwanken kann. Damit wird deutlich, wie entscheidend die Gestaltung von Nachhaltigkeitssignalen für die ökonomischen Folgen von Konsumentscheidungen ist.

3.5.1 Experiment I – Methode

Eine choice-based Conjoint-Studie wurde durchgeführt, um die Auswirkungen der Darstellung von Energieinformationen und die Rolle von Preisen auf die Produktauswahl zu untersuchen. Das Conjoint-Design ist ein 4 (Darstellung der Energieinformation: Label, Energieverbrauch in kWh, jährliche Energiekosten, keine weitere Energieinformation) $\times$ 1 (Produkt: Kühl-Gefrier-Kombination) Between-Subject, full-factorial Conjoint-Design.

Innerhalb der vier Between-Subjects Konditionen bewertet jeder Teilnehmer demnach durch das forced-choice Design aus einem paarweisen Vergleich, welches Produkt er eher wählen würde, gibt also seine erklärte Präferenz ab. Teilnehmer müssen sich dabei zwingend für eines von beiden Produkten entscheiden und haben nicht die Option keines oder beide zu wählen. Das full-factorial Conjoint-Design besteht aus zwei Merkmalen mit jeweils 6 Merkmalsausprägungen. Das erste Merkmal ist die Energieeffizienzklasse, die Ausprägungen von A bis F Leveln und den jeweiligen Pendants als Energieinformation annehmen kann. Das Preisniveau ist das zweite Merkmal und hat ebenfalls sechs Merkmalsausprägungen mit Abstufungen im Preis von 1079 € bis 275,99 €. Daraus lassen sich 6×6 Merkmalskombinationen, also 36 verschiedene Profile je Between-Subjects-Kondition bilden. Da jedes Profil genau einmal mit einem anderen Profil verglichen wird, handelt es sich um ein full-factorial Design. Als Produkt wurde die Kühl-Gefrier-Kombination gewählt, da es bereits im ersten Projekt als Beispiel diente und Teilnehmer damit gut arbeiten konnten.

Insgesamt nahmen 811 Teilnehmende an der Studie teil, die zufällig einer der vier Darstellungsformen zugewiesen wurden. Die Teilnehmenden kamen aus Eurozonen-Ländern, um eine Vertrautheit mit Labels und Preisinformationen in Euro sicherzustellen. Dies führte zu 205 Teilnehmenden in der Energieverbrauchsbedingung, 200 Teilnehmenden in der Energiekostenbedingung, 201 Teilnehmenden in der Label-Bedingung und 205 Teilnehmenden in der Bedingung ohne weitere Energieinformation.

Die 36 Profile wurden in insgesamt 18 paarweisen Vergleichen für die Studie implementiert, von denen die Teilnehmenden sechs zufällig zugewiesene Vergleichssets bewerteten. In der Kondition, in der keine weiteren Energieinformationen vorlagen, konnten Teilnehmende nur drei Sets bewerten, da sich nicht mehr Kombinationen ergaben.

Die randomisierte Zuweisung von sechs aus den achtzehn möglichen Entscheidungssätzen vermeidet Reihenfolgeeffekte und die Limitation auf nur maximal sechs zu bewertende Sets reduzierte potenzielle Ermüdung bei den Teilnehmenden. Die Teilnehmenden wurden mit dem, zum Zeitpunkt der Studiendurchführung geltenden, deutschen Mindestlohn (12,41 €/Stunde) vergütet.

Stimuli Für die Produktauswahl wurden Kühl-Gefrier-Kombinationen ausgewählt, die ohne Rabatte auf der Website eines deutschen Einzelhändlers angeboten wurden. Dabei wurde darauf geachtet, dass sich die Produkte nicht wesentlich in ihrer Kapazität und weiteren Attributen unterscheiden, um eine Vergleichbarkeit sicherzustellen. Der dazugehörige Energieverbrauch in kWh wurde den auf der Website verfügbaren Produktinformationen entnommen und liegt zwischen 104 kWh (für das effizienteste Gerät) und 185 kWh (für das wenig effizienteste Gerät) pro Jahr.

Die entsprechenden jährlichen Energiekosten wurden auf Basis des aktuellen Strompreises von 0,26€ /kWh berechnet. Dies ergab jährliche Energiekosten von 27,04€ (Energieklasse A) bis 48,10€ (Energieklasse F). Analog zu den Energieklassen wurden auch die Kaufpreise der ausgewählten Produkte übernommen, wodurch der Kaufpreis von 1079 € (Kategorie A) bis 275,99 € (Kategorie F) reicht. Die Kaufpreise der auswählten Produkte fallen mit schlechter werdender Energieeffizienzklasse.

Die paarweisen Vergleiche wurden mithilfe der sample()-Funktion in R Studio erstellt. Die resultierenden Sets sind in Tabelle 3.6 dargestellt.

Tabelle 3.6 Auswahlsets der Conjoint-Studie Experiment I

Set	Profil 1	Profil 2	*Set*	Profil 1	Profil 2	*Set*	Profil 1	Profil 2
1	1079€/A	449,99€/D	*7*	849,99€/A	449,99€/E	*13*	349,99€/A	275,99€/B
2	1079€/B	849,99€/C	*8*	849,99€/B	349,99€/E	*14*	349,99€/B	349,99€/D
3	1079€/C	639,99€/B	*9*	849,99€/D	639,99€/F	*15*	349,99€/C	275,99€/A
4	1079€/D	639,99€/E	*10*	849,99€/E	639,99€/D	*16*	449,99€/C	275,99€/D
5	1079€/E	449,99€/B	*11*	849,99€/F	275,99€/C	*17*	349,99€/F	275,99€/E
6	1079€/F	639,99€/A	*12*	449,99€/A	449,99€/F	*18*	639,99€/C	275,99€/F

Effekt-Codierung Zur Analyse der Konsumentenentscheidungen wurde eine mehrstufige logistische Regression angewendet. Die Mehrstufigkeit ist dadurch bedingt, dass jeder Teilnehmende bis zu sechs Sets bewertet hat und daher für Lerneffekte kontrolliert werden musste. Dies geschieht über den Teilnehmer-Intercept. Durch Effektkodierung wurden potenzielle Verzerrungen aufgrund der links/rechts-Positionierung der Produkte in den Sets kontrolliert. Das formalisierte Modell zur Vorhersage der Wahrscheinlichkeit, dass das rechts platzierte Produkt gewählt wird, lautet:

$$(1)\ \text{WahlRechts} = \beta_0 + \beta_1 * \text{Preis}_e + \begin{pmatrix}\beta_2\\ \beta_3\\ \beta_4\\ \beta_5\\ \beta_6\end{pmatrix} \text{X} \begin{pmatrix}E_1\\ E_2\\ E_3\\ E_4\\ E_5\end{pmatrix} +$$

$$\begin{pmatrix}\beta_7\\ \beta_8\end{pmatrix} \text{X}\ \mathit{Preis}_e\ \text{X} \begin{pmatrix}\text{Label}\\ \text{Verbrauch}\end{pmatrix} + \begin{pmatrix}\beta_9\\ \beta_{10}\\ \beta_{11}\\ \beta_{12}\\ \beta_{13}\\ \beta_{14}\\ \beta_{15}\\ \beta_{16}\\ \beta_{17}\\ \beta_{18}\end{pmatrix} \text{X Preis}_e\ \text{X} \begin{pmatrix}E_1\\ E_2\\ E_3\\ E_4\\ E_5\\ E_1\\ E_2\\ E_3\\ E_4\\ E_5\end{pmatrix} \text{X} \begin{pmatrix}\text{Label}\\ \text{Label}\\ \text{Label}\\ \text{Label}\\ \text{Label}\\ \text{Verbrauch}\\ \text{Verbrauch}\\ \text{Verbrauch}\\ \text{Verbrauch}\\ \text{Verbrauch}\end{pmatrix} +$$

$$\beta_{IO}\ .$$

E1 – E5 repräsentieren in der Gleichung die Energiestufen von der effizientesten Energiestufe, also dem Pendant zu Label A (E1) zu ineffizienteren Energiestufen, also dem Pendant zu Label E (E5). E6 stellt das F-Label dar, was hier als Referenzklasse dient und im Modell aus diesem Grund nicht aufgeführt ist. Die Energieklassen sind dabei ebenso effektcodiert. $Preis_e$ gibt den Einkaufspreis eines Produktes wieder und ist ebenfalls effektcodiert. Label steht für die Labelkondition und Verbrauch für die Kondition, in der der Energieverbrauch jährlich in kWh angegeben ist.

3.5.2 Experiment I – Ergebnisse

Basierend auf der angegebenen Formel wurde die Multilevel logistische Regression durchgeführt. Die abhängige Variable war dabei die erklärte Präferenz, also welches von beiden Produkten die Teilnehmer eher gewählt haben. Die Analyse bestätigt, dass mehrere Faktoren die Wahlentscheidung signifikant beeinflussen (Tabelle 3.7). Wie erwartet, wirkt sich der Kaufpreis negativ auf die Auswahlwahrscheinlichkeit aus ($\beta = -0{,}013$; $p < 0{,}001$), was darauf hinweist, dass höhere Preise die Wahrscheinlichkeit verringern, dass ein Produkt gewählt wird.

Tabelle 3.7 Multilevel logistische Regressionstabelle in Experiment I

Abhängige Variable: Produktauswahl			
Achsenabschnitt	2,4290	***	(0,1710)
Preis	−0,0130	***	(0,0010)
Energie A	2,1470	***	(0,2155)
Energie B	1,1610	***	(0,2300)
Energie C	−1,0790	***	(0,2359)
Energie D	−0,0472		(0,1801)
Energie E	−1,2130	***	(0,2232)
Preis x Label	−0,0006		(0,0012)
Preis x Verbrauch	−0,0003		(0,0012)
Energie A x Label	1,5880	***	(0,2813)
Energie A x Verbrauch	−0,3327		(0,2496)
Energie B x Label	−0,5838	+	(0,3028)

(Fortsetzung)

Tabelle 3.7 (Fortsetzung)

Abhängige Variable: Produktauswahl			
Energie B x Verbrauch	−0,4950		(0,3075)
Energie C x Label	−0,3889		(0,3250)
Energie C x Verbrauch	−0,3294		(0,3103)
Energie D x Label	−0,0475		(0,2291)
Energie D x Verbrauch	−0,1177		(0,2400)
Energie E x Label	−0,5780	+	(0,3086)
Energie E x Verbrauch	−0,1736		(0,3045)
Preis x Energie A	−0,0056	***	(0,0011)
Preis x Energie B	0,0049	***	(0,0012)
Preis x Energie C	0,0000		(0,0014)
Preis x Energie D	0,0033	*	(0,0014)
Preis x Energie E	0,0072	***	(0,0014)
Preis x Energie A x Label	−0,0025	+	(0,0014)
Preis x Energie A x Verbrauch	0,0025	+	(0,0013)
Preis x Energie B x Label	−0,0044	**	(0,0015)
Preis x Energie B x Verbrauch	−0,0019		(0,0015)
Preis x Energie C x Label	0,0047	*	(0,0020)
Preis x Energie C x Verbrauch	−0,0003		(0,0018)
Preis x Energie D x Label	−0,0012		(0,0018)
Preis x Energie D x Verbrauch	0,0019		(0,0019)
Preis x Energie E x Label	0,0019		(0,0018)
Preis x Energie E x Verbrauch	−0,0004		(0,0018)

Anmerkung: Teilnehmer n = 811. In der Analyse eingeschlossen n = 606, da Teilnehmer in der Kondition ohne weitere Energieangaben für die Analyse exkludiert wurden. Signifikanzniveaus: *** $p < 0{,}001$; ** $p < 0{,}01$; * $p < 0{,}05$; + $p < 0{,}1$

Die Energieeffizienzklasse spielt ebenfalls eine entscheidende Rolle. Verglichen mit der Referenzklasse F werden Produkte der Klasse A signifikant häufiger gewählt ($\beta = 2{,}147$; $p < 0{,}001$), gefolgt von Produkten der Klasse B ($\beta = 1{,}161$; $p < 0{,}001$). Umgekehrt werden Produkte der Klasse C ($\beta = -1{,}079$; $p < 0{,}001$) und Klasse E ($\beta = -1{,}213$; $p < 0{,}001$) signifikant seltener gewählt. Klasse D zeigt keinen signifikanten Unterschied zur Klasse F ($\beta = -0{,}0472$; $p = 0.7933$), was darauf hindeutet, dass Teilnehmer diese beiden Kategorien als gleichermaßen unattraktiv wahrnehmen.

Der Einfluss des Preises auf die Wahl variierte nicht signifikant über die verschiedenen Präsentationsformate der Energieinformationen (Label-Bedingung $\beta = -0{,}0006$; Verbrauchs-Bedingung $\beta = -0{,}0003$). Das bedeutet, dass der in H_1 hypothetisierte Interaktionseffekt zwischen der Darstellungsform und dem Kaufpreis zumindest an dieser Stelle nicht evident ist.

Allerdings findet sich initiale Evidenz für den Top-Label-Bias. In der Interaktion zwischen Energieeffizienzklasse A und der Label-Bedingung gibt es eine signifikant erhöhte Auswahlwahrscheinlichkeit ($\beta = 1{,}588$; $p < 0{,}001$), ein Effekt, der in der Verbrauchsbedingung nicht zu finden ist ($\beta = -0{,}3327$; $p > 0{,}1$). Auch wenn H_1 in Teilen abgelehnt werden muss, findet sich dennoch Evidenz dafür, dass der Einfluss des Energieverbrauchs auf die erklärte Präferenz in der Label-Darstellung stärker ausfällt als in den anderen Darstellungsinformationen, zumindest in den Randgruppen (Energielevel A: Label $\beta = 1{,}5880$; $p < 0{,}001$; Verbrauch: $\beta = -0{,}3327$; $p > 0{,}1$). E-Klasse-Labels reduzierten die Auswahlwahrscheinlichkeit marginal ($\beta = -0{,}578$; $p < 0{,}1$), was darauf hindeutet, dass Labels die Wahrnehmung weniger effizienter Produkte negativ beeinflussen können, während auch hier der Effekt in anderen Darstellungsformen (Verbrauch: $\beta = -0{,}1736$; $p > 0{,}1$) nicht signifikant auftritt. Zumindest für die Randkategorien gibt es demnach Evidenz, dass in der Darstellungsform der Label die Energieinformationen die Produktauswahl stark beeinflussen.

Signifikante Muster finden sich auch in der Interaktion zwischen Kaufpreis und Energieklasse. Der Preis hat einen stärkeren negativen Effekt auf Produkte der Klasse A ($\beta = -0{,}0056$; $p < 0{,}001$) als auf andere Energieklassen. Interessanterweise wurde ein positiver Preiseffekt für die Klassen B ($\beta = 0{,}0049$; $p < 0{,}001$), D ($\beta = 0{,}0033$; $p = 0{,}0166$) und E ($\beta = 0{,}0072$; $p < 0{,}001$) beobachtet.

Die Dreifach-Interaktionsanalyse zwischen Preis, Energieklasse und Präsentationsformat liefert weitere Erkenntnisse darüber, wie die drei unterschiedlichen Darstellungsformen die Kaufentscheidungen von Verbrauchern beeinflussen. Eine graphische Übersicht der Interaktionseffekte ist in Abbildung 3.2 zu finden.

Die Ergebnisse verdeutlichen, dass Labels die Preissensitivität moderieren, insbesondere bei Produkten mit hoher Energieeffizienz. Für Produkte der Klasse B führten Preiserhöhungen in der Label-Bedingung zu einer signifikanten Reduktion der Auswahlwahrscheinlichkeit ($\beta = -0{,}0044$; $p = 0{,}004$), was darauf hindeutet, dass B-Labels zwar die Präferenz steigern, höhere Preise diesen Effekt jedoch konterkarieren.

Im Gegensatz dazu zeigt sich bei Produkten der Klasse C ein signifikanter positiver Preiseffekt in der Label-Bedingung ($\beta = 0{,}0047$; $p = 0{,}0181$), was darauf hindeutet, dass Verbraucher höhere Preise bei mittleren Effizienzklassen als Qualitätssignal interpretieren.

Eine Visualisierung der Dreifach-Interaktionen (Abbildung 3.2) unterstützt diese Erkenntnisse zusätzlich und bietet vertiefende Antworten auf die Frage, wie unterschiedliche Energieinformationsformen sich auf die Preiswahrnehmung und die resultierende Produktauswahl auswirken. Abbildung 3.2 verdeutlicht dies entlang der unterschiedlichen Energieeffizienzstufen (A-Label und Pendants bis E-Label und Pendants) und stellt dabei die Reaktion auf den Preis innerhalb der drei Darstellungsformen gegenüber, indem auf der y-Achse die Auswahlwahrscheinlichkeit für das Produkt abhängig vom Mittelwertzentrierten Preis (x-Achse) dargestellt ist.

Ein zentrales Muster lässt sich bei Effizienzklasse A erkennen. Die Auswahlwahrscheinlichkeit bei steigenden Preisen fällt hier deutlich weniger stark ab. Dies ist sowohl in der statistisch signifikanten Dreifachinteraktion (Preis x Energie A x Label: $\beta = -0{,}0025$; $p < 0{,}1$) ersichtlich und verdeutlicht sich auch durch die flacher abfallende Kurve in Abbildung 3.2 im Vergleich zu den anderen beiden Darstellungsformen. Dies lässt darauf schließen, dass Verbraucher in der Label-Bedingung gegenüber höheren Preisen für hohe Energieeffizienzen weniger sensitiv sind.

Umgekehrt haben Produkte der mittleren Energieeffizienzklassen B und C andere Muster. Für Klasse B sinkt die Auswahlwahrscheinlichkeit mit steigenden Preisen in der Label-Bedingung stärker als in den anderen beiden Darstellungsformen (Label: $\beta = -\ 0{,}0044$; $p = 0{,}004$). Dies legt nahe, dass Produkte mit einem B-Label zwar grundsätzlich positiver bewertet werden, bei steigenden Preisen jedoch kritisch hinterfragt werden, was sich auch in der stärkeren Kurvensteilheit im Label-Plot zeigt. In Klasse C lässt sich in den Abbildungen ein entgegengesetztes Bild feststellen. Hier steigt die Auswahlwahrscheinlichkeit mit dem Preis in der Label-Bedingung leicht an.

Für die Effizienzklassen D und E sind die Interaktionseffekte schwächer ausgeprägt und statistisch nicht signifikant. Dennoch verdeutlichen die Kurvenverläufe tendenziell, dass die Auswahlwahrscheinlichkeit auch in diesen Klassen stärker mit dem Preis abnimmt, wenn die Energieinformationen als Kosten oder Verbrauch dargestellt werden. Dies ist insbesondere bei dem E-Label durch den steileren Kurvenverlauf zu erkennen.

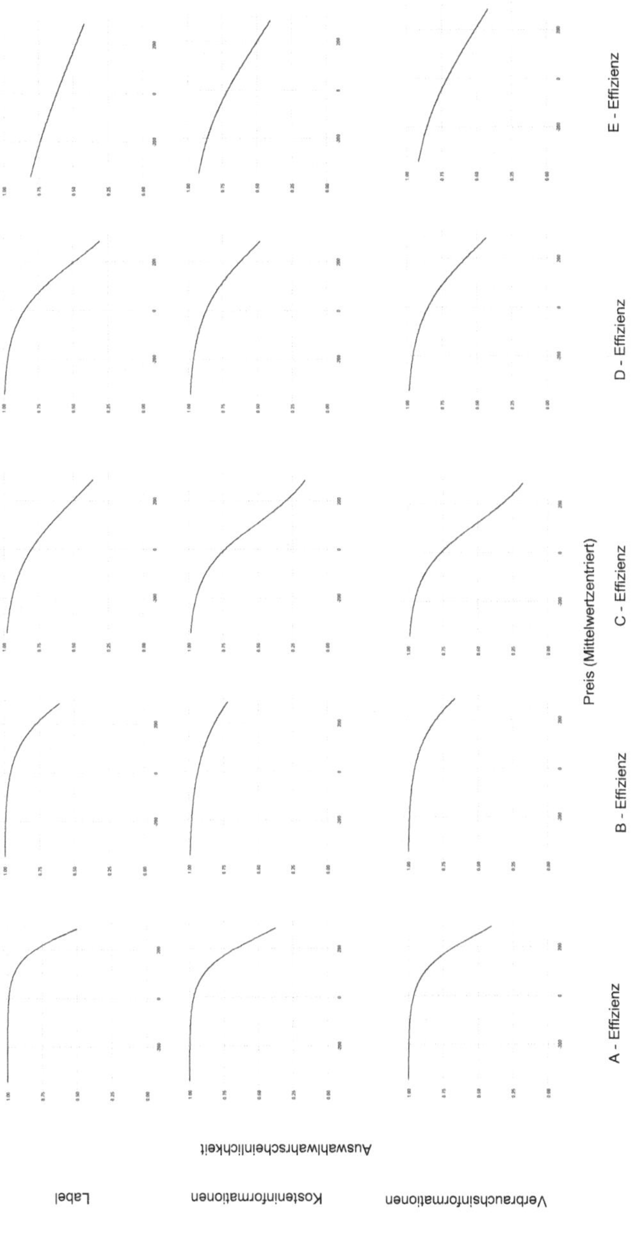

Abbildung 3.2 Darstellung der Dreifach-Interaktionen der Conjoint-Studie in Experiment I

Um zusätzlich zu untersuchen, ob Labels mit höheren TCO assoziiert sind, wurde eine einfaktorielle Varianzanalyse (ANOVA) durchgeführt. Diese Analyse schließt an die Vorstudie an, die Evidenz dafür findet, dass der Einkaufspreis der wesentliche Treiber für TCO ist. Zur Berechnung der TCO wurde für jedes Profil, das in der Conjoint-Studie verglichen wurde, basierend auf dem Kaufpreis und dem angegebenen Energieverbrauch multipliziert mit einem Strompreis von 0,265€/kWh der finale TCO berechnet. Anschließend wurde ein Mittelwert der erklärten Präferenz je Kondition und bewertetem Set gebildet. Die Werte konnten dabei zwischen 1 (linkes Set wurde immer gewählt) und 2 (rechtes Set wurde immer gewählt) liegen. Die ANOVA gibt Hinweise darauf, in welchen Sets ein signifikanter Unterschied zwischen den präferierten Produkten liegt. Daraufhin wurde betrachtet, wie hoch die ausgerechneten TCO für die jeweiligen Profile sind, um so darauf schließen zu können, in welcher Darstellungsform höhere TCO gezahlt werden.

Die Ergebnisse liefern Evidenz für signifikante Unterschiede in der TCO-Wahl zwischen den Präsentationsformaten, wobei die Label-Bedingung systematisch zu höheren Gesamtkosten führte.

In sieben von achtzehn Entscheidungssets wählten Teilnehmer in der Label-Bedingung Produkte mit signifikant höheren TCO als in den Kosten- oder Verbrauchsbedingungen. Beispielsweise waren in Set 1 die resultierenden TCO in der Label-Bedingung um 380 € höher als in der Kostenbedingung ($p < 0{,}001$) und der Verbrauchsbedingung ($p < 0{,}001$).

Ebenso weist Set 4 eine TCO-Differenz von 411 € auf, wobei post-hoc Tukey-Tests die Signifikanz bestätigten ($p = 0{,}095$ vs. Verbrauchsbedingung; $p = 0{,}0522$ vs. Kostenbedingung).

Diese Ergebnisse verdeutlichen, dass labelbedingte Verzerrungen langfristig zu höheren Kosten führen, da Verbraucher in der Label-Bedingung Produkte mit höheren TCOs wählten, obwohl kosteneffizientere Alternativen vorhanden waren. Diese Verzerrungen sind bei anderen Darstellungsformen nicht zu finden. In den weiteren Sets, in denen keine Unterschiede festzustellen sind, war die Auswahl des offensichtlich TCO-optimalen Produkts häufig deutlich sichtbar, egal in welcher Kondition sich Teilnehmer fanden.

Die starke Präferenz für A- und B-Labels, selbst wenn sie nicht die kosteneffizienteste Wahl darstellen, bestätigt, dass die Labels Wahrnehmungen von Verbrauchern verzerren, oft auf Kosten ökonomisch optimaler Entscheidungen.

3.5.3 Experiment II – Methode

Die Ergebnisse des ersten Experiments verdeutlichen, dass Verbraucher Produkte mit einem A-Label signifikant bevorzugen, selbst dann, wenn identische Energieinformationen als Verbrauch oder Kosten dargestellt werden. Dieser „Label-Bias" legt nahe, dass das Energielabel nicht sachlich informiert, sondern auch emotional oder assoziativ wirkt, insbesondere bei den Randklassen.

Um besser zu verstehen, warum Verbraucher auf die Top-Label so stark reagieren und solche Präferenzen zeigen, untersucht das zweite Experiment die verbraucherseitigen psychologischen Mechanismen hinter diesem Effekt. Im Fokus stehen dabei individuelle Charakteristika, die potenziell den Label-Bias verstärken oder abschwächen. Dabei werden die Klimabedenken als Ausdruck ökologisch motivierter Einstellungen betrachtet, die den Label-Bias verstärken könnten. Zudem wird die Neigung zu sozialer Erwünschtheit also die Tendenz normkonform zu handeln und die Rationalität der Verbraucher untersucht.

Damit steht die Frage im Zentrum, ob ökologische Motive, wie Klimabedenken, ökonomisch nachteilige Entscheidungen hindern, indem sie den Label-Bias verstärken.

Zur Analyse wurde eine zweite Conjoint-Studie durchgeführt, in der ausschließlich die Label-Bedingung betrachtet wird. Mittels bayesianischer hierarchischer Modellierung wurde geprüft, ob und wie die genannten Persönlichkeitsmerkmale die Produktauswahl beeinflussen. Dies dient der Beantwortung von H_2 und H_3.

Faktorielles Design

Um individuelle Charakteristika zu analysieren, die die Präferenz für A-Labels beeinflussen, konzentriert sich diese Studie ausschließlich auf die Label-Bedingung in einem 1×1 full-factorial Conjoint-Design unter Verwendung derselben Kühl-Gefrier-Kombinationsprofile wie im vorherigen Experiment.

Die Studie wurde über Prolific mit 400 Teilnehmenden aus der Eurozone durchgeführt. Jeder Teilnehmende bearbeitete 10 von 18 zufällig ausgewählten Sets. Die Anzahl der zu bewertenden Sets wurde hier im Vergleich zu Experiment I erhöht, um genauer Schätzungen zu individuellen Präferenzen treffen zu können. Im vorausgegangenen Experiment hat die vollständig randomisierte Zuteilung der Profile in die Sets dazu geführt, dass manche Preise und Energieklassen jeweils nur mit teureren / schlechteren Klassen verglichen wurden.

Um dem entgegenzutreten wurden die Sets zwar wieder randomisiert gebildet, jedoch nachträglich manuell angepasst, um so sicherzustellen, dass jede Energieklasse mit mindestens vier weiteren Energieklassen und jeder Preis mit mindestens vier weiteren Preisen verglichen wird. Dafür wurden so viele randomisiert gebildete Sets wie möglich beibehalten, sodass diese Bedingung erfüllt ist. Anschließend wurden Sets mit bereits abgedeckten Vergleichen aufgelöst und neu verteilt. Dies ermöglicht eine bessere Vergleichbarkeit, präzisere und damit auch realistischere Schätzung der Preis-Absatz-Funktion, sodass die Daten besser die Realität widerspiegeln.

Eine Vorstudie mit fünf wissenschaftlichen Mitarbeitenden aus den Wirtschaftswissenschaften stellte sicher, dass keine Ausreißer vorhanden waren, bevor die Hauptstudie gestartet wurde. Die resultierenden Sets sind in Tabelle 3.8 dargestellt.

Tabelle 3.8 Modifizierte Auswahlsets der Conjoint-Studie in Experiment II

#	Profil 1	Profil 2	#	Profil 1	Profil 2	#	Profil 1	Profil 2
1	639,99€/C	849,99€/A	*7*	349,99€/F	849,99€/D	*13*	449,99€/A	275,99€/F
2	349,99€/C	639,99€/E	*8*	849,99€/E	639,99€/F	*14*	639,99€/B	275,99€/D
3	449,99€/C	349,99€/B	*9*	849,99€/F	275,99€/C	*15*	275,99€/E	275,99€/A
4	1079€/D	1079€/C	*10*	1079€/A	449,99€/D	*16*	849,99€/C	1079€/B
5	349,99€/E	449,99€/B	*11*	1079€/F	349,99€/D	*17*	349,99€/A	275,99€/B
6	639,99€/A	449,99€/E	*12*	639,99€/D	1079€/E	*18*	849,99€/B	449,99€/F

Stimuli

Die Stimuli für die Energieeffizienzklasse und die Preiskategorien basieren auf realen Produktangeboten eines deutschen Elektronik-Onlinehändlers und sind identisch mit denen aus Experiment I. Nachdem die Teilnehmenden die zehn zugeteilten Sets bewertet haben, folgt ein zweiter Fragebogenteil zu persönlichen Charakteristika in Bezug auf Klimabedenken, Rationalität und Neigung zu sozialer Erwünschtheit. Die Fragen zur Skala für Klimabedenken (hier codiert als „Klimabedenken") wurden aus der „New Ecological Paradigm" Skala von Dunlap et al. (2000) übernommen und durch Items aus der Ecological Concern Scale von Bohlen (1993) ergänzt (Bohlen et al. 1993; Dunlap et al. 2000).

Zur Messung der individuellen Neigung zu sozialer Erwünschtheit (in der Tabelle „Soziale Erwünschtheit") wurden die Items der Marlowe-Crowne Social Desirability Scale verwendet (Crowne/Marlowe 1960).

Das letzte erfasste Konstrukt ist die Rationalität („Rationalität" in der Tabelle) der Teilnehmenden, die mithilfe einer Skala von Shiv/Fedorikhin gemessen wurde (Shiv/Fedorikhin 1999).

Zur Überprüfung der internen Konsistenz der verwendeten Skalen wurde zunächst Cronbach's Alpha berechnet. Die Skala zur Erfassung von Klimabedenken hat eine gute Reliabilität ($\alpha = 0{,}84$), ebenso wie die Skala zur Messung der Rationalität ($\alpha = 0{,}81$). Die Skala zur Neigung zur sozialen Erwünschtheit weist mit $\alpha = 0{,}52$ eine eingeschränkte interne Konsistenz auf, wurde jedoch aufgrund theoretischer Fundierung explorativ weiterverwendet. Ein Überblick über die Items ist in Anhang A3.1 im elektronischen Zusatzmaterial zu finden.

Ergänzend wurde für alle drei Konstrukte eine konfirmatorische Faktorenanalyse (CFA) durchgeführt, deren Ergebnisse in Anhang A3.2 im elektronischen Zusatzmaterial zu finden sind, um die eindimensionale Struktur der Skalen empirisch zu überprüfen. Die Modellgüte ist dabei insgesamt gut (CFI = 0,923; TLI = 0,911; RMSEA = 0,055; SRMR = 0,060) und liegt innerhalb der gängigen Akzeptanzbereiche (Hu/Bentler 1999).

Die Ergebnisse unterstützen die Annahme einer eindimensionalen Faktorlösung für alle drei Konstrukte. Die Skala für Rationalität hat durchgehend hohe standardisierte Faktorladungen (zwischen 0,43 und 0,85), was auf eine konsistente Erfassung des latenten Konstrukts hinweist. Auch die Skala zu Klimabedenken weist hohe Faktorladungen (bis 0,84) mit Ausnahme eines Items auf, das schwächer geladen war, jedoch aus theoretischen Gründen behalten wurde. Die Skala zur Neigung zur sozialen Erwünschtheit hat mittlere Faktorladungen (zwischen 0,37 und 0,46), die in Kombination mit dem niedrigen Cronbach's Alpha auf eine eingeschränkte Reliabilität hinweisen. Das Konstrukt wird daher im weiteren Verlauf der Analysen explorativ verwendet.

Hierarchische Bayesianische Modellierung

Die Daten wurden mithilfe hierarchischer bayesianischer Modelle analysiert. Da die Teilnehmenden mehrere Sets bewerteten, wurde zur Analyse ein hierarchisches Modell gewählt, um Lerneffekte zu berücksichtigen.

Zur Modellierung wurde die brm()-Funktion aus dem brms-Package in R verwendet. Die abhängige Variable ist die binäre Entscheidungsvariable (0 = linkes Produkt (A) gewählt, 1 = rechtes Produkt (B) gewählt), die angibt, ob Produkt A oder Produkt B gewählt wurde.

Alle Variablen außer dem Geschlecht wurden für die Analysen auf ihren Mittelwert zentriert, um akkuratere Schätzungen vornehmen zu können. Zur Modellschätzung mittels Bayesianischer Analyse wurden die üblicherweise gewählten vier Ketten mit jeweils 2000 Iterationen verwendet. Dies stellte sicher, dass das Modell ausreichend konvergierte und stabile posteriori Verteilungen lieferte.

3.5.4 Experiment II - Ergebnisse

Die Ergebnisse der hierarchischen bayesianischen Analyse liefern detaillierte Einblicke in die Mechanismen, die dazu führen, dass Teilnehmende Produkte mit einem besseren Energieeffizienzlabel bevorzugen und solche mit einem schlechten Label eher meiden. Die vollständigen Ergebnisse sind in Tabelle 3.9 dargestellt.

In diesem Modell fällt auf, dass der Einkaufspreis einen leicht negativen Effekt auf die Wahl eines Produkts hat (b = −0,01; 95 % KI [−0,01, −0,01]). Dies bestätigt die Ergebnisse der vorherigen Studie und steht im Einklang mit einem vermeintlich ökonomisch orientierten Entscheidungsverhalten der Verbraucher, dass zu teure Produkte ungern gewählt werden. Auch die Energieklassen der Produkte haben einen zentralen Einfluss auf die erklärte Präferenz.

Wenn ein Produkt ein A-Label (b = 3,07; 95 % KI [2,76, 3,40]) oder ein B-Label trägt (b = 1,50; 95 % KI [1,31, 1,69]), wird es häufiger gewählt als ein Produkt der Referenzklasse F. Während auch Produkte der Kategorie C (b = 0,90; 95 % KI [0,64, 1,19]) eine höhere Wahrscheinlichkeit haben, ausgewählt zu werden, kehrt sich dieser Effekt interessanterweise um, wenn das Produkt mit einem D-Label (b = 1,43; 95 % KI [1,70, −1,18]) oder einem E-Label (b = 1,32; 95 % KI [- 1,55, −1,09]) gekennzeichnet ist. Dies bestätigt den Effekt, dass besonders die Produkte, die als energieeffizient gekennzeichnet sind, bevorzugt gekauft werden.

Betrachtet man die individuellen Persönlichkeitsattribute, so ergibt sich, dass Klimabedenken zunächst keinen signifikanten einfachen Effekt (b = 0,12; 95 % KI [−0,02, 0,27]) haben. Jedoch haben Klimabedenken eine entscheidende Rolle, wenn Interaktionen zwischen eben diesen individuellen Klimabedenken und Energieklassen beobachtet werden. Die Ergebnisse bieten Evidenz für einen starken Effekt in der Interaktion mit dem A-Label (b = 0,55; 95 % KI [0,36, 0,75]) sowie mit dem B-Label (b = 0,23; 95 % KI [0,09, 0,36]).

Personen mit höheren Klimabedenken haben also eine hohe Tendenz, Produkte mit A oder B-Label zu wählen, was Evidenz für die Hypothese H_2 bietet. Zeitgleich meiden sie verstärkt Produkte mit einem D- und E-Label (D-Label: b = −0,18; 95 % KI [−0,36, 0,02] und E-Label: b = −0,12; 95 % KI [−0,29, 0,05]), wenn auch dieser Effekt nicht eindeutig ist. Der Preis hat keinen starken Effekt in Interaktion mit Klimabedenken (b = −0,00; 95 % KI [0,00, 0,00]). Der Effekt ist so marginal und befindet sich sehr nah an 0, dass sich eher daraus ableiten lässt, dass der Preis bei Menschen mit hohen Klimabedenken kein entscheidendes Attribut ist.

Rationalität hat einen sehr leicht positiven einfachen Effekt ($b = 0{,}06$; 95 % KI [−0,10, 0,22]). Daraus lässt sich vorsichtig schließen, dass Rationalität im einfachen Effekt keinen Einfluss auf die Produktwahl hat. Interessant ist die Betrachtung des Interaktionseffektes zwischen Rationalität und Energieklasse A. Hier wird ein leicht negativer Wert ($b = -0{,}02$; 95 % KI [−0,24, 0,21]) geschätzt, der darauf hindeutet, dass rationale Verbraucher ein A-Label unwahrscheinlicher wählen. Dieser Effekt ist jedoch nicht stark, sodass hieraus keine abschließenden Aussagen möglich sind. Hingegen scheinen rationale Verbraucher Produkte der Energieklasse C ($b = 0{,}11$; 95 % KI [−0,07, 0,30]), und E ($b = 0{,}11$; 95 % KI [−0,07, 0,28]), zu bevorzugen. Die Ergebnisse verdeutlichen, dass H_3 abgelehnt werden muss, da die Rationalität der Verbraucher den Preiseffekt nicht verstärkt ($b = 0{,}00$; 95 % KI [0,00, 0,00]).

Auch die Neigung zu sozialer Erwünschtheit der Teilnehmenden hat als einfacher Effekt keinen starken Einfluss auf die Wahl eines Produkts ($b = -0{,}04$; 95 % KI [−0,21, 0,14]). Dennoch lassen sich Tendenzen ableiten, die wenig überraschend sind. Menschen mit einem höheren Bedürfnis nach sozialer Erwünschtheit zeigen eine Präferenz für A ($b = 0{,}18$; 95 % KI [−0,06, 0,42]) und B ($b = -0{,}04$; 95 % KI [−0,12, 0,14])-Energielabel, während sich dieser Effekt am C-Label umkehrt ($b = -0{,}07$; 95 % KI [−0,27, 0,14]).

Die Interaktion zwischen dem Geschlecht der Teilnehmenden und den Energieklassen zeigt einen deutlichen Effekt für Produkte der Energieklasse D ($b = 0{,}63$; 95 % KI [0,25, 1,00]). Männliche Befragte bewerteten Produkte dieser Energieklasse positiver als weibliche Befragte. So lässt sich also zusammenfassen, dass lediglich die Klimabedenken von Verbrauchern einen sehr deutlichen Effekt auf die Interaktion der Energielabel auf die Produktauswahl haben, soziale Erwünschtheit aber durchaus zu einer Bevorzugung eines A-/B-/C-Labels führt. Rationale Verbraucher meiden hingegen tendenziell A-Label-Produkte und bevorzugen Produkte mit C und E-Labels.

Tabelle 3.9 Ergebnisse der hierarchischen bayesianischen Schätzung der Conjoint-Studie in Experiment II

Parameters	Schätzwert	Standardfehler	95 % KI [Untere, Obere Grenze]	R-hat
Achsenabschnitt	1,47	0,12	[1,25, 1,70]	1,00
Geschlecht	−0,58	0,17	[−0,90, −0,24]	1,00
Preis	−0,01	0,00	[−0,01, −0,01]	1,00
Energie A	3,07	0,16	[2,76, 3,40]	1,00
Energie B	1,50	0,10	[1,31, 1,69]	1,00
Energie C	0,90	0,14	[0,64, 1,19]	1,00
Energie D	−1,43	0,13	[−1,70, −1,18]	1,00
Energie E	−1,32	0,12	[−1,55, −1,09]	1,00
Klimabedenken	0,12	0,07	[−0,02, 0,27]	1,00
Rationalität	0,06	0,08	[−0,10, 0,22]	1,00
Soziale Erwünschtheit	−0,04	0,09	[−0,21, 0,14]	1,00
Geschlecht x Preis	0,00	0,00	[0,00, 0,00]	1,00
Geschlecht x Energie A	−0,46	0,25	[−0,94, 0,01]	1,00
Geschlecht x Energie B	−0,14	0,16	[−0,45, 0,16]	1,00
Geschlecht x Energie C	−0,16	0,20	[−0,56, 0,24]	1,00
Geschlecht x Energie D	0,63	0,20	[0,25, 1,00]	1,00
Geschlecht x Energie E	−0,19	0,19	[−0,58, 0,20]	1,00
Klimabedenken x Preis	−0,00	0,00	[0,00, 0,00]	1,00
Klimabedenken x Energie A	0,55	0,10	[0,36, 0,75]	1,00
Klimabedenken x Energie B	0,23	0,07	[0,09, 0,36]	1,00
Klimabedenken x Energie C	0,01	0,09	[−0,17, 0,19]	1,00
Klimabedenken x Energie D	−0,18	0,10	[−0,36, 0,02]	1,00
Klimabedenken x Energie E	−0,12	0,09	[−0,29, 0,05]	1,00
Preis x Rationalität	0,00	0,00	[0,00, 0,00]	1,00
Rationalität x Energie A	−0,02	0,11	[−0,24, 0,21]	1,00

(Fortsetzung)

Tabelle 3.9 (Fortsetzung)

Parameters	Schätzwert	Standardfehler	95 % KI [Untere, Obere Grenze]	R-hat
Rationalität x Energie B	0,00	0,07	[−0,14, 0,14]	1,00
Rationalität x Energie C	0,11	0,10	[−0,07, 0,30]	1,00
Rationalität x Energie D	−0,00	0,10	[−0,19, 0,19]	1,00
Rationalität x Energie E	0,11	0,09	[−0,07, 0,28]	1,00
Preis x Soziale Erwünschtheit	0,00	0,00	[0,00, 0,00]	1,00
Soziale Erwünschtheit x Energie A	0,18	0,12	[−0,06, 0,42]	1,00
Soziale Erwünschtheit x Energie B	0,04	0,08	[−0,12, 0,20]	1,00
Soziale Erwünschtheit x Energie C	−0,07	0,10	[−0,27, 0,14]	1,00
Soziale Erwünschtheit x Energie D	−0,08	0,11	[−0,29, 0,12]	1,00
Soziale Erwünschtheit x Energie E	−0,01	0,11	[−0,22, 0,20]	1,00

Anmerkungen: Teilnehmer: n = 400

Bayesianische hierarchische Modellierung bieten zusätzliche Einblicke in Unsicherheiten der Parameterschätzungen. Die Graphen der posterioren Verteilungen aus Experiment II liefern nicht nur punktuelle Schätzungen für jeden Regressionskoeffizienten, sondern machen auch die Unsicherheit und Verteilung der möglichen Werte sichtbar, die das Modell auf Basis der Daten für rechnerisch plausibel hält. Die Ergebnisse sind in Abbildung 3.3 zusammengefasst.

Energy1e bezieht sich dabei auf das A-Label bis Energy5e sich auf das E-Label bezieht.

Die Mehrzahl der Posteriorverteilungen ist symmetrisch, glockenförmig und schmal, was auf eine gute Stabilität und Präzision der Schätzung hinweist. Besonders auffällig ist dies beim einfachen Effekt des Preises und der Energieeffizienzklassen, sowie bei der zentralen Interaktionsvariable Klimabedenken (b_green_mc) oder Rationalität (b_rational_mc). Diese Form lässt darauf schließen, dass die Daten ausreichend informativ waren, um robuste Schlüsse zu ermöglichen ohne große Unsicherheit oder Mehrdeutigkeit in den Schätzungen.

Ein besonderer Fokus liegt auf den Interaktionseffekten zwischen Persönlichkeitsmerkmalen und Energieeffizienzklassen, insbesondere im Hinblick auf das Verständnis der psychologischen Mechanismen hinter der Labelpräferenz. Die Verteilung zur Interaktion A-Label x Klimabedenken (b_Energy1e:green_mc) deutet eine leichte Verschiebung nach rechts an, was darauf hindeutet, dass Personen mit starker ökologischer Überzeugung eine besonders ausgeprägte Präferenz für Produkte mit A-Label zeigen. Dies bestätigt weiter, dass ökologische Motive, wie Klimabedenken, zu einer ökonomisch nachhaltigen Labelpräferenz führen können. Gleichzeitig weisen die anderen Interaktionen mit Klimabedenken, etwas beim C-, D-. oder E-Labels keine vergleichbaren Asymmetrien oder Verschiebungen auf. Das lässt vermuten, dass sich der Effekt der Klimabedenken selektiv auf das beste Label konzentriert, während die Bewertung weniger effizienter Produkte davon unberührt bleibt.

In der Interaktion des A-Labels mit Rationalität (b_Energy1e:rational_mc) ist eine leichte Verschiebung nach links sichtbar, was dafürspricht, dass rationalere Verbraucher potenziell eine leicht geringere Wahrscheinlichkeit aufweisen, Produkte mit A-Label zu wählen.

Betrachtet man hingegen die Interaktion des A-Labels mit sozialer Erwünschtheit (social_mc) (b_Energy1e:social_mc) ist die Verteilung nahezu zentriert, jedoch mit leichter Tendenz nach rechts. Auch wenn dieser Effekt nicht eindeutig ist, lässt sich vermuten, dass sozial erwünschtes Antwortverhalten eine leichte Verzerrung zugunsten nachhaltiger Optionen begünstigen könnte.

Besonders hervorzuheben sind die schmalen Verteilungen der einfachen Effekte wie b_price_mc (Preis), b_Energy1e, b_green_mc oder b_rational_mc. Sie bieten initiale Evidenz, dass die zentralen einfachen Effekte präzise geschätzt wurden, was die Validität des Modells stützt.

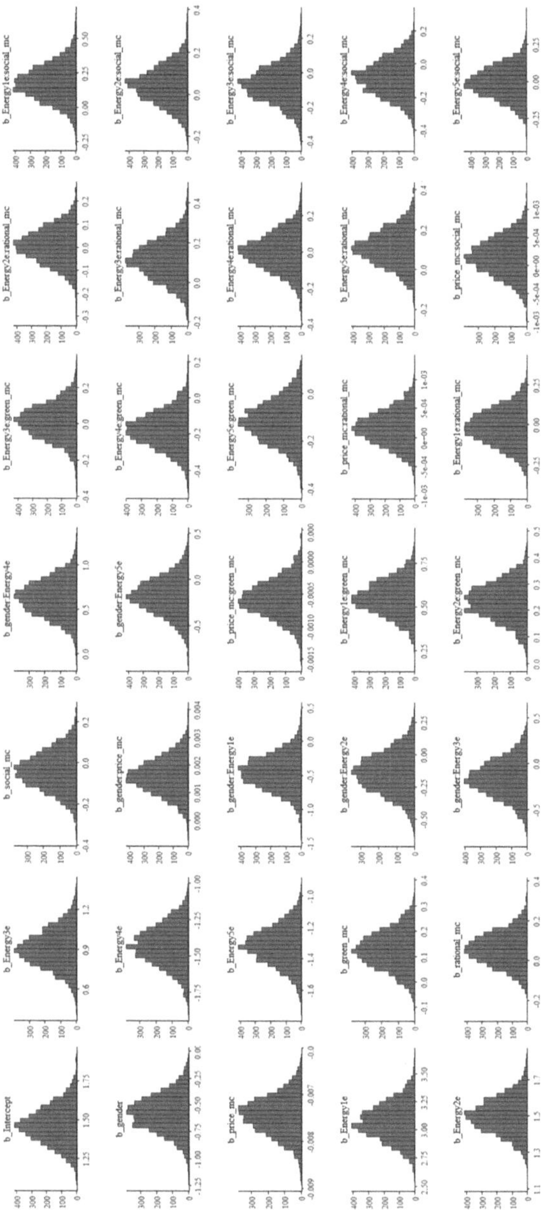

Abbildung 3.3 Darstellung der posterioren Verteilung der bayesianischen Schätzer in Experiment II

3.5.5 Experiment III

Obwohl Experiment II Evidenz dafür findet, dass die Präferenz für A- und B-Labels maßgeblich durch die individuellen Klimabedenken der Verbraucher erklärt werden kann, bleibt die Frage offen, ob Verbraucher tatsächlich nur auf die inhaltlich dargestellte Energieeffizienz reagieren oder ob auch die Art und Weise wie diese Information präsentiert wird, einen Einfluss hat.

Hintergrund ist, dass wie in Experiment I dargestellt, die Energieeffizienz auf unterschiedliche Weise kommuniziert werden kann, etwa als Label, numerischer Energieverbrauch in kWh/Jahr oder als monetäre Angabe von Energiekosten in €/Jahr. In Experiment I hat sich bereits verdeutlicht, dass Labels aus diesen drei Darstellungsformen besonders stark Verhaltensmechanismen adressieren.

Diese Beobachtung wirft die theoretisch wie praktisch relevante Frage auf, ob Verbraucher die inhaltlich äquivalenten Energieinformationen in unterschiedlichen Darstellungsformen auch kognitiv als gleichwertig wahrnehmen oder ob bestimmte Formate systematisch verzerrte Wahrnehmungen von Energieeffizienz erzeugen.

Das dritte Experiment greift diese Überlegung auf und untersucht, ob die subjektiv wahrgenommene Energieeffizienz eines Produkts davon abhängt, ob die Information als Label, als Energiekosten oder als Verbrauch dargestellt wird. Ziel ist es, zu prüfen, ob Verbraucher bei identischen Effizienzunterschieden in verschiedenen Darstellungsformaten zu unterschiedlichen Einschätzungen gelangen.

Um die Frage zu beantworten, wurde eine Online-Studie mit 158 Teilnehmenden aus der Eurozone über Prolific durchgeführt. Das vorregistrierte 1 × 3 Between-Subject-Design (AsPredicted #179661; https://aspredicted.org/v3bp-g352.pdf) wies die Teilnehmenden zufällig einer von drei Energieinformationsbedingungen zu: Label (A–F), Verbrauch (jährlicher kWh-Wert) oder Kosten (jährliche Stromkosten auf Basis von 0,265€/kWh, dem durchschnittlichen Haushaltsstrompreis zum Zeitpunkt der Studie). Teilnehmende bewerteten eine Kühl-Gefrier-Kombination in ihrer zugewiesenen Bedingung, wobei die wahrgenommene Energieeffizienz als abhängige Variable auf einer 7-Punkte-Skala (1 = „sehr hoher Energieverbrauch", 7 = „sehr niedriger Energieverbrauch") gemessen wurde. Die Bewertungen wurden von jedem Teilnehmenden für alle sechs Energieklassen (A–F) erhoben.

Zur Analyse der Wahrnehmungsunterschiede wurden die mittleren Effizienzbewertungen pro Bedingung berechnet. Eine ANOVA testet, ob die Darstellungsform die wahrgenommene Energieeffizienz signifikant beeinflusst, gefolgt von post-hoc Tukey-Tests, um signifikante paarweise Unterschiede zu identifizieren.

Zunächst wurden die Mittelwerte der wahrgenommenen Energieeffizienz für die sechs zu bewertenden Energieklassen (A bis F) in den drei Bedingungen Label, Energieverbrauch und Energiekosten berechnet. Die jeweiligen Mittelwerte sind in Abbildung 3.4 dargestellt.

Die höchste Energieeffizienzklasse erhält in der Label-Bedingung die höchste wahrgenommene Effizienzbewertung ($M = 6{,}80$), verglichen mit $M = 5{,}81$ in der Verbrauchsbedingung und $M = 5{,}88$ in der Kostenbedingung, was den starken Einfluss der Darstellungsform hervorhebt und betont, dass die Darstellung von Labels tatsächlich zu einer Verzerrung in der Wahrnehmung der Verbraucher führt. Der Unterschied in der wahrgenommenen Effizienz zwischen der am wenigsten und der am meisten effizienten Kategorie ist in der Label-Bedingung am größten ($M = 5{,}08$), was darauf hindeutet, dass Effizienzsprünge hier stärker wahrgenommen werden.

Bemerkenswert ist, dass die Label-Bedingung durchgehend höhere Effizienzbewertungen liefert, insbesondere für die Klassen A und B, bis zu einer Umkehrung ab Energielevel E.

Die Energieklassen E und F erhalten in der Label-Bedingung niedrigere Bewertungen, insbesondere bei F-klassifizierten Produkten, bei denen die wahrgenommene Effizienz deutlich niedriger ist ($M = 1{,}73$) im Vergleich zur Kostenbedingung ($M = 2{,}73$) und zur Verbrauchsbedingung ($M = 2{,}37$).

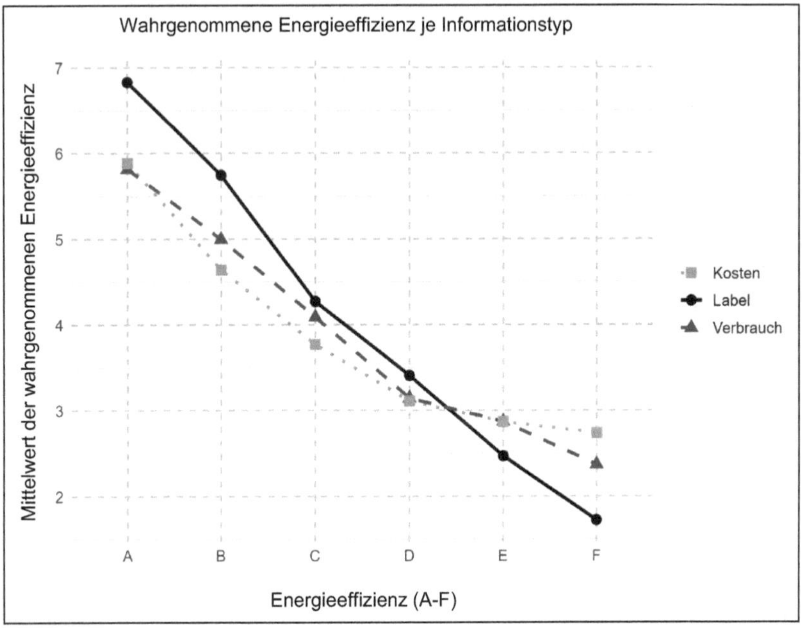

Abbildung 3.4 Wahrgenommene Energieeffizienz nach Energieinformationsdarstellung in Experiment III

Eine einfaktorielle ANOVA wurde für jede Energieklasse separat durchgeführt, um zu testen, ob die Unterschiede in der wahrgenommenen Effizienz zwischen den Präsentationsformaten signifikant sind. Die Ergebnisse bestätigen signifikante Effekte in den Randkategorien (A, B, C und F).

Die stärksten Effekte finden sich bei der Energieklasse A ($F(2{,}155) = 14{,}42$; $p < 0{,}001$) und der Klasse B ($F(2{,}155) = 15{,}34$; $p < 0{,}001$), wobei Labels die wahrgenommene Effizienz systematisch stärker erhöhen als die Verbrauchs- und Kostenbedingungen.

Ein schwächerer, aber dennoch signifikanter Effekt tritt für die Klasse C auf ($F(2{,}155) = 2{,}797$; $p = 0{,}064$), während für Produkte der Klassen D und E keine signifikanten Unterschiede festgestellt wurden ($p > 0{,}1$).

Bei Produkten der Klasse F hingegen ($F(2{,}155) = 5{,}956$; $p = 0{,}0032$) führt die Label-Bedingung zu signifikant niedrigeren Effizienzbewertungen im Vergleich zu den Verbrauchs- und Kostenbedingungen.

Diese Umkehrung legt nahe, dass Labels zwar die wahrgenommene Effizienz hoch bewerteter Produkte steigern, aber ebenso negative Wahrnehmungen von Produkten mit niedriger Bewertung verstärken können. Die Ergebnisse verdeutlichen, dass der Einfluss der Energiekennzeichnung bei den energieeffizientesten und ineffizientesten Produkten am stärksten ist, während das Präsentationsformat bei Produkten mit mittlerer Energieeffizienzklasse keine signifikanten Auswirkungen auf die Wahrnehmung hat. Die Ergebnisse bestätigen, dass nicht nur der Inhalt, sondern insbesondere auch die Darstellungsform von Energieinformationen erheblich zur Verzerrung der wahrgenommenen Energieeffizienz beiträgt und damit potenzielle Auswirkungen auf ökonomisch rationale Kaufentscheidungen hat.

3.5.6 Diskussion Teil I

Die Ergebnisse aller drei Experimente bestätigen, dass die Art der Darstellung von Energieinformationen einen erheblichen Einfluss auf die Kaufentscheidungen der Verbraucher hat.

Die Präferenz für A- und B-Energieeffizienzlabel ist besonders ausgeprägt, selbst wenn die Total Cost of Ownership (TCO) höher sind oder die tatsächlichen Energieeinsparungen nur geringfügig im Vergleich zu niedrigeren Kategorien ausfallen. Dies deutet darauf hin, dass Verbraucher Labels als Heuristik verwenden und dabei ökonomische und funktionale Aspekte oft zugunsten der wahrgenommenen Energieeffizienz bewusst oder unbewusst vernachlässigen.

Das erste Conjoint-Experiment verdeutlicht, dass Labels die Preissensitivität reduzieren, sodass Verbraucher eher hochpreisige Produkte mit höheren TCOs wählen, wenn die Energieinformation als Label dargestellt wird, anstatt explizit als Verbrauchs- oder Kostenangabe.

Das zweite Experiment, das auf bayesianischer hierarchischer Analyse basiert, ergibt, dass individuelle Merkmale den Label-Effekt weiter moderieren. Insbesondere ist hier zu erwähnen, dass Menschen mit Klimabedenken eher dazu neigen ein Produkt mit einem A- oder B-Label zu kaufen.

Das dritte Experiment untersucht Wahrnehmungsunterschiede in der Bewertung von Energieklassen und lieferte Belege dafür, dass Labels die wahrgenommene Effizienz hoch bewerteter Produkte verstärken, ebenso wie sie gleichzeitig negative Wahrnehmungen bei Produkten niedriger Effizienzklassen verstärken. Für Produkte mit mittlerer Energieeffizienzklasse (C–E) hatte das Präsentationsformat keinen signifikanten Einfluss, während es bei hoch und niedrig bewerteten Produkten die Wahrnehmung und Kaufentscheidung signifikant beeinflusste.

Zusammenfassend deuten diese Ergebnisse darauf hin, dass aktuelle Energieeffizienzlabels die ökonomische Entscheidungsfindung verzerren können, indem sie den Fokus der Verbraucher von den Lebenszykluskosten auf vereinfachte Effizienzkategorien lenken.

3.6 Teil II – Die Anbieterseite

Während der erste Teil des Projekts Konsumentenverhalten analysiert und verdeutlicht, dass Verbraucher Produkte mit A- oder B-Labels häufig überproportional bevorzugen, selbst wenn dies mit höheren TCO einhergeht, stellt sich die Frage, ob Unternehmen dieses Konsumentenverhalten strategisch ausnutzen. Tatsächlich gibt es erste Hinweise in der Literatur, dass Unternehmen gezielt auf Schwellenoptimierung hinarbeiten, um Labelgrenzen zu überschreiten und ihre Produkte attraktiver zu machen, selbst wenn der reale Energieeffizienzgewinn minimal ist (Houde et al. 2022). Für freiwillige Programme wie Energy Star Label in den USA ist dieses Verhalten initial dokumentiert. Unklar ist jedoch, ob und wie sich ähnliche Muster auf regulierten Märkten der EU zeigen, in denen die Unternehmen keine direkte Kontrolle über das Labeling-Verfahren haben. Zudem ist der Bezug von Klimabedenken und potenziellen Preisanpassungen seitens Herstellern eine sich ergebende Frage. Der zweite Teil dieses Projekts widmet sich daher der Anbieterseite mit der Frage, ob Unternehmen den Label-Bias und damit auch die Klimabedenken der Verbraucher gezielt ausnutzen, um strategisch Preise zu optimieren. Um dies zu testen, wurden drei Analysen durchgeführt.

In einer ersten Analyse wird untersucht, wie weit die Hersteller ihre Produkte über die Schwellenwerte zum nächstbesseren Label optimieren. Die Ergebnisse können Hinweise für eine strategische Label Positionierung geben.

In einer anschließenden zweiten Analyse werden die Unterschiede in den Preisanstiegen zwischen Komponentenpreisen in unterschiedlichen Leistungen und Kühlschränken unterschiedlicher Energieeffizienzklassen verglichen. Unterschiedliche Preisentwicklungen können ein Indiz dafür sein, dass Unternehmen eine unverhältnismäßige Überpreisung ihrer finalen Produkte durchführen.

In der dritten Analyse werden Zeitreihenanalysen zwischen Google Trends Begriffen um das Thema Nachhaltigkeit und den Produktpreisen unterschiedlicher Effizienzkategorien durchgeführt, um zu prüfen, ob es erste Evidenz gibt, dass Unternehmen die gefundene Ursache für den Label-Bias in Form von Klimabedenken der Verbraucher nutzen und hier mit Preisänderungen reagieren.

Gemeinsam leisten diese Analysen einen Beitrag zum besseren Verständnis von Unternehmensverhalten auf regulierten Märkten und stellen eine notwendige Ergänzung zu psychologisch fundierten Betrachtungen der Nachfragerseite her.

3.6.1 Analyse I – Abweichungen von den Grenzwerten der Energieklassen

Um zu untersuchen, wie Hersteller ihre Produkte innerhalb der Energieeffizienzklassen positionieren, das heißt, in welchem Maß sie ihre Produkte optimieren, wurde eine Webscraping-Analyse von 309 Kühl-Gefrier-Kombinationen durchgeführt, die bei einem großen deutschen Online-Händler gelistet sind.

Die Klassifizierung der Energieeffizienz basiert auf dem Energieeffizienzindex (EEI), wobei vordefinierte Schwellenwerte je Produktkategorie bestimmen, welches Energieeffizienzlabel ein Produkt erhält. Bei Kühl-Gefrier-Kombinationen qualifiziert sich ein Produkt beispielsweise für Klasse A, wenn sein Energieeffizienzindex unter 41 liegt, während Klasse B einen Energieeffizienzindex zwischen 41 und 51 erfordert und so weiter, wobei Klasse G alle Produkte mit einem Energieeffizienzindex über 125 umfasst (HEA – Fachgemeinschaft für effiziente Energieanwendung e. V. 2024).

Keines der Produkte im Online-Shop lag in der Energieeffizienzklasse G, sodass diese für die Analysen nicht betrachtet werden konnten. Zudem lagen für acht Produkte angegebene Energieeffizienzindex vor, die unter dem definierten Schwellenwert liegen, sodass auch diese Produkte in der Analyse ausgeschlossen werden mussten und ein Gesamtdatensatz von 301 Produkten resultierte.

Wie eng Hersteller ihre Produktoptimierung an diesen Schwellenwerten ausrichten, wurde untersucht, indem für jedes Produkt die Differenz zwischen seinem Energieeffizienzindex (wie er in den Herstellerangaben zu entnehmen) und dem minimalen erforderlichen Wert für seine zugewiesene Energieklasse, also dem Schwellenwert, berechnet wurde. Die Ergebnisse verdeutlichen, dass sich die meisten Produkte knapp über dem Mindestwert positionieren, der für die Energieklasse erforderlich ist, anstatt diesen Wert deutlich zu übertreffen. Die durchschnittlichen Abweichungen sind in Tabelle 3.10 aufgeführt.

Tabelle 3.10 Übersicht über die mittleren Abweichungen zur Schwelle des Energielabels

Mittlere Abweichung zur Schwelle des Energielevels		
Energielabel A	0,167	(0,816)
Energielabel B	0,009	(0,043)
Energielabel C	0,092	(0,267)
Energielabel D	0,351	(0,729)
Energielabel E	0,540	(1,990)
Energielabel F	0,333	(0,577)

Anmerkung: Standardabweichungen in Klammern. n = 301 Kühl-Gefrier-Kombinationen für die finale Analyse betrachtet

Die mittleren Abweichungen vom Schwellenwert in den verschiedenen Energieklassen bestätigen dieses Muster, insbesondere für Klasse B ($M = 0{,}009$), gefolgt von Klasse C ($M = 0{,}092$) und Klasse A ($M = 0{,}167$). Dies deutet darauf hin, dass Produkte in diesen Kategorien so optimiert werden, dass sie gerade noch die Anforderungen für eine bessere Energieklasse erfüllen. Im Gegensatz dazu weisen weniger energieeffiziente Produkte wie Klasse D ($M = 0{,}351$), Klasse E ($M = 0{,}540$) und Klasse F ($M = 0{,}333$) leicht stärkere Abweichungen in ihren Energieeffizienzindex-Werten auf, was darauf hindeutet, dass Hersteller in diesen Kategorien weniger gezielt an den Schwellenwerten orientiert sind. Insgesamt verdeutlicht sich jedoch auch, dass entlang aller Kategorien nur minimale Optimierungen oberhalb der Schwellenwerte erreicht werden und grundsätzlich nicht die gesamte Breite der Energieeffizienzindex-Klassen abgedeckt wird. Eine anschließend durchgeführte ANOVA bestätigt, dass die Unterschiede in den Abweichungen nicht signifikant sind ($F(1{,}576)$; $p = 0{,}167$).

Diese Ergebnisse bieten erste Evidenz, dass Hersteller Produkte strategisch so gestalten, dass sie mit minimalen Effizienzverbesserungen eine bessere Energiekennzeichnung erhalten, vermutlich, um von der starken Verbraucherpräferenz für höher bewertete Geräte zu profitieren. Die dennoch besonders geringe Abweichung um die Schwellenwerte in den Klassen A, B und C deutet darauf hin, dass Energieeffizienzlabels eher zu geringen Effizienzsteigerungen als signifikanten technologischen Fortschritten führen. Angesichts der starken Verbraucherreaktion auf Labels bei Kaufentscheidungen, wie in den nachfrageseitigen Analysen gezeigt, wirft dies die Frage auf, ob das aktuelle Klassifizierungssystem tatsächlich substanzielle Energieeffizienzverbesserungen fördert oder eher eine strategische Positionierung innerhalb der Label-Kategorien begünstigt.

3.6.2 Analyse II – Preisverläufe von Kühl-Gefrier-Kombinationen und ihren Kühlern

Um zu untersuchen, ob die Preisstruktur energieeffizienter Haushaltsgeräte durch einen potenziellen Kostenanstieg effizienztreibender Komponenten gerechtfertigt ist, wurde eine vergleichende Preisanalyse für Kühl-Gefrier-Kombinationen und die in ihren Kühlsystemen verwendeten Kühllüfter (Kühler) durchgeführt.

In Experteninterviews in dem ersten Forschungsprojekt hat sich herausgestellt, dass Kühler eine entscheidende Komponente sind, die den Energieverbrauch von Kühlschränken maßgeblich beeinflussen. Ihre Leistungsaufnahme (Wattzahl) kann als Indikator für die Effizienz und daraus resultierende Effizienz des Endprodukts dienen. Wenn die Preisgestaltung der Hersteller für die verkauften Kühl-Gefrier-Kombinationen tatsächlich auf realen Effizienzsteigerungen basiert, wäre zu erwarten, dass sowohl die Preisstruktur der Kühler als auch die der Endprodukte einem ähnlichen Muster folgen. Dazu wurde geprüft, ob die Produkt/-Komponentenpreise besser durch ein lineares oder exponentielles Modell geschätzt werden, um so potenzielle Unterschiede aufzuzeigen.

Für die Analyse der Kühlerpreise wurden Daten von einem deutschen B2B-Lieferanten extrahiert, der Komponenten für professionelle Kühlschrankreparaturen vertreibt. Dies resultiert in 162 Beobachtungen von Kühlern, die mit den 301 Preisen der Produkte der Webscraping-Analyse aus Analyse I in einer Regressionsanalyse untersucht wurden. Abbildung 3.5 und 3.6 zeigen die Preisverläufe für die angebotenen Kühler (durchschnittlicher Preis je Wattzahl) auf der B2B-Webseite und die mittleren, nicht-reduzierten Preise aus dem Webscraping der Kühl-Gefrier-Kombinationen auf.

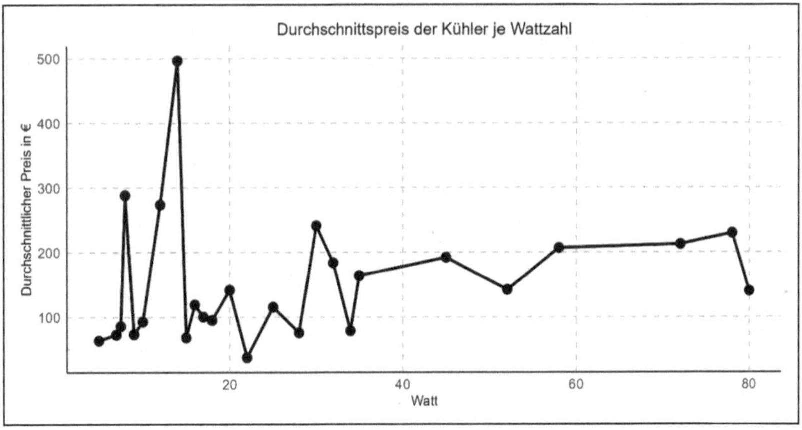

Abbildung 3.5 Darstellung der Durchschnittspreise von Kühlern für Kühl-Gefrier-Kombinationen

In der Darstellung in Abbildung 3.5 ist zu erkennen, dass die Kühlerpreise je Wattzahl keinem stringenten Muster folgen. Dies ist auch dadurch zu erklären, dass Kühler neben der Wattzahl durch Design oder weitere Funktionen charakterisiert werden. Da diese weiteren Eigenschaften voraussichtlich nicht den Hauptbeitrag zur Energieeffizienz der Kühl-Gefrier-Kombinationen dominieren, erscheinen die Kühlerdaten als hinreichend geeignet, um einen groben Vergleich zu den Preisen der Kühl-Gefrier-Kombinationen anzustellen.

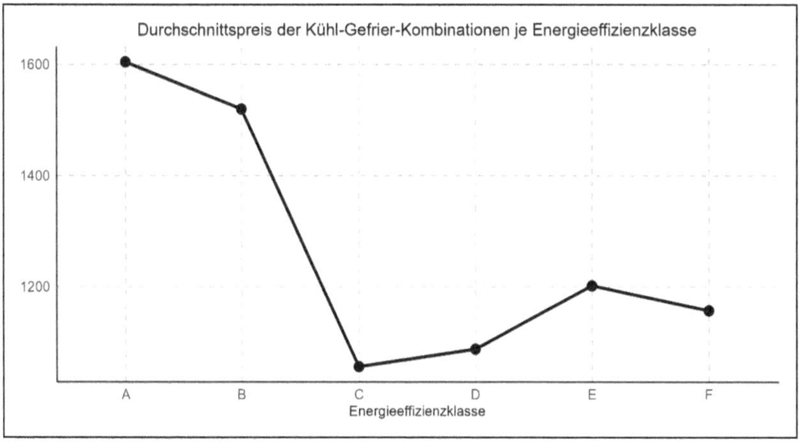

Abbildung 3.6 Darstellung der Durchschnittspreise von Kühl-Gefrier-Kombinationen

Auffällig bei der Darstellung der durchschnittlichen Preise der gescrapten Kühl-Gefrier-Kombinationen in Abbildung 3.6 ist, dass Produkte in der Kategorie E und F höhere Kaufpreise haben als in den Kategorien C und D. Eine Ursache hierfür kann sein, dass in beiden Kategorien nur wenige Produkte angeboten werden und Hersteller auf diese eventuell keinen Fokus setzen. Der tiefste Durchschnittspreis ist bei Kühl-Gefrier-Kombinationen der Klasse C erreicht. Ebenfalls interessant ist, dass die Preise in Kategorie C bis F dennoch keinen sehr starken Preissprüngen unterliegen. Dies kehrt sich allerdings beim Sprung von Energieklasse C auf B bedeutend um, in dem der Preissprung hier fast eher exponentiell ist und von einem Durchschnitt von 1057 € in Kategorie C auf 1520 € in Kategorie B ansteigt. Auch der Preissprung von Energieklasse B zu A ist mit 84 € von 1520 € auf 1604 € deutlich größer als der von F auf E mit 1157 € auf 1202 €. Obwohl auf den ersten Blick kein dominantes Muster vorliegt, scheint die Preisverteilung der Produkte insgesamt besser durch ein exponentielles Modell geschätzt zu sein.

Eine anschließende Regressionsanalyse wurde durchgeführt, um zu überprüfen, ob die Kühlerpreise tatsächlich eher durch eine lineare Funktion und die Preise der Kühl-Gefrier-Kombinationen besser durch eine exponentielle Funktion repräsentiert sind. Die Modellfits für die Kühl-Gefrier-Kombinationen sind in Abbildung 3.7 dargestellt.

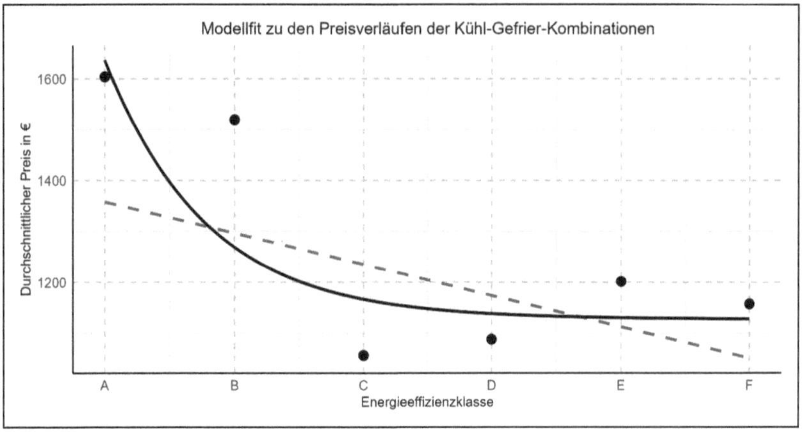

Abbildung 3.7 Darstellung des Fits mit der linearen und exponentiellen Funktion der Preise der Kühl-Gefrier-Kombinationen

In Abbildung 3.7 ist zu erkennen, dass die Preispunkte der Kühl-Gefrier-Kombinationen eher durch eine exponentielle Funktion (schwarze Kurve) abgeschätzt werden können als durch eine lineare Funktion (grau gestrichelte Linie). Eine anschließende Regressionsanalyse bestätigt diese Wahrnehmung, indem das exponentielle Modell mit einem $R^2 = 0{,}0436$ drei Mal besser passt als das lineare Modell mit einem $R^2 = 0{,}0150$. Zwar sind beide R^2 verhältnismäßig niedrig, dennoch lässt sich erkennen, dass die exponentielle Funktion die Preisbildung eher darstellt. Dies deutet darauf hin, dass die Preissteigerungen, insbesondere von C zu B zu A sehr hoch sind und nicht durch die Kühlerpreise effizienterer Kategorien rechtfertigt sind.

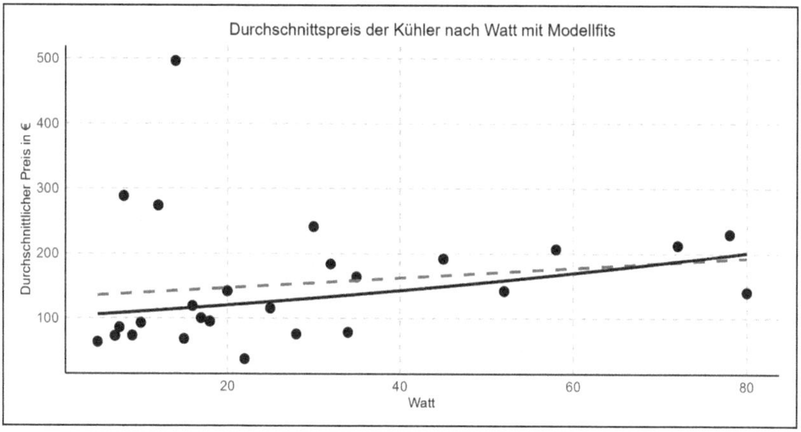

Abbildung 3.8 Darstellung des Fits mit der linearen und exponentiellen Funktion der Preise der Kühler

Abbildung 3.8 stellt die Fits der linearen und exponentiellen Kurve mit den Preisen der Kühler abhängig von der Wattzahl dar. Die exponentielle Funktion ist hier wie in Abbildung 3.7 in der durchgezogenen schwarzen Linie zu erkennen. Da die Werte der Kühlerpreise jedoch alle recht nah beisammen liegen, verläuft die exponentielle Funktion deutlich flacher als bei den Kühlschrankpreisen, um so überhaupt eine vergleichbare Schätzung zu ermöglichen. Es erweckt erstmal den Anschein, dass beide Modelle die Preise hier besser darstellen können. Eine anschließende Regressionsanalyse bestätigt, dass das lineare Modell mit einem $R^2 = 0{,}4049$ einen deutlich besseren Fit hat als das lineare Modell für die Kühl-Gefrier-Kombinationen. Zudem ist der Wert für die lineare Funktion besser als der Fit des exponentiellen Modells der Kühler mit einem $R^2 = 0{,}3501$. Dies deutet darauf hin, dass die Preise für Kühler proportional zur Leistungsaufnahme skalieren. Die Kosten für die Verbesserung der Energieeffizienz auf Komponentenebene folgen also einer vorhersehbaren und moderaten Preisstruktur.

Die Diskrepanz zwischen der linearen Preisgestaltung bei Schlüsselkomponenten und der exponentiellen Preisgestaltung bei den Endprodukten legt nahe, dass Hersteller Energieeffizienzlabels nutzen können, um höhere Preisaufschläge zu rechtfertigen, die nicht unbedingt durch die tatsächlichen Komponenten- oder Produktionskosten begründet sind. Während höhere Effizienz auch durch weitere Faktoren wie bessere Isolierung, effizientere Kompressoren oder optimierte Kältemittel beeinflusst werden kann, stellt die exponentielle Preisfunktion dennoch eine Evidenz dafür dar, dass Energieeffizienzlabels eher als Begründung für Preisaufschläge dienen, anstatt rein technologische Verbesserungen widerzuspiegeln.

Diese Ergebnisse deuten auf eine potenzielle Marktverzerrung hin, bei der Energieeffizienz als Preisstrategie genutzt wird, anstatt als direkte, kostengesteuerte Größe.

3.6.3 Analyse III – Zeitreihenanalyse zwischen Google Trends und Preisentwicklungen

Die Ergebnisse der Nachfragerseite (Experiment II) bieten Evidenz dafür, dass Verbraucher mit Klimabedenken besonders zu einem Label-Bias neigen und sich damit eher für Produkte mit höheren Anschaffungskosten aber besseren Labels entscheiden. Eine Frage, die daraus resultiert, ist, ob Anbieter dies ausnutzen und Ereignisse, die Klimabedenken auslösen können, zu gesteigerten Produktpreisen führen. Das würde ein Ausnutzen der Konsumentenreaktion implizieren. Um dies zu untersuchen, wurden Zeitreihenanalysen zwischen Zeitpunkten erhöhter Klimabedenken und historischer Preisdaten von 15 Kühlschrankmodellen (verteilt auf die Label A bis F) über einen Zeitraum von mindestens zwei Jahren durchgeführt.

Um ein Maßstab für die Klimabedenken der Verbraucher zu identifizieren, wurden die Suchverläufe von Google Trends für die Begriffe „Nachhaltigkeit", „Klimakrise", „Klimawandel", „Umweltschutz" und „globale Erwärmung" als Grundlage verwendet. Frühere verhaltenswissenschaftliche Studien liefern Evidenz, dass Google Trends ein Proxy für tatsächliches Verbraucherverhalten sein kann und Emotionen widerspiegelt (Knipe et al. 2021).

Die Begriffe wurden basierend darauf ausgewählt, wie häufig sie im Zusammenhang mit Klimaereignissen wie der Ahrtal-Flut oder Dürreperioden recherchiert oder in den Medien erwähnt wurden. Zudem fokussieren sich die Analysen ausschließlich auf Produkte, die im deutschen Markt verfügbar sind und die Google Trends-Daten, die in Deutschland recherchiert wurden und damit ebenfalls auf Deutsch sind. Für die Analysen wurde der längst mögliche Betrachtungszeitraum der Google Trends (seit 2004) ausgewählt, um eine möglichst tiefe historische Entwicklung der Suchbegriffe und Abdeckung von Klimaereignissen darstellen zu können.

In einer vorgelagerten Analyse wurde mittels ADF-Test geprüft, ob die Google Trends Daten starken Trends unterliegen. Dies war der Fall für „Nachhaltigkeit" und „Klimakrise“. Für beide Fälle wurde deswegen eine Trendbereinigung durchgeführt und eine zusätzliche bereinigte Variable diff_Nachhaltigkeit und diff_Klimakrise eingeführt. Analysen wurden jedoch sowohl mit den trendbereinigten Daten als auch mit den Daten aus Google Trends per se durchgeführt.

Die Produktauswahl fiel auf Kühlschränke und Kühl-Gefrier-Kombinationen aus zwei Gründen. Zum einen ermöglichte dies die Vergleichbarkeit zu den bisherigen Studienergebnissen und ist auch das vorherrschend untersuchte Produkt in vorausgegangenen Studien anderer Autoren (Andor et al. 2019; Houde 2022).

Kühlschränke wurden danach ausgewählt, dass sie mindestens seit 2,5 Jahren auf dem deutschen Markt verfügbar sein müssen, um vergangene Trends identifizieren zu können. Da viele Produkte nicht über einen solch langen Zeitraum verkauft werden, wurden Produkte, die vor 2,5 Jahren auf der Website eines deutschen Elektronikhändlers angeboten wurden mittels online archivierter Seiten identifiziert und so darauf geprüft, ob sie heute noch zur Verfügung stehen.

Die Auswahl der 15 Produkte hat den Anspruch bestmöglich alle Herstellermarken, die in Deutschland zur Verfügung stehen, zu repräsentieren. Preise wurden über die Website keepa.com gescrapet und beziehen sich auf den angegebenen Neupreis und nicht den Amazon-Preis. Zudem wurden die Preise gebrauchter Produkte exkludiert. Dies resultiert in zwei Produkten der Effizienzklasse A, drei Produkten der Klasse B, drei Produkten der Klasse C, zwei Produkten in der Energieklasse D, drei Produkten in Klasse E und zwei Produkten in Klasse F. Auch für die Kühlschrankdaten wurden ADF-Tests durchgeführt, um Trends zu identifizieren. Die Daten wurden anschließend trendbereinigt, um so tatsächliche Effekte in der Preisanpassung feststellen zu können.

Ergebnisse

Eine Vier-Lag-Zeitreihenanalyse wurde angewendet, um zu bewerten, ob Preisänderungen auf Veränderungen in den Suchtrends reagieren. Vor der Analyse wurden Trends der Preisdaten, wie beispielsweise der verständliche Abwärtstrend der Preise über die Zeit, entfernt, sodass nur kurz- bis mittelfristige Schwankungen untersucht wurden. Anschließend wurde eine Vector-Auto-Regression durchgeführt, um die Reaktion der Preise auf die Trends zu untersuchen. Für die anschließenden Metaanalysen wurden die Produkte nach Labels zusammengefasst, um Unterschiede zwischen A/B-Labels und C-F-Labels zu identifizieren. Die Ergebnisse der VAR-Analyse, bereits zusammengefasst nach Produktkategorie für alle Lags, finden sich in Tabelle 3.11.

Die VAR-Modelle wurden zunächst für jedes Produkt einzeln berechnet und im Anschluss in die Gruppen von Energieklassen unterteilt. Basierend auf den

Gruppenwerten wurden Meta-Analysen durchgeführt, in denen mittels Welch-Zweistichproben-t-tests geprüft wurde, ob es signifikante Unterschiede in den Korrelationen zwischen Preis und Google Trends zwischen den Gruppen gibt.

Während die Begriffe Erderwärmung, Klimawandel und Klimakrise zu keinen signifikanten Preisänderungen zwischen den aggregierten Gruppen führen, findet sich eine Evidenz bei dem Begriff „Umweltschutz". In t−1, also kurz nach einem Anstieg in der Suche des Begriffs fallen die Preise für A/B-Kühlschränke, während sie in der Gruppe von C/D/E/F-Geräten sogar steigen ($t = -3{,}797$; $p = 0{,}010$). In Lag 3 kehrt sich der Effekt hingegen um, sodass Produkte der Energieklasse A/B deutlich höhere Einkaufspreise aufweisen ($b = 12{,}119$; SE = 11,283), während die Preise für C/D/E/F-Geräte fallen ($b = -0{,}729$; SE = 5,376). Dieser Effekt ist ebenfalls signifikant ($t = 2{,}5323$; $p = 0{,}040$).

Ein ähnliches Muster fällt bei dem Begriff „Nachhaltigkeit" in der nicht trendbereinigten Form, also basierend auf dem Referenzlevel von 100, auf. Hier fallen die Preise für A/B-Produkte ebenfalls im ersten Lag ($b = -2{,}267$; SE = 2,440), während sie bei Produkten der Kategorie C/D/E/F im selben Lag erstmal steigen ($b = 0{,}511$; SE = 1,107). In Lag drei wird der Effekt umgekehrt, sodass Produkte der Kategorie A/B im Preis steigen ($b = 2{,}125$; SE = 2,186), während sie in der Kategorie C/D/E/F im Preis fallen ($b = -0{,}450$; SE = 1,071). Beide Effekte befinden sich auf einem signifikanten Level, in Lag 1 mit $t = -3{,}500$ und $p = 0{,}010$ und in Lag 3 mit $t = 2{,}733$ und $p = 0{,}022$.

Betrachtet man den Fall der trendbereinigten Variable diff_Nachhaltigkeit, so verschwindet der Effekt in Teilen. In t−1 bleibt bestehen, dass Produkte der Kategorie A/B günstigere Einkaufspreise aufweisen, während Produkte der Kategorie C/D/E/F in ihrem Einkaufspreis in einem signifikanten Unterschied zu A/B steigen. In t−2 fallen die Kaufpreise beider Gruppen, wobei sie in der Kategorie A/B signifikant stärker fallen. In t−4 kehrt sich dieser Effekt nochmals um, sodass Preise in der Kategorie C/D/E/F ansteigen, während sie in der A/B Kategorie erneut fallen. Dies zeichnet keinen klaren Verlauf, der eine Tendenz zur Preisentwicklung ableiten lässt. Darum sollten Ergebnisse sicherlich unter diesem Gesichtspunkt betrachtet und kritisch diskutiert werden, wenn auch die Begriffe Nachhaltigkeit und Umweltschutz zu einem eindeutigeren Bild führen.

Diese Ergebnisse legen nahe, dass eine verstärkte Aufmerksamkeit auf Klimabedenken verwandte Begriffe die Preise für energieeffiziente Produkte senken, wodurch diese für Verbraucher attraktiver werden. Anschließend steigen die Preise wieder, wenn sich die Nachfrage stabilisiert und Hersteller ihre Preisstrategie anpassen.

Zusätzlich zu der Metaanalyse der VAR-Modelle werden die Impulse-Response-Functions (IRF) zu den Modellen berechnet, um abschließend zu beurteilen, ob die Effekte stabil sind und zu prüfen, ob die zeitlich verzögerten Effekte des externen Schocks, hier die Veränderung im Suchverhalten, auf die Preisentwicklung quantifiziert. Die Funktionen finden sich zusammengetragen in Abbildung 3.9.

Die IRFs stellen die Reaktionen der Produktpreise auf Veränderungen in den Google-Such-Trends zu den definierten Begriffen Erderwärmung, Klimawandel, Klimakrise, Umweltschutz und Nachhaltigkeit dar. Dabei wurde jeweils eine IRF für die aggregierten Daten der A/B-Produkte und eine IRF für die aggregierten Daten der C/D/E/F-Produkte erstellt.

Zudem lässt sich feststellen, dass die Impulsantworten schwanken. Dies kann ein Zeichen für Volatilität der Daten sein und eine Grundlage für die Annahme liefern, dass weitere Faktoren die Preisgestaltung beeinflussen. In allen Fällen stabilisieren sich die Effekte nach einigen Perioden, spätestens zum Ende des betrachteten Zeitraums rund um den Nullpunkt und geben damit einen Hinweis darauf, dass die Preisreaktionen mehr kurzfristige Schwankungen als langfristige Anpassungen darstellen.

Besonders auffällig für den Begriff Erderwärmung zeigen die IRFs, dass die Kurvenverläufe gegensätzlich verlaufen und in dem Fall von A/B-Labels die Preise steigen, während sie bei C/D/E/F fallen.

Auch wenn die Ergebnisse der VAR-Modelle signifikant sind, geben die Impulse-Response-Functions einen Hinweis darauf, dass die Diskussion von Nachhaltigkeitsthemen nicht unmittelbar für Preisänderungen energieeffizienter Produkte am Markt sorgt.

Tabelle 3.11 Ergebnisse des VAR-Modelles

	Erderwärmung	Klimawandel	Klimakrise	Umweltschutz	Nachhaltigkeit	Diff_ Nachhaltigkeit	Diff_Klimakrise
A/B$_{, t-1}$	−3,528 (6,562)	0,292 (8,983)	0,053 (2,082)	−11,558* (11,529)	−2,267* (2,440)	−1,872** (1,867)	0,520 (1,879)
C/D/E/F, $_{t-1}$	0,908 (3,226)	−0,293 (2,120)	0,510 (1,057)	2,277* (5,503)	0,511* (1,107)	0,828** (0,932)	0,740 (1,020)
A/B$_{, t-2}$	−0,049 (6,439)	−0,238 (7,898)	−0,139 (2,137)	−0,033 (11,215)	−1,018 (2,187)	−3,281 + (1,966)	0,641 (2,068)
C/D/E/F$_{, t-2}$	−3,733 (3,158)	−2,737 (2,110)	−0,365 (1,061)	−4,556 (5,436)	−1,063 (1,081)	−0,052 + (1,017)	0,266 (1,129)
A/B$_{, t-3}$	0,916 (6,207)	3,930 (7,937)	−1,282 (2,146)	12,119* (11,283)	2,125* (2,186)	−1,220 (2,009)	−0,582 (2,133)
C/D/E/F$_{, t-3}$	−0,917 (3,248)	1,479 (2,151)	−0,167 (1,088)	−0,729* (5,376)	−0,450* (1,071)	−0,312 (1,015)	0,010 (1,118)
A/B$_{, t-4}$	2,797 (6,736)	3,940 (6,834)	0,167 (2,091)	5,632 (11,152)	1,571 (2,270)	0,478 (1,708)	0,229 (1,929)
C/D/E/F$_{, t-4}$	1,451 (3,019)	0,179 (0,782)	0,009 (1,006)	2,487 (5,439)	0,031 (1,098)	−0,054 (0,928)	0,035 (1,006)
A/B, $_{t-1\ -t-4}$	0,034 (6,486)	1,981 (7,913)	−0,300 (2,114)	1,540 (11,295)	0,103 (2,271)	−1,474* (1,887)	0,202 (2,002)
C/D/E/F, $_{t-1\ -t-4}$	−0,573 (3,162)	−0,343 (1,791)	−0,003 (1,053)	−0,130 (5,438)	−0,243 (1,089)	0,102* (0,973)	0,263 (1,068)

Anmerkung: Signifikanzen sind die Ergebnisse von Welch- t-tests auf Unterschiede zwischen den Gruppen (A/B vs. C/D/E/F) in dem jeweils betrachteten Lag. Signifikanzniveaus: *** $p < 0{,}001$; ** $p < 0{,}01$; * $p < 0{,}05$; + $p < 0{,}1$

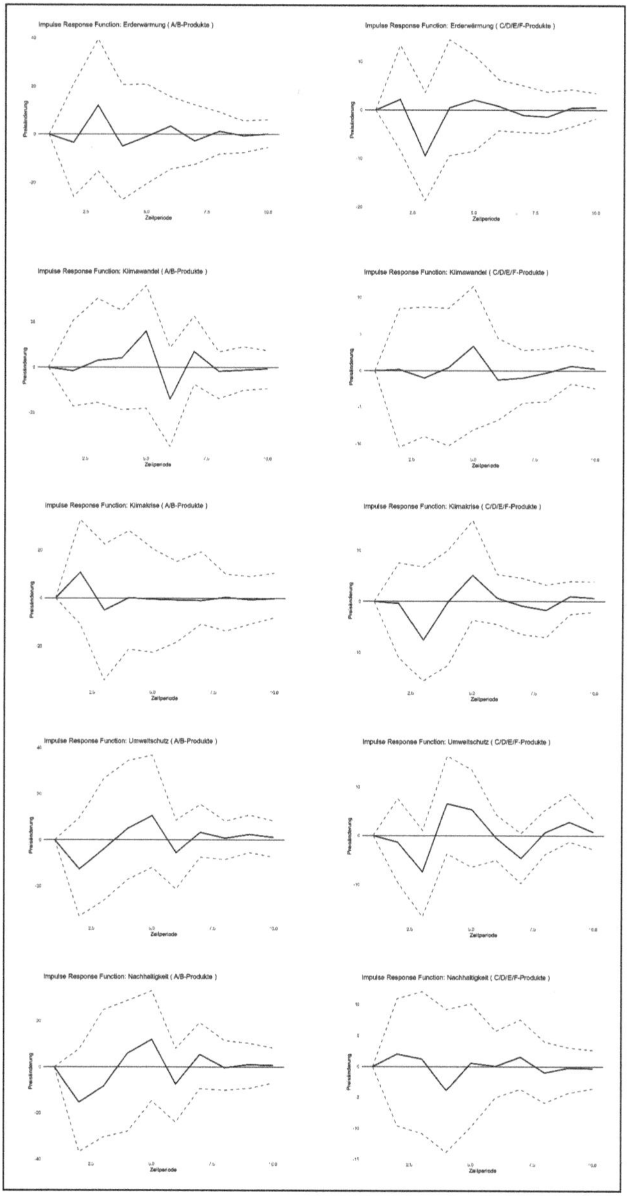

Abbildung 3.9 Darstellung der Impulse-Response-Funktionen der VAR-Modelle

3.6.4 Diskussion Teil II

Die Ergebnisse liefern initiale Hinweise, dass Hersteller ihre Preisgestaltung strategisch an regulatorische Schwellenwerte und die Verbrauchernachfrage nach energieeffizienten Produkten anpassen könnten. Die Zeitreihenanalyse verdeutlicht in den VAR-Modellen, dass nach drei Lags ein Anstieg des Klimabewusstseins zu Preiserhöhungen für A- und B-klassifizierte Produkte führt, während die Preise für weniger effiziente (C–F) Produkte sinken. Dieses Muster deutet darauf hin, dass Unternehmen Nachhaltigkeitsbedenken gezielt nutzen und Energieeffizienzlabels als Preisinstrument einsetzen, anstatt lediglich Produktionskosten widerzuspiegeln. Da die Ergebnisse in den Impulse-Response-Functions allerdings sehr schwanken, ist die Aussage nicht final zu bewerten.

Die Schwellenwertanalyse stützt die These, dass Unternehmen die Präferenz für A/B-Label nutzen, da sich bestätigt, dass Produkte der Klassen A, B und C nur knapp über den Effizienzgrenzen liegen. Das deutet darauf hin, dass Hersteller ihre Designs gezielt an die Label-Anforderungen anpassen, ohne dabei substanzielle technologische Verbesserungen vorzunehmen.

Die Preisanalyse bestätigt diese Strategie zusätzlich, da energieeffiziente Haushaltsgeräte über die Effizienzklassen hinweg exponentielle Preissteigerungen aufweisen, während wesentliche energiebezogene Komponenten (wie Kühler) einem linearen Preismuster folgen. Diese Diskrepanz deutet darauf hin, dass nicht tatsächliche Kostendifferenzen, sondern die hohe Effizienzklasse die Preissteigerungen der Produkte antreibt. Während Energieeffizienzlabels eine wichtige Orientierung für nachhaltige Kaufentscheidungen bieten, werfen diese Erkenntnisse Fragen zur Markttransparenz und möglichen Verzerrungen auf. Hersteller scheinen die Präferenz der Verbraucher für umweltfreundliche Produkte zu nutzen, um höhere Preise für A- und B-klassifizierte Geräte zu rechtfertigen. Obwohl Faktoren wie Markenreputation, technologische Fortschritte und Forschungs- und Entwicklungskosten zu Preisunterschieden beitragen, zeigen die beobachteten Preisstrukturen, dass Labels eher als Premium-Preisinstrument denn als reine Kostenreflexion fungieren.

3.7 Diskussionen und Limitationen

Die vorliegende Studie hat untersucht, wie unterschiedliche Darstellungen von Energieinformationen den Produktkauf von Verbrauchern beeinflussen und welchen Effekt Label auf die resultierenden TCO aus dem Produktkauf haben. Zudem wurde untersucht, welche Persönlichkeitsmerkmale der Verbraucher den

Effekt von Energielabels verstärken oder abschwächen können. Die Ergebnisse der Hypothesen sind in Tabelle 3.12 aufgeführt. Zudem wurden Analysen durchgeführt, um zu untersuchen, wie Hersteller auf das Verhalten der Verbraucher reagieren. Diese Untersuchungen folgen allerdings keinen vorregistrierten Hypothesen und finden sich daher nicht in der untenstehenden Tabelle.

Tabelle 3.12 Überblick über die zentralen Ergebnisse in Kapitel 3

Hypothese	Studie	Zentrale Ergebnisse
H_1: Die Darstellung von Energieinformationen beeinflusst den Entscheidungsoutput, indem sie jeweils mit dem Effekt von Preis und Energieverbrauch interagiert. In der Label-Bedingung ist der Einfluss des Preises geringer, während der Einfluss des Energieverbrauchs stärker ausfällt.	Teil I – Experiment I	In Teilen findet sich Evidenz für H_1, wenn es um die Interaktion der Darstellungsform mit dem Energieverbrauch auf die Wahl geht (Experiment I). Der Preiseffekt bei A, B und C Labels ist signifikant reduziert, während dies in anderen Darstellungsformen nicht auftaucht (Experiment I). H_1 kann nicht bestätigt werden für die Interaktion von Preis und Darstellungsform (Experiment I). Die Interaktion mit dem Energieverbrauch ist nur signifikant beim A-Label zu finden.
H_2: Klimabedenken verstärken den Effekt eines Top-Labels auf den Entscheidungsoutput.	Teil I – Experiment II	Es gibt Evidenz für H_2.
H_3: Der Einfluss des Preises auf den Entscheidungsoutput ist stärker und der Einfluss des Labels schwächer bei Teilnehmenden mit höherer Rationalität.	Teil I – Experiment II	H_3 wird abgelehnt.

3.7.1 Implikationen für die Forschung und Limitationen

Die Arbeit verfolgt den Grundgedanken, dass nachhaltige Kaufentscheidungen nicht nur ökologische Attribute betrachten sollten, sondern auch die ökonomische

Komponente der Produktkäufe im Sinne von Total Cost of Ownership beachtet und kommuniziert werden müssen.

In einer ersten Vorstudie werden 26 Stiftung Warentest Reports, sowie zwei Webscraping-Datensätze von energiekonsumierenden Haushaltsgeräten mittels Regressionsanalysen untersucht, um Schlussfolgerungen über den Effekt von Preis und Energiekosten als Bestandteile der ökologischen und ökonomischen Betrachtungsweise, auf die entstehenden Gesamtkosten eines Produktes herstellen zu können. Die Ergebnisse liefern Evidenz dafür, dass der Einkaufspreis eine gute Abschätzung für die resultierenden Gesamtkosten ist, sodass Verbraucher beim Optimieren ökonomischer Nachhaltigkeit den Kaufpreis als sinnvollen Schätzer annehmen können.

Dennoch sind Verbraucher beim Produktkauf nicht nur mit dem Preis als salientem Attribut konfrontiert. Vielmehr finden sich in der Europäischen Union einheitliche Energielabel auf energieverbrauchenden Produkten, die farblich und salient dargestellt sind. Eine Conjoint-Studie untersucht, wie die Darstellung von Energieinformationen die Produktwahl von Verbrauchern beeinflusst. Die Studie findet initiale Evidenz für einen Teil der ersten Hypothese (H_1), nämlich dass die Darstellung der Energieinformationen mit dem Effekt des Energieverbrauchs auf die Produktwahl interagiert. So sind Verbraucher in der Labeldarstellung signifikant geneigter Produkte der Kategorie A zu kaufen, während sie diesen Effekt bei anderen Energiedarstellungen nicht zeigen. Zeitgleich führt das Label als Darstellungsform in Kombination mit der Energieklasse E dazu, dass Verbraucher das Produkt signifikant weniger wählen, was ebenfalls in den anderen Darstellungsformen kein signifikanter Effekt ist.

Eine nachgelagerte ANOVA verdeutlicht, dass Verbraucher in der Label-Darstellung signifikant höhere TCO zahlen, als wenn sie beim Produktkauf mit anderen Darstellungen der Energieinformationen konfrontiert sind.

Das Aufführen von Energielabels führt zu einer Art „Label-Bias", der Verbraucher dazu führt, ökonomisch wenig nachhaltige Entscheidungen zu treffen, da die Label die ökologischen Vorteile hervorheben und dadurch Barrieren zur Identifizierung ökonomischer Nachhaltigkeit schaffen. Selbst die Angabe von Referenzrahmen kann diesen Effekt nicht reduzieren. Ein wichtiger Beitrag zur gesellschaftlichen Debatte kann demnach durch das erste Experiment auf der Nachfragerseite dadurch geleistet werden, dass Label zum einen den gewünschten Effekt haben, dass Verbraucher präferiert zu ökologisch nachhaltigen Produkten greifen (Europäische Kommission 2024b; Generaldirektion Energie 2021). Zeitgleich führen die Label jedoch dazu, dass der Einkaufspreis als Schätzer für entstehende Gesamtkosten als Form der ökonomischen Nachhaltigkeit nicht oder weniger wahrgenommen wird. Betrachtet man dieses Ergebnis unter dem Aspekt, dass ökologisch nachhaltige Produkte häufig teurer sind als die weniger nachhaltigen Produktalternativen, zumindest für A und B-Label wie ein gescrapter Datensatz betont, so lässt sich hier auch schlussfolgern, dass Verbraucher mehr Geld für den Produktkauf ausgeben also auch höhere Gesamtkosten haben, die das verfügbare Budget für andere ökologisch nachhaltige Produkte reduzieren. Dies wirft die Frage auf, ob Energielabel im Gesamten zu ökologischerem Konsum führen oder das Budget für eben dieses Verhalten systematisch verringern. Zudem ergibt sich daraus für das Marketing die zentrale Herausforderung, dass Nachhaltigkeitskommunikation nicht nur emotional aktivierend, sondern auch rational verständlich sein muss. Labels sollen sowohl ökologische Auswirkungen verdeutlichen, aber auch als glaubwürdige Orientierung für ökonomische Vorteile dienen.

Hingegen wird der Effekt vom Preis auf die Produktauswahl nicht durch die Darstellungsform reduziert oder verstärkt. Die Studie liefert Evidenz dafür, dass der Effekt des Energieverbrauchs in der Labelkondition signifikant am höchsten ist, zumindest wenn man Labelkategorie A betrachtet. Dies gibt zusätzliche Evidenz dafür, dass Verbraucher durch das Label eine verstärkte Wahrnehmung auf den Energieverbrauch in den oberen Randkategorien legen und andere Attribute in den Hintergrund rücken.

Die Erkenntnisse über eine Form des Label-Bias führen zu der Frage, welche Mechanismen und welche Konsumenteneigenschaften den Effekt verstärken oder abschwächen. Die Analyse verdeutlicht, dass Verbraucher unabhängig von anderen Kriterien A-Label deutlich präferieren, während sie D und E Label meiden. Dabei liefern die Ergebnisse starke Evidenz für H_2, da Verbraucher mit hohen Klimabedenken häufiger ein A- oder B-Label wählen als Verbraucher, deren Sorgen nicht so stark ausgeprägt sind. Dies ist in dem Sinne verständlich, da unter anderem eine Erhebung von PwC folgendes beleuchtet: „Ein beträchtlicher Anteil der Verbraucher:innen passt zudem die Ernährung an, um das Klima zu schonen“ (PwC Deutschland 2024) und hierbei insbesondere die Verbraucher mit Klimabedenken adressiert. Diese werden, wie in den vorigen Studien demonstriert, durch Energielabel besonders angesprochen.

Die Frage bleibt dennoch, ob die Verbraucher sich so entscheiden würden, wenn ihnen die Folgekosten ausdrücklich aufgezeigt und die damit potenziell verbundene Budget-Minimierung für andere ökologisch nachhaltige Käufe bewusstwürde.

Überraschenderweise deuten die Ergebnisse aber auch daraufhin, dass H_3 abgelehnt werden muss. Dies indiziert, dass rationale Konsumenten dennoch nicht verstärkt auf den Preis und die quantitativen Kosten, die mit dem Kauf verbunden sind, achten. Der Einkaufspreis ist hingegen ein rationales Signal

(Gönül/Srinivasan 1996) und schätzt die Gesamtkosten sinnvoll ab. Dass rationale Verbraucher dennoch keinen verstärkten Fokus auf den Einkaufspreis setzen, kann eine Evidenz dafür sein, dass die Preisheuristik zur Abschätzung resultierender TCO bei Haushaltsgeräten noch kein erlernter Mechanismus in der Bevölkerung ist und darum keine Anwendung findet und Konsumenten ihre Entscheidung doch noch basierend auf dem Zusammentragen vieler oberflächlicher Informationen treffen. Weiter scheinen sich Verbraucher nicht zwangsläufig mit der TCO-Berechnung auseinanderzusetzen, da diese eventuell auch zu komplex ist.

Hingegen hat der Preis in Linie mit der Erwartung einen leicht negativen Effekt, sodass Verbraucher einen Produktkauf bei einem höheren Preis eher meiden. Individuelle Eigenschaften haben also einen Effekt auf die Wirkung des Label-Bias.

Zudem wurde mittels einer ANOVA untersucht, ob Teilnehmer die Abstufungen in den Energiedarstellungen identisch wahrnehmen. Dabei waren die Sprünge tatsächliche Angaben, die in kWh, jährliche Kosten oder eben das passende Energielabel umgewandelt wurden. Hier haben die Analysen bestätigt, dass die Label auch zu einer verzerrten Wahrnehmung führen und die positiven Randlabel (also A und B) als deutlich energieeffizienter bewertet wurden als die Pendants in Verbrauch und jährlichen Kosten. Zeitgleich wurden die Labels in Kategorie E als deutlich energiekonsumierender bewertet als in der Verbrauchs- und Kostenkondition. Dies bietet Hinweise darauf, dass die Label zu einer verzerrten Wahrnehmung bei den Verbrauchern führen.

Die Erkenntnisse der Nachfragerseite tragen in drei Aspekten zur bestehenden Forschung bei.

(1) Insbesondere erklären die Ergebnisse, dass eine Ursache für den Label-Bias darin liegt, dass Verbraucher mit Klimabedenken eine verminderte Preissensitivität bei A-/ und B-Label-Produkten haben. Dies verdeutlicht, dass aufgrund existierender Sorgen von Verbrauchern eine Überpreisung ökologisch nachhaltiger Produkte akzeptiert wird, obwohl die tatsächlichen Energieeinsparungen teilweise marginal sind und so keinen großen Beitrag zur Reduzierung von Klimaeffekten leisten. Hier hoffen Konsumenten also auf einen starken Effekt, der grundsätzlich gar nicht in der Form geleistet werden kann. Die Frage ist, wie man insbesondere diese besorgten Verbraucher ansprechen und ihnen potenzielle Sorgen nehmen kann, sodass die Emotionen im Produktkauf weniger dominant sind. Ein Beispiel hierfür könnte eine andere Darstellung der Label zum Beispiel ohne die indizierenden Farben rot und grün sein oder das Hinzufügen zusätzlicher

Informationssignale, sodass Verbraucher leichter vollständig informierte Entscheidungen treffen können. Ein Gedanke, der dabei verfolgt werden sollte, ist, dass nachhaltige Produkte häufig teurer sind und überpreiste Käufe eines nachhaltigen Produkts das verfügbare Budget für andere nachhaltige Käufe reduziert.

(2) Zudem gibt die Vorstudie Hinweise darauf, dass neben der etablierten Preis-Qualitäts-Heuristik (Lalwani/Shavitt 2013), Preise auch bei nachhaltigen Kaufentscheidungen als sinnvoller Indikator zur Abschätzung langfristig resultierender Kosten genutzt werden können. In Abwesenheit expliziter Heuristiken zur Schätzung von Total Cost of Ownership (TCO) greifen Konsumenten scheinbar auf etablierte Muster zurück, wie zum Beispiel die Überschätzung der Energielabel als salientes Signal. Dies führt zu der Frage, ob Konsumenten lernen müssen, bestehende Heuristiken anzupassen, um fundiertere Entscheidungen im Kontext nachhaltiger Produkte zu treffen und so auch ökonomische Aspekte verstärkt in die Entscheidungsfindung zu inkludieren. Da der Preis scheinbar der Haupttreiber für resultierende TCO ist, ist eine Aufklärung der Verbraucher hierüber eine Möglichkeit, informiertes Verhalten zu stärken. Die Erforschung dieser Frage könnte dazu beitragen, die Informationsverarbeitung von Konsumenten besser zu verstehen.

(3) Die vorliegende Forschung bietet zudem weitergehende Evidenz für einen Label-Bias und deutet daraufhin, dass Label nicht nur positive Effekte haben oder gar den Sinn erfüllen, langfristig Kosten zu sparen, wie es von der EU als eines der Ziele ausgegeben wurde (Europäische Kommission 2024b). Da weniger saliente Angaben wie der Energieverbrauch oder die jährlichen Energiekosten keinem ähnlichen Effekt wie dem Label-Bias unterliegen, liegt nahe, dass eine andere Gestaltung der Informationen dem Label-Bias entgegentritt und Verbraucherverhalten beeinflusst.

In einem zweiten Teil des Projekts wurde zudem untersucht, ob und wie Unternehmen von diesem Kundenverhalten profitieren können. Da das Verhalten der Verbraucher die Preisbildung der Anbieter beeinflusst und die Preisbildung dieser wiederum die Kaufentscheidung, ist die beidseitige Betrachtung unabdingbar. Houde (2022) findet bereits erste Evidenz dafür, dass Unternehmen bei den freiwilligen Energy Star Labels ausnutzen, dass Kunden einen großen Wunsch nach zertifizierten Produkten haben und dafür höhere Preise zahlen (Houde 2022). Es gibt allerdings bisher wenig Erkenntnis darüber, wie und ob Unternehmen sich den entstehenden Label-Bias bei Konsumenten auch in einem regulierten Markt zu Nutze machen. Dazu trägt die vorliegende Forschung bei und untersucht in drei Analysen, wie und ob dies ausgenutzt wird.

Die erste Analyse der Anbieterseite befasst sich damit, wie weit über die Schwellenwerte die Hersteller die Energieeffizienzindizes ihrer Produkte optimieren. Dabei deuten die Ergebnisse stark daraufhin, dass entlang aller Energieklassen, aber insbesondere bei den Klassen A-C die Hersteller nur minimal über dem Schwellenwert liegen. Es gibt kaum Produkte, die sich am oberen Ende der Grenzbereiche befindet, sodass die suggerierten Energieeinsparungen durch die Label häufig gar nicht in der erwarteten Form auftreten. Zudem bietet dies eine erste Evidenz dafür, dass Hersteller eine Optimierung so anstreben, dass sie die besseren Label verwenden können, aber die Optimierungen für die Verbraucher nicht maximal sind.

Der Energieeffizienzindex ist oft nur in den beiliegenden Informationsbroschüren zu finden. Die Referenzskalen für den Energieeffizienzindex sind sogar noch schwieriger einzusehen und nur auf wenigen Fachseiten veröffentlicht. Somit ist es für Verbraucher sehr schwer einzuschätzen, wo sich das Produkt auf der Effizienzskala befindet, ob es sich tatsächlich um große Innovationen handelt und dadurch müssen sie sich zur Bewertung und Einschätzung der Energieeffizienz auf die Label verlassen. Eine präsentere Aufführung des Energieeffizienzindexes inklusive der Referenzrahmen kann hier tatsächliche Innovationsschübe seitens der Hersteller bewirken und den Kunden transparentere Einschätzungen ermöglichen. Eine Modifizierung der Energieeffizienzindex-Skala kann dazu führen, dass Optimierungen angepasst werden müssen und könnten so den Innovationsdruck erhöhen.

Die zweite Analyse untersucht, ob die extremen Preissprünge von C auf B auf A Kühlschränke durch den Verbau effizientere Komponenten gerechtfertigt sind. Die Ergebnisse liefern Evidenz dafür, dass die Produktpreise exponentiell zunehmen, während effizientere Komponenten eher einer linearen Preissteigerung folgen. Dies führt zu der Annahme, dass Unternehmen hier ebenfalls eine starke Überpreisung bei Produkten mit Label A oder B durchführen. Informationen über die einzelnen Komponenten zu erhalten ist allerdings recht schwierig. Hersteller haben üblicherweise durch ihr Beschaffungsmanagement andere Konditionen, auf die Forschende nicht so leicht Zugriff erhalten. Ebenso können andere Komponenten wie Dichtungen einen weiteren Teil zur Energieeffizienz der Produkte beitragen, obwohl sie hier nicht quantifiziert betrachtet wurden. Somit ist es für die Forschung schwierig hier ein vollständiges Bild zu erhalten.

Die dritte Analyse untersucht konkret, ob Hersteller die Produktpreise anpassen, wenn ein Anstieg in der Suche zu Klimakrise-verwandten Ereignissen stattfindet. Die Ergebnisse bestätigen, dass Produkte der Kategorie A/B in drei Zeitperioden nach einem Anstieg der Suchnachfrage nach Nachhaltigkeit und Umweltschutz signifikant steigen, während die Produktpreise für Kühlschränke der Kategorie C-F signifikant fallen. Dies bietet erste Evidenz dafür, dass Hersteller die Klimabedenken von Verbrauchern, die zu einem gesteigerten Wunsch nach A oder B-Labels führen, kennen und sich dahingehend zu Nutze machen, dass sie die Produktpreise erhöhen und so auch ihre Margen potenziell erhöhen können.

Insgesamt weisen die Analysen daraufhin, dass auch im europäischen Markt, in dem die Energielabel verpflichtend und reguliert sind, Hersteller ausnutzen, dass Konsumenten für bessere Energielabel höhere Preise zahlen. Dies führt zu der Frage, inwiefern die EU-Label auch zu Greenwashing führen und Hersteller so vermeintliche Vorteile größer bewerben als sie sind (Du 2015). In Teilen wird deutlich, dass die Regularien dafür sorgen, dass Hersteller Anreize finden, um Mindestanforderungen zu erfüllen, aber weniger echte Innovationsanreize haben, die sowohl für Verbraucher als auch die Umwelt sinnhaft wären und das eigentliche Ziel der Label erfüllen würden.

Die Analysen stoßen dennoch auf Limitationen. So ist eine vollständige Darstellung der Prozesse auf Hersteller-Seite noch immer eine Art Blackbox. Gesteigerte Nachfragen nach Klimakrisen können auch zu erhöhten Strompreisen und somit erhöhten Herstellungskosten führen, die Preissprünge erklären. Wobei es an dieser Stelle dennoch kritisch zu beleuchten wäre, dass der Effekt bei Produkten mit dem Label C-F nicht auftritt. Zudem sind die tatsächlich zugrundeliegenden Kostenstrukturen für Komponententeile nur schwer zu durchschauen. Künftige Forschung kann hier ansetzen und weitere Feldstudien durchführen, um detailliertere Einblicke zu erhalten. Die vorliegende Forschung hat nur ein Subset an Produkten betrachtet. Hier wäre es sicherlich gewinnbringend die Produktkategorie auszuweiten, um so zu prüfen, ob die beobachteten Effekte robust sind. Ebenso kann es sinnvoll sein, gesondert zu untersuchen, ob bestimmte Marken insbesondere auf diese Effekte setzen, während andere Marken die Verbrauchereigenschaften nicht zu ihrem Vorteil nutzen.

Weiter hängt die ökonomische Nachhaltigkeit auch von den aktuellen Strompreisen ab. Es bleibt abzuwarten, wie die Energiewende in Deutschland und anderen Ländern voranschreitet und wie die tatsächlichen Auswirkungen auf die Strompreise in den kommenden Jahren sein werden. Sollten die Strompreise stark steigen, dann kann sich der Label-Bias potenziell auch reduzieren, indem es einen tatsächlich sinnvollen Ansatz auch zur Berechnung der ökonomischen Nachhaltigkeit bietet.

3.7.2 Implikationen für Behörden und Praxis

Die Ergebnisse dieser Arbeit haben Konsequenzen für die Regulierung von Energieeffizienzlabels sowie für Unternehmen, die in Märkten mit nachhaltigkeitsorientierten Konsumenten operieren. Die zentrale Erkenntnis ist, dass Energieeffizienzlabels in ihrer aktuellen Form nicht nur Kaufentscheidungen in Richtung ökologisch nachhaltigerer Produkte lenken, sondern auch eine systematische Verzerrung in der Wahrnehmung der tatsächlichen ökonomischen Nachhaltigkeit verursachen.

Implikationen für Gesetzgeber
Energieeffizienzlabels sind ein politisches Instrument, das ursprünglich darauf ausgelegt war, Verbraucher zu umweltfreundlicheren Entscheidungen zu bewegen. In ihrer jetzigen Form erfüllen sie dieses Ziel jedoch nur bedingt, da sie primär die ökologischen Aspekte eines Produkts betonen, während die tatsächlichen wirtschaftlichen Folgen nicht ausreichend berücksichtigt werden. Die Annahme, dass Verbraucher durch die Wahl eines A-Labels langfristig Geld sparen, trifft nur bedingt zu, wenn die höheren Anschaffungskosten nicht durch entsprechend reduzierte Betriebskosten kompensiert werden.

Die Ergebnisse dieser Arbeit legen nahe, dass eine Überarbeitung des Label-Designs notwendig sein könnte. In seiner aktuellen Form ist das Label stark salient, was dazu führt, dass Verbraucher es als dominantes Entscheidungskriterium nutzen und alternative relevante Informationen vernachlässigen. Eine mögliche Anpassung könnte darin bestehen, die Energieeffizienz nicht nur durch eine farbkodierte Label-Kategorie, sondern auch durch absolute Verbrauchswerte oder eine TCO-Schätzung deutlicher zu kommunizieren. Zusätzlich stellt sich die Frage, inwieweit Aufklärungskampagnen notwendig sind, um Verbraucher über die langfristigen finanziellen Auswirkungen ihrer Entscheidungen besser zu informieren.

Darüber hinaus sollten politische Entscheidungsträger prüfen, welche Anreize Unternehmen derzeit zur Innovation erhalten. Die vorliegenden Analysen verdeutlichen, dass viele Hersteller ihre Produkte knapp über die Schwellenwerte der Label-Kategorien optimieren, anstatt kontinuierliche Effizienzverbesserungen voranzutreiben. Dies ist aus Unternehmenssicht nachvollziehbar, reduziert aber das Potenzial für echte technologische Fortschritte. Um diesem Effekt entgegenzuwirken, könnten dynamischere Anreizsysteme geschaffen werden, die nicht nur den Sprung über eine Label-Schwelle belohnen, sondern auch die kontinuierliche Effizienzsteigerung über einen Produktlebenszyklus hinweg honorieren.

3.7.3 Implikationen für Hersteller

Aus Unternehmensperspektive erscheint das derzeitige Label-System tendenziell eher vorteilhaft, da es auf Basis der untersuchten Preisbildungsmechanismen höhere Margen ermöglicht, indem die Zahlungsbereitschaft für Top-Label genutzt werden kann.

Eine zentrale Frage für Hersteller besteht darin, wie die Preisstrategie langfristig optimiert werden kann. Während höhere Preise für A-Label-Produkte aktuell durchsetzbar sind, könnte eine steigende Transparenz oder eine Anpassung der Label-Politik dazu führen, dass Verbraucher sensibler auf die realen Effizienzgewinne reagieren. Dies könnte es notwendig machen, die Preisgestaltung stärker an tatsächlichen Mehrwerten zu orientieren, anstatt sie primär durch die Label-Kategorie zu definieren.

Schließlich stellt sich die Frage, ob Unternehmen ihr Innovationsmanagement stärker an echten Effizienzsteigerungen ausrichten sollten. Die Analyse der Energieeffizienzindizes deutet darauf hin, dass viele Produkte knapp über den Schwellenwerten der Label-Kategorien liegen, anstatt die maximal mögliche Energieeinsparung zu erreichen. Dies ist aus betriebswirtschaftlicher Sicht rational, könnte aber auf lange Sicht das Vertrauen der Verbraucher in Label-Systeme schwächen. Unternehmen könnten hier proaktivere Ansätze entwickeln, um nicht nur regulatorische Mindestanforderungen zu erfüllen, sondern sich durch tatsächliche technologische Fortschritte von Wettbewerbern abzuheben.

4 Schlussbetrachtung

Der Wunsch von Konsumenten und Unternehmen nachhaltige Kaufentscheidungen zu treffen, gewann in den letzten Jahren zunehmend an Bedeutung. Barrieren, die den tatsächlichen Kauf ökologisch nachhaltiger Produkte mindern und so zu einer Lücke zwischen Absicht und Verhalten führen, sind unter anderem hohe Kosten und limitierte Budgets sowohl im B2B als auch B2C (Elmor et al. 2024). Dabei beinhalten Nachhaltigkeitsansätze formal auch die Betrachtung ökonomischer Nachhaltigkeit, die sicherstellt, dass Einkäufe mit langfristig optimalen und niedrigen Kosten einhergehen (Basiago 1998). Die Einbeziehung ökonomischer Nachhaltigkeit in Kaufentscheidungen ist demnach für alle Entscheidungsträger im privaten und organisationalen Umfeld relevant, die langfristig optimale Kosten erzielen und eine sinnvolle Budget-Allokation erreichen wollen. Sind die Kosten von Anfang an transparent, bekannt und optimiert, ermöglicht dies zeitgleich auch die Identifikation von verfügbarem Budget für weitere ökologisch nachhaltige Käufe.

Dennoch verdeutlichen Studien, dass viele Entscheidungseinheiten die ökonomische Nachhaltigkeit nicht als Kriterium in finale Kaufentscheidungen einbeziehen. Ein Ansatz, wie dies gelingen könnte, ist dabei die Berechnung des Total Cost of Ownership, der die Berechnung aller Kosten rund um Produktkauf, Nutzung und Entsorgung quantifiziert und so eine Vergleichbarkeit zwischen Produktalternativen herstellt (Ellram 1993a).

Weshalb dies im B2B und B2C so häufig dennoch keine Anwendung findet, wurde in der vorliegenden Dissertation untersucht mit dem Ziel zu identifizieren, wie Entscheidungen im B2B und B2C künftig TCO-optimaler werden können. Dabei fokussiert sich die Betrachtung auf Barrieren, die durch die

A. Gerlach, *Nachhaltige Einkaufsentscheidungen im B2B und B2C*, Beiträge zur empirischen Marketing- und Vertriebsforschung,
https://doi.org/10.1007/978-3-658-49311-0_4

Entscheidungseinheit (Gruppen vs. Individuen) sowie saliente Produktattribute (wie Energieverbrauchskennzeichnungen) die Wahl des TCO-optimalen Produkts beeinflussen.

Dieses abschließende Kapitel fasst die Ergebnisse der Dissertation zusammen und gibt einen Überblick über die Antworten auf die zwei leitenden Forschungsfragen. Kapitel 2 dieser Arbeit widmet sich der Beantwortung der ersten Forschungsfrage durch eine Online-Befragung, einem Laborexperiment, drei Online-Experimenten und Experteninterviews. In dem Kapitel wird untersucht, wie die beiden häufigsten Formen von Entscheidungseinheiten im B2B und B2C, Individuen und Gruppen, hinsichtlich TCO-optimaler Entscheidungen agieren und wie beide Einheiten durch auftretende Effekte wie Informationsvollständigkeit und verschiedene Einkaufspreise beeinflusst werden. Weiter untersucht Kapitel 2, wie Entscheidungseinheiten beim Treffen TCO-optimaler Entscheidungen unterstützt werden können, um ökonomisch nachhaltige Entscheidungen zu optimieren.

Forschungsfrage 1: Welche Rolle hat die Entscheidungseinheit (Gruppen vs. Individuen) beim Treffen „Total Cost of Ownership"-optimaler Kaufentscheidungen?
Die geläufigsten Formen von Entscheidungseinheiten sind sowohl im privaten als auch organisationalen Kontext Individuen oder Gruppen (z. B. Familien oder Buying Center). Bestehende und etablierte Forschung erkennt, dass es je nach Situation Faktoren gibt, die zur Überlegenheit einer der Entscheidungseinheiten im Treffen von Entscheidungen gibt (Castillo et al. 2022; Kugler et al. 2012). Unklar bleibt jedoch bisher, welche Form der Entscheidungseinheit im Rahmen vom Erzielen ökonomischer Nachhaltigkeit überlegen ist und was Entscheidungseinheiten helfen kann, verstärkt und verbessert TCO-optimale Entscheidungen zu treffen.

Die Beantwortung der Forschungsfrage erfolgt anhand einer Vorstudie, einem Labor-Szenarioexperiment ($n = 201$), drei Online-Experimenten ($n = 801$; $n = 423$; $n = 240$) und Experteninterviews ($n = 25$) mittels Multilevel Regressionsmodellen, Natural Language Processing und Classifier-Analysen. Obwohl die Literatur Hinweise darauf gibt, dass Gruppen insbesondere in komplexen Umfeldern bessere Entscheidungen treffen als Individuen und mehr Informationen besser verarbeiten können (Janis 1983; Mayo-Wilson et al. 2013; Whyte 1989), bieten die Ergebnisse des Laborexperiments Evidenz, dass Gruppen hinsichtlich TCO-optimalen Entscheidungen und damit ökonomisch nachhaltigen Entscheidungen schlechter sind als Individuen.

Dabei wird deutlich, dass beide Entscheidungseinheiten Probleme haben, TCO-optimale Entscheidungen zu identifizieren und zu treffen, dies aber insbesondere bei Gruppen bei hochpreisigen, bzw. komplexen Produkten wie PV-Anlagen auftritt, während das Treffen TCO-optimaler Entscheidungen bei niedrigpreisigen Produkten wie Kühl-Gefrier-Kombinationen etwas besser gelingt. Ebenso weisen die Ergebnisse darauf hin, dass Gruppen signifikant seltener TCO-optimal entscheiden, wenn die vorliegenden Informationen nicht vollständig sind, was in der Realität allerdings häufig anzutreffen ist. Das bietet weitere Evidenz dafür, warum TCO häufig in Kaufprozessen nicht einbezogen werden.

Abgeschwächt tritt dieser Effekt in den Online-Experimenten auf, in denen Gruppen nicht mehr simultan entscheiden, sondern sequenziell in Form von simulierten E-Mails zwischen den Gruppenmitgliedern. Damit gleichen sich im sequenziellen Prozess die Entscheidungen der Gruppen und Individuen aneinander an, sodass keine Entscheidungseinheit deutlich bessere Entscheidungen trifft. Auffällig ist dabei, dass weiterhin viele Entscheider von der ökonomisch optimalen Wahl abweichen. Zusätzliche Classifier-Analysen verdeutlichen, dass sich Individuen verstärkt auf Aspekte wie den Einkaufspreis und TCO konzentrieren, während die Gruppen Themen wie Risiken verstärkt besprechen. Ergänzend bietet ein Topic Modelling initiale Hinweise, dass Individuen bei ökonomischen Kaufentscheidungen mehr Themen beleuchten als Gruppen.

Die folgenden Experteninterviews mit Einkäufern aus dem B2B-Bereich bieten Erklärungsansätze, weshalb Gruppen zumindest im organisationalen Kontext von TCO-optimalen Entscheidungen abweichen. Dabei betonen die Experten, dass das Konzept TCO in Gruppen häufig nicht von allen Mitgliedern gekannt wird und so die Fokussierung darauf schwierig ist. Als Lösungsansatz werden neben Guidelines auch Trainings hinsichtlich TCO für alle Entscheider vorgeschlagen.

Ein nachfolgendes Gruppen-Online-Experiment bestätigt, dass zumindest für Fälle, in denen die TCO-optimalen Produkte zeitgleich auch die niedrigen Kaufpreise aufweisen, Trainings zu tatsächlich signifikanten Verbesserungen der Gruppen hinsichtlich TCO-optimaler Entscheidungen führen.

Das Projekt verdeutlicht damit, dass Gruppen in ökonomisch nachhaltigen Kaufentscheidungen ohne Interventionen nachteilige Entscheidungen treffen, während Individuen hier leicht besser sind und somit langfristig zu Kosteneinsparungen führen können. Damit wird das Wissen um den Unterschied zwischen individueller und gruppenbasierter Entscheidungsfindung um den aktuellen Aspekt der ökonomisch nachhaltigen Kaufentscheidungen erweitert (Castillo et al. 2022; Kugler et al. 2007).

Nachdem Kapitel 2 den Einfluss der Entscheidungseinheiten im B2B & B2C auf das Treffen ökonomisch nachhaltiger Kaufentscheidungen untersucht hat, ergeben sich auch Hinweise darauf, dass weitere Produktattribute wie der Einkaufspreis oder die Energieverbräuche einen Effekt auf die Wahl der Alternativen haben. Kapitel 3 untersucht folglich erweiternd zu Kapitel 2, wie sich ökologische und ökonomische Produktattribute auf die Produktauswahl von Verbrauchern auswirken und das Treffen ökonomisch nachhaltiger Entscheidungen beeinflusst.

Forschungsfrage 2: Wie beeinflussen Darstellungen von Energieinformationen das Treffen ökonomisch nachhaltiger Kaufentscheidungen?
Bei Kaufentscheidungen energiekonsumierender Güter finden sich in zahlreichen Ländern Hinweise auf den Energieverbrauch, etwa in Form verpflichtender Energieverbrauchskennzeichnungen in der EU. Dabei betont die EU, dass diese Label den Effekt haben sollen, Verbraucher bei ökologischen Entscheidungen zu unterstützen und ihnen so helfen, langfristig Geld zu sparen (Europäische Kommission 2024b).

Bisherige Studienergebnisse bieten jedoch Evidenz dafür, dass Energielabel zu einer verzerrten Wahrnehmung bei Verbrauchern führen können. Produkte mit einem A- oder B-Label werden häufiger gewählt, selbst wenn die tatsächlichen Energieeinsparungen nur gering sind (Waechter et al. 2015). Gleichzeitig neigen Verbraucher dazu diese Produkte intensiver zu nutzen, was in entsprechend höheren Verbräuchen resultiert (Stadelmann/Schubert 2018). Während bisherige Literatur primär die ökologischen Effekte der Label betrachtet, ist wenig über die Auswirkungen auf ökonomisch nachhaltige Kaufentscheidungen bekannt, wie zum Beispiel wie die Label mit dem Einkaufspreis interagieren und damit Kaufentscheidungen beeinflussen. Zudem ist nicht ausreichend geklärt, welche individuellen Eigenschaften zu diesem Label-Bias führen. Da Unternehmen diese Verbrauchereffekte auch wahrnehmen und mit entsprechender Preisbildung darauf reagieren können, bleibt als weitere Frage bestehen, wie Unternehmen die Verzerrungen der Verbraucher in ihre Preisgestaltung einbeziehen.

Zur Beantwortung der Forschungsfrage und der Untersuchung der Auswirkung von Produktattributen auf das Treffen ökonomisch nachhaltiger Entscheidungen wurden in Kapitel 3 Zusammenhänge zwischen den Preisen energieverbrauchender Güter, deren Energieverbrauch und Gesamtkosten anhand Stiftung Warentest Reports und Webscrapings ($n = 26$ Reports, $n = 2$ Scrapings) untersucht. Weiter wurden zur Beantwortung der Forschungsfrage drei Online-Experimente ($n = 811$, $n = 400$, $n = 158$) sowie für die Analysen realer Preisbildungen seitens der Hersteller drei weitere Analysen anhand von Webscrapings, Trendanalysen und Felddaten durchgeführt.

Die Ergebnisse der Vorstudie verdeutlichen, dass der Einkaufspreis eine sinnvolle Approximation für Verbraucher zum Treffen ökonomisch nachhaltiger Entscheidungen darstellt. In 25 von 26 Reports führt ein höherer Kaufpreis zu höheren resultierenden Total Cost of Ownership. Dies bietet Evidenz dafür, dass Verbraucher beim Treffen nachhaltiger Entscheidungen einen Fokus auf den Kaufpreis legen sollten, wenn sie die ökonomische Komponente optimieren wollen. Dennoch finden Studien zu dem Label-Bias, dass Verbraucher tendenziell eher bereit sind, höhere Einkaufspreise zu zahlen, wenn das Produkt mit einem hohen Energielabel ausgestattet ist (Andor et al. 2020).

Ein durchgeführtes Online-Experiment verdeutlicht, dass dieser Effekt tatsächlich nur auftritt, wenn Energieinformationen als Label dargestellt sind, während Verbraucher, die die Energieinformationen als Verbrauch oder jährliche Kosten sehen, keine deutliche Präferenz für A-Label aufweisen. Ebenso werden Produkte mit einem E-Label deutlich stärker gemieden als Produkte, die das Pendant an Energie konsumieren und dies als Verbrauchs- oder Kostenangabe tragen. Ebenso bietet die Studie Evidenz dafür, dass die resultierenden TCO durch die Produktauswahl in der Label-Kondition signifikant höher sind als in den anderen Darstellungsformen.

Das zweite und dritte Experiment bieten eine Erklärung für die starke Präferenz von Top-Labels bei Verbrauchern. Einerseits findet sich, dass Verbraucher mit Klimabedenken eine erhöhte Präferenz für A- und B-Label haben und niedrige Label verstärkt meiden. Dadurch verdeutlicht sich, dass ökologische Sorgen direkte Auswirkungen auf ökonomische Konsequenzen hat. Andererseits betonen die Ergebnisse des dritten Experiments auch, dass die Label-Darstellung zu stärker wahrgenommenen Effizienzunterschieden führt als die Verbrauchs- oder Kostenangaben. Der Label-Bias ist also auch ein Wahrnehmungs-Bias. Insbesondere die erhöhten Klimabedenken ergänzen damit einen entscheidenden Erklärungsansatz für die Überschätzung von Energielabels und damit verbundenen ökonomisch suboptimalen Käufen.

Die Analyse des zweiten Teils mit Fokus auf der Herstellerseite, erweitert die Erkenntnisse darüber, dass im US-Markt Unternehmen den Label-Bias nutzen und ihre Produkte so optimieren, dass sie gerade noch ein Label erhalten (Houde 2022) um Wissen über das Verhalten von Unternehmen im EU-Markt, in dem Labelkennzeichnungen verpflichtend sind und verknüpft erstmals Herstelleraktionen mit Verbraucherreaktionen hinsichtlich Produktauswahl und Preismechanismen.

Die Ergebnisse verdeutlichen, dass im EU-Markt Hersteller ihre Produkte ebenfalls durchschnittlich so optimieren, dass sie gerade über den Schwellenwert des Energieeffizienzindex kommen, der zum besseren Energielabel führt. Weiter bietet eine Analyse der Preisentwicklung von Kühlschränken je Energiestufe und der Produktkomponente Kühler je Effizienz, dass die Preise bei Kühlschränken eher exponentiell steigen, während die Preise der Komponente Kühler einem linearen Preisanstieg folgt. Somit kann die Rechtfertigung des Preisanstiegs des finalen Produkts nicht komplett durch eine der Effizienz-treibenden Komponenten erklärt werden.

Zudem senken Hersteller zwar die Preise für A-/B-Produkte kurzfristig nach einem Anstieg der Suche nach „Umweltschutz" und „Nachhaltigkeit" bei Verbrauchern, erhöhen die Preise jedoch langfristig nach solchen Ereignissen, während die Preise bei C-/D-/E-/F-Produkten fallen. Erste Hinweise verdeutlichen, dass Hersteller gezielt auf Konsumtrends und Klimabedenken der Verbraucher zu reagieren scheinen, um Zahlungsbereitschaften zu nutzen. Dies schließt wiederum den Kreis zur Vorstudie, die identifiziert, dass höherpreisige Produkte zu höheren langfristigen Kosten führen und so ökonomisch nicht nachhaltig sind. Möchten Verbraucher ihre ökonomische und ökologische Nachhaltigkeit zeitgleich optimieren, so geraten sie durch die Preisgestaltung in einen Konflikt.

Zusammengefasst leistet diese Dissertation einen Beitrag zum besseren Verständnis der Mechanismen, die ökonomisch nachhaltige Kaufentscheidungen sowohl im B2C als auch im B2B beeinflussen. Erstens erweitert die Dissertation die Forschung zu TCO im Kontext nachhaltiger Entscheidungen, indem sie aufzeigt, dass insbesondere Gruppen ohne gezielte Interventionen weniger TCO-optimale Entscheidungen treffen als Individuen und dass Trainingsmaßnahmen die Entscheidungsqualität signifikant verbessern können.

Zweitens trägt die Dissertation dazu bei, die Wirkung von Energieinformationen auf die ökonomische Nachhaltigkeit von Kaufentscheidungen differenzierter zu verstehen. Sie liefert neue Evidenz dafür, dass Energieverbrauchskennzeichnungen die wahrgenommene Energieeffizienz systematisch verzerren, die Preissensitivität reduzieren und damit zu höheren TCO führen können. Die Dissertation leistet zudem einen wichtigen Beitrag, indem sie erstmals Evidenz dafür findet, dass eine der Hauptursachen für den resultierenden Top-Label-Bias in Klimabedenken von Verbrauchern liegt. Somit verknüpft sie ökologische Aspekte mit ökonomischen Konsequenzen.

Drittens erweitert die Arbeit die Perspektive auf Unternehmensverhalten, indem sie erste Hinweise findet, dass Hersteller Energieeffizienzlabel strategisch nutzen, um Preissetzungen zu optimieren und dabei auf gesellschaftliche Trends wie gestiegene Klimabedenken reagieren.

Praktisch liefert die Dissertation Ansatzpunkte, wie die Gestaltung von Energieinformationen und Trainingsmaßnahmen für Entscheidungseinheiten verbessert und verwendet werden kann, um sowohl ökologische, aber auch ökonomische Nachhaltigkeit besser in Einklang zu bringen, damit Unternehmen und Verbraucher langfristig ihre Kosten optimieren können. Insgesamt bietet die Arbeit dadurch neue Impulse für die interdisziplinäre Forschung an der Schnittstelle zwischen Konsumentenverhalten, Nachhaltigkeitskommunikation und Marktmechanismen.

Literaturverzeichnis

Akinc, Umit (1993): Selecting a set of vendors in a manufacturing environment. In: *Journal of Operations Management*, 11 (2), S. 107–122.

Allcott, Hunt; Taubinsky, Dmitry (2015): Evaluating Behaviorally Motivated Policy: Experimental Evidence from the Lightbulb Market. In: *American Economic Review*, 105 (8), S. 2501–2538.

Anderson, C. Dennis; Claxton, John D. (1982): Barriers to Consumer Choice of Energy Efficient Products. In: *Journal of Consumer Research*, Oxford University Press (OUP), 9 (2), S. 163–170.

Anderson, James C.; Thomson, James B.L.; Wynstra, Finn (2000): Combining value and price to make purchase decisions in business markets. In: *International Journal of Research in Marketing*, North-Holland, 17 (4), S. 307–329.

Andor, Mark A.; Gerster, Andreas; Götte, Lorenz (2019): How effective is the European Union energy label? Evidence from a real-stakes experiment. In: *Environmental Research Letters*, https://doi.org/10.1088/1748-9326/ab05fe.

Andor, Mark A.; Gerster, Andreas; Sommer, Stephan (2020): Consumer Inattention, Heuristic Thinking and the Role of Energy Labels. In: *The Energy Journal*, SAGE Publications. 41 (1), S. 83–112.

Asch, S.E. (1951): Effects of group pressure upon the modification and distortion of judgments. In: *Groups, leadership and men; research in human relations*, S. 177–190. Carnegie Press.

van Asselt, Harro; Biermann, Frank (2007): European emissions trading and the international competitiveness of energy-intensive industries: a legal and political evaluation of possible supporting measures. In: *Energy Policy*, Elsevier, 35 (1), S. 497–506.

Bain & Company (2024a): From Sustainability Commitments to Impact: Four Pragmatic Questions for Visionary CEOs. Text abrufbar unter: https://www.bain.com/insights/four-questions-for-every-ceo-ceo-sustainability-guide-2024/ (Zugriff am 14.4.2025).

Bain & Company (2024b): How to Master the Art of Selling Sustainability: A CEO's Guide. Text abrufbar unter: https://www.bain.com/insights/how-to-master-art-of-selling-ceo-sustainability-guide-2024/ (Zugriff am 28.3.2025).

A. Gerlach, *Nachhaltige Einkaufsentscheidungen im B2B und B2C*, Beiträge zur empirischen Marketing- und Vertriebsforschung,
https://doi.org/10.1007/978-3-658-49311-0

Bain & Company (2024c): Seven Reasons There's a B2B Buy-Sell Gap on Sustainability. Text abrufbar unter: https://www.bain.com/insights/seven-reasons-theres-a-b2b-buy-sell-gap-on-sustainability-infographic-ceo-sustainability-guide-2024/ (Zugriff am 28.3.2025).

Bain & Company (2024d): Will vs. Wallet: Consumers Want Green Energy, but Not at Any Cost. Text abrufbar unter: https://www.bain.com/insights/will-versus-wallet-consumers-want-green-energy-but-not-at-any-cost/ (Zugriff am 21.4.2025).

Basiago, A. D. (1998): Economic, social, and environmental sustainability in development theory and urban planning practice. In: *The Environmentalist*, 19 (2), S. 145–161.

Bayerische Staatsbibliothek (2020): bert-base-german-uncased (Revision b705f0e). Hugging Face. Text abrufbar unter: https://huggingface.co/dbmdz/bert-base-german-uncased (Zugriff am 25.3.2025).

Bearden, William O; Rose, Randall L (1990): Attention to Social Comparison Information: An Individual Difference Factor Affecting Consumer Conformity. In: *Journal of Consumer Research*, 16 (4), S. 461–471.

Bertini, Marco; Buehler, Stefan; Halbheer, Daniel; Lehmann, Donald R. (2020): Carbon Footprinting and Pricing Under Climate Concerns. In: *Journal of Marketing*, SAGE Publications, 86 (2), S. 186–201.

BfEE (2017): Energieeffizienzkriterien für Produkte. Text abrufbar unter: https://www.bfee-online.de/SharedDocs/Downloads/BfEE/DE/Effizienzpolitik/energieeffizienzkriterien.pdf?__blob=publicationFile&v=2 (Zugriff am 25.3.2025).

Blasberg, John; van den Branden, Jean-Charles; Morrison, Harry; Zehner, David; Johns, Leah (2024): The Sustainability Puzzle: What Do Consumers Really Want? | Bain & Company. Text abrufbar unter: https://www.bain.com/insights/what-do-consumers-really-want-ceo-sustainability-guide-2024/ (Zugriff am 11.3.2025).

Blasch, Julia; Filippini, Massimo; Kumar, Nilkanth (2019): Boundedly rational consumers, energy and investment literacy, and the display of information on household appliances. In: *Resource and Energy Economics*, Elsevier, 56, S. 39–58.

Bohlen, Greg; Schlegelmilch, Bodo B.; Diamantopoulos, Adamantios (1993): Measuring ecological concern: A multi-construct perspective. In: *Journal of Marketing Management*, 9 (4), S. 415–430.

Bordalo, Pedro; Gennaioli, Nicola; Shleifer, Andrei (2013): Salience and Consumer Choice. In: *Journal of Political Economy*, 121 (5), S. 803–843.

Bornemann, Torsten; Homburg, Christian (2011): Psychological Distance and the Dual Role of Price. In: *Journal of Consumer Research*, Oxford Academic, 38 (3), S. 490–504.

Botti, Simona; McGill, Ann L. (2006): When Choosing Is Not Deciding: The Effect of Perceived Responsibility on Satisfaction. In: *Journal of Consumer Research*, 33 (2), S. 211–219.

Brady, Michael P.; Wu, Steven Y. (2010): The aggregation of preferences in groups: Identity, responsibility, and polarization. In: *Journal of Economic Psychology*, 31 (6), S. 950–963.

Briggs, Elten; Grisaffe, Douglas (2010): Service Performance—Loyalty Intentions Link in a Business-to-Business Context: The Role of Relational Exchange Outcomes and Customer Characteristics. In: *Journal of Service Research*, 13 (1), S. 37–51.

Brown, Brian P.; Zablah, Alex R.; Bellenger, Danny N.; Johnston, Wesley J. (2011): When do B2B brands influence the decision making of organizational buyers? An examination of the relationship between purchase risk and brand sensitivity. In: *International Journal of Research in Marketing*, 28 (3), S. 194–204.

Bull, Joe (2012): Loads of green washing-can behavioural economics increase willingness-to-pay for efficient washing machines in the UK? In: *Energy Policy*, 50, S. 242–252.

Bunn, Michele D. (1993): Taxonomy of Buying Decision Approaches. In: *Journal of Marketing*, SAGE Publications. 57 (1), S. 38–56.

Burleson, Brant R.; Levine, Barbara J.; Samter, Wendy (1984): Decision-Making Procedure and decision quality. In: *Human Communication Research*, John Wiley & Sons, Ltd, 10 (4), S. 557–574.

Cao, Xinyu; Zhu, Yuting (2024): The Power of Commitment in Group Search. In: *Marketing Science*, 43 (1), S. 213–228.

Carter, Craig R.; Rogers, Dale S. (2008): A framework of sustainable supply chain management: Moving toward new theory. In: *International Journal of Physical Distribution and Logistics Management*, Emerald Group Publishing Limited, 38 (5), S. 360–387.

Casoria, Fortuna; Reuben, Ernesto; Rott, Christina (2022): The Effect of Group Identity on Hiring Decisions with Incomplete Information. In: *Management Science*, 68 (8), S. 6336–6345.

Castillo, Geoffrey; Choo, Lawrence; Grimm, Veronika (2022): Are groups always more dishonest than individuals? The case of salient negative externalities. In: *Journal of Economic Behavior & Organization*, North-Holland, 198, S. 598–611.

Charness, Gary; Sutter, Matthias (2012): Groups Make Better Self-Interested Decisions. In: *Journal of Economic Perspectives*, 26 (3), S. 157–176.

Chung, Janne; Monroe, Gary (2003): Exploring Social Desirability Bias. In: *Journal of Business Ethics*, 44 (4), S. 291–302.

Conneau, Alexis; Khandelwal, Kartikay; Goyal, Naman; Chaudhary, Vishrav; Wenzek, Guillaume; Guzmán, Francisco; Grave, Edouard; Ott, Myle; Zettlemoyer, Luke; Stoyanov, Veselin (2019): *Unsupervised Cross-lingual Representation Learning at Scale.* In: Proceedings of the 58th Annual Meeting of the Association for Computational Linguistics (ACL 2020), Association for Computational Linguistics, Online, S. 8440–8451.Text abrufbar unter: https://aclanthology.org/2020.acl-main.747 (Zugriff am 28.03.2025).

Corfman, Kim P.; Lehmann, Donald R. (1987): Models of Cooperative Group Decision-Making and Relative Influence: An Experimental Investigation of Family Purchase Decisions. In: *Journal of Consumer Research*, Oxford Academic, 14 (1), S. 1–13.

Cronin, J. Joseph; Smith, Jeffery S.; Gleim, Mark R.; Ramirez, Edward; Martinez, Jennifer Dawn (2011a): Green marketing strategies: an examination of stakeholders and the opportunities they present. In: *Journal of the Academy of Marketing Science*, Springer Science and Business Media, LLC, 39 (1), S. 158–174.

Cronin, Matthew A.; Weingart, Laurie R.; Todorova, Gergana (2011b): Dynamics in groups: Are we there yet? In: *Academy of Management Annals*, 5 (1), S. 571–612.

Crowne, D.P. & Marlowe, D (1960). A new scale of social desirability independent of psychopathology. *Journal of Consulting Psychology,* 24(4), S 349–354.

Cummings, L. L.; Huber, G. P.; Arendt, E. (1974): Effects of Size and Spatial Arrangements on Group Decision Making. In: *Academy of Management Journal*, 17 (3), S. 460–475.

D'adda, Giovanna; Gao, Yu; Tavoni, Massimo (2022): A randomised trial of energy cost information provision alongside energy efficiency classes for refrigerator purchases. In: *Nature Energy*, 7 (4), S. 360–368.

Dawes, Philip L.; Lee, Don Y.; Dowling, Grahame R. (1998): Information control and influence in emergent buying centers. In: *Journal of Marketing*, American Marketing Association, 62 (3), S. 55–68.

Degraeve, Zeger; Roodhooft, Filip (1999): Effectively Selecting Suppliers Using Total Cost of Ownership. In: *Journal of Supply Chain Management*, 35 (4), S. 5–10.

Denny, E. (2022): Long-term Energy Cost Labelling for Appliances: Evidence from a Randomised Controlled Trial in Ireland. In: *Journal of Consumer Policy*, Springer, 45 (3), S. 369–409.

Devlin, Jacob; Chang, Ming-Wei; Lee, Kenton; Toutanova, Kristina (2019): BERT: Pre-training of Deep Bidirectional Transformers for Language Understanding. Präsentiert auf: 2019, *Proceedings of the 2019 Conference of the North American Chapter of the Association for Computational Linguistics: Human Language Technologies*, Association for Computational Linguistics, 4171–4186.

Diehl, Kristin; Zauberman, Gal (2005): Searching Ordered Sets: Evaluations from Sequences under Search. In: *Journal of Consumer Research*, 31 (4), S. 824–832.

Dijksterhuis, Ap; van Olden, Zeger (2006): On the benefits of thinking unconsciously: Unconscious thought can increase post-choice satisfaction. In: *Journal of Experimental Social Psychology*, Academic Press, 42 (5), S. 627–631.

Du, Xingqiang (2015): How the Market Values Greenwashing? Evidence from China. In: *Journal of Business Ethics*, 128 (3), S. 547–574.

Dunlap, Riley E.; Van Liere, Kent D.; Mertig, Angela G.; Jones, Robert Emmet (2000): New Trends in Measuring Environmental Attitudes: Measuring Endorsement of the New Ecological Paradigm: A Revised NEP Scale. In: *Journal of Social Issues*, 56 (3), S. 425–442.

Elkington, John (1997): Cannibals with Forks: The Triple Bottom Line of 21st Century Business. Capstone, Oxford.

Ellram, Lisa (1993a): Total Cost of Ownership: Elements and Implementation. In: *International Journal of Purchasing and Materials Management*, 29 (3), S. 2–11.

Ellram, Lisa M. (1993b): A Framework for Total Cost of Ownership. In: *The International Journal of Logistics Management*, 4 (2), S. 49–60.

Ellram, Lisa M. (1995): Total cost of ownership. In: *International Journal of Physical Distribution & Logistics Management*, 25 (8), S. 4–23.

Elmor, Larissa; Ramos, Guilherme A.; Vieites, Yan; Andretti, Bernardo; Andrade, Eduardo B. (2024): Environmental sustainability considerations (or lack thereof) in consumer decision making. In: *International Journal of Research in Marketing*, Advanced online publication. Text abrufbar unter: https://doi.org/10.1016/j.ijresmar.2024.08.003.

EnBW (2024): Neue Energieeffizienzklassen in 2024: Was jetzt wichtig ist . Text abrufbar unter: https://www.enbw.com/blog/wohnen/energie-sparen/neue-energieeffizienzklassen-was-jetzt-wichtig-ist/#:~:text=Wer%20aber%20keine%20Vergleichswerte%20kennt,durchschnittlicher%20Nutzung%20pro%20Jahr%20verbraucht (Zugriff am 25.3.2025).

Europäische Kommission (2024a): Understanding the Energy Label. Text abrufbar unter: https://energy-efficient-products.ec.europa.eu/ecodesign-and-energy-label/understanding-energy-label_en (Zugriff am 11.3.2025).

Europäische Kommission (2024b): Energy Label. Text abrufbar unter: https://europa.eu/youreurope/business/product-requirements/labels-markings/energy-labels/index_en.htm (Zugriff am 11.3.2025).

Europäische Kommission (2024c): European's attitudes towards energy policies. Text abrufbar unter: https://europa.eu/eurobarometer/surveys/detail/3229 (Zugriff am 11.3.2025).

Europäisches Parlament; Rat der Europäischen Union (2017): Verordnung (EU) 2017/1369 des Europäischen Parlaments und des Rates vom 4. Juli 2017 zur Festlegung eines Rahmens für die Energieverbrauchskennzeichnung und zur Aufhebung der Richtlinie 2010/30/EU. In: *Amtsblatt der Europäischen Union*, L 198, S. 1.

Ferrin, Bruce G.; Plank, Richard E. (2002): Total Cost of Ownership Models: An Exploratory Study. In: *The Journal of Supply Chain Management*, 38 (3), S. 18–29.

Forbes Business Council (2024): Unleash Your Selling Potential With The Total Cost Ownership Concept. Text abrufbar unter: https://www.forbes.com/councils/forbesbusinesscouncil/2024/03/15/unleash-your-selling-potential-with-the-total-cost-ownership-concept/ (Zugriff am 28.3.2025).

Frayne, Colette A.; Geringer, J. Michael (2000): Self-management training for improving job performance: a field experiment involving salespeople. In: *The Journal of applied psychology*, 85 (3), S. 361–372.

Frey, Vincenz; Van De Rijt, Arnout (2021): Social influence undermines the wisdom of the crowd in sequential decision making. In: *Management Science*, INFORMS Inst.for Operations Res.and the Management Sciences, 67 (7), S. 4273–4286.

Galarraga, I.; Heres, D. R.; Gonzalez-Eguino, M. (2011): Price premium for high-efficiency refrigerators and calculation of price-elasticities for close-substitutes: A methodology using hedonic pricing and demand systems. In: *Journal of Cleaner Production*, 19 (17–18), S. 2075–2081.

Ganster, Daniel C.; Williams, Steve; Poppler, Paul (1991): Does Training in Problem Solving Improve the Quality of Group Decisions? In: *Journal of Applied Psychology*, 76 (3), S. 479–483.

Generaldirektion Energie (2021): Im Blickpunkt: Das verbesserte EU-Energielabel – Wegbereiter für innovativere und energieeffizientere Produkte – Europäische Kommission. Text abrufbar unter: https://commission.europa.eu/news/focus-improved-eu-energy-label-paving-way-more-innovative-and-energy-efficient-products-2021-02-16_de (Zugriff am 11.3.2025).

Gerlach, Alicia; Klarmann, Martin; Bornemann, Torsten (2022): Is our understanding of organizational buying still consistent with buying practice? An exploratory analysis. Karlsruhe.

Gigerenzer, Gerd; Gaissmaier, Wolfgang (2011): Heuristic Decision Making. In: *Annual Review of Psychology*, Annual Reviews , 62, S. 451–482.

Gioia, Dennis A. (2021): A Systematic Methodology for Doing Qualitative Research. In: *The Journal of Applied Behavioral Science*, 57 (1), S. 20–29.

Gioia, Dennis A.; Corley, Kevin G.; Hamilton, Aimee L. (2013): Seeking Qualitative Rigor in Inductive Research. In: *Organizational Research Methods*, 16 (1), S. 15–31.

Girod, Bastien; Stucki, Tobias; Woerter, Martin (2017): How do policies for efficient energy use in the household sector induce energy-efficiency innovation? An evaluation of European countries. In: *Energy Policy*, Elsevier, 103, S. 223–237.

Goeschl, Timo (2019): Cold Case: The forensic economics of energy efficiency labels for domestic refrigeration appliances. In: *Energy Economics*, Elsevier, 84, S. 1–12.

Gönül, Füsun; Srinivasan, Kannan (1996): Estimating the Impact of Consumer Expectations of Coupons on Purchase Behavior: A Dynamic Structural Model. In: *Marketing Science*, 15 (3), S. 262–279.

Goodland, Robert (1995): The Concept of Environmental Sustainability. In: *Annual Review of Ecology and Systematics*, 26, S. 1–24.

Grewal, Rajdeep; Lilien, Gary L.; Bharadwaj, Sundar; Jindal, Pranav; Kayande, Ujwal; Lusch, Robert F.; Mantrala, Murali; Palmatier, Robert W.; Rindfleisch, Aric; Scheer, Lisa K.; et al. (2015): Business-to-Business Buying: Challenges and Opportunities. In: *Customer Needs and Solutions*, 2 (3), S. 193–208.

Hajek, A.; König, H.H. (2022): Climate anxiety in Germany. In: *Public Health*, 212, S. 89–94.

Hamilton, Rebecca W.; Schlosser, Ann; Chen, Yu Jen (2017): Who's driving this conversation? Systematic biases in the content of online consumer discussions. In: *Journal of Marketing Research*, American Marketing Association, 54 (4), S. 540–555.

Hamilton, Ryan; Chernev, Alexander (2013): Low Prices are Just the Beginning: Price Image in Retail Management. In: *Journal of Marketing*, 77 (6), S. 1–20.

Handelsblatt (2024): Konsumenten werden sparsamer. Text abrufbar unter: https://www.handelsblatt.com/politik/konjunktur/konjunktur-konsumenten-werden-sparsamer/100095263.html (Zugriff am 25.3.2025).

Hartman, Paul L.; Ogden, Jeffrey A.; Wirthlin, Joseph R.; Hazen, Benjamin T. (2017): Nearshoring, reshoring, and insourcing: Moving beyond the total cost of ownership conversation. In: *Business Horizons*, 60 (3), S. 363–373.

He, Pengcheng; Gao, Jianfeng; Chen, Weizhu (2021): DeBERTaV3: Improving DeBERTa using ELECTRA-Style Pre-Training with Gradient-Disentangled Embedding Sharing. *Proceedings of ICLR 2023*. Abrufbar unter: https://openreview.net/forum?id=sE7-XhLxHA

HEA – Fachgemeinschaft für effiziente Energieanwendung e.V (2024): Neues Energielabel. Text abrufbar unter: https://www.hea.de/fachwissen/energielabel/energielabel-kuehl-gefriergeraete (Zugriff am 1.4.2025).

Henthorne, Tony L.; LaTour, Michael S.; Williams, Alvin J. (1993): How organizational buyers reduce risk. In: *Industrial Marketing Management*, 22 (1), S. 41–48.

Hill, Gayle W. (1982): Group versus individual performance: Are N + 1 heads better than one? In: *Psychological Bulletin*, 91 (3), S. 517–539.

Hong, Jiewen; Chang, Hannah H. (2015): "I" Follow My Heart and "We" Rely on Reasons: The Impact of Self-Construal on Reliance on Feelings versus Reasons in Decision Making. In: *Journal of Consumer Research*, 41 (6), S. 1392–1411.

Houde, Sébastien (2018): How consumers respond to product certification and the value of energy information. In: *The RAND Journal of Economics*, John Wiley & Sons, Ltd, 49 (2), S. 453–477.

Houde, Sébastien (2022): Bunching with the Stars: How Firms Respond to Environmental Certification. In: *Management Science*, INFORMS, 68 (8), S. 5569–5590.

Hu, Li-tze; Bentler, Peter M. (1999): Cutoff criteria for fit indexes in covariance structure analysis: Conventional criteria versus new alternatives. In: *Structural Equation Modeling: A Multidisciplinary Journal*, 6 (1), S. 1–55.

Huber, Joel; McCann, John (1982): The Impact of Inferential Beliefs on Product Evaluations. In: *Journal of Marketing Research*, SAGE Publications, 19 (3), S. 324–333.

Hult, G. Tomas M. (2011): Market-focused sustainability: market orientation plus! In: *Journal of the Academy of Marketing Science*, 39 (1), S. 1–6.

Huse, Cristian; Lucinda, Claudio; Cardoso, Andre Ribeiro (2020): Consumer response to energy label policies: Evidence from the Brazilian energy label program. In: *Energy Policy*, Elsevier Ltd, 138, S. 1–13.

Institute for the Study of Business Markets (2024): How to Master the Art of Selling Sustainability . Text abrufbar unter: https://isbm.org/business-readings/how-to-master-the-art-of-selling-sustainability/ (Zugriff am 11.3.2025).

Irmak, Caglar; Wakslak, Cheryl J.; Trope, Yaacov (2013): Selling the Forest, Buying the Trees: The Effect of Construal Level on Seller-Buyer Price Discrepancy. In: *Journal of Consumer Research*, 40 (2), S. 284–297.

Jackson, Donald W.; Ostrom, Lonnie L. (1980): Life Cycle Costing in Industrial Purchasing. In: *Journal of Purchasing and Materials Management*, 16 (4), S. 8–12.

Jagacinski, Carolyn M. (1991): Personnel decision making: The impact of missing information. In: *Journal of Applied Psychology*, 76 (1), S. 19–30.

Jagacinski, Carolyn M. (1994): Evaluation of job candidates with missing information: Effects of attribute importance and interattribute correlation. In: *Journal of Behavioral Decision Making*, 7 (1), S. 25–42.

Jain, Manisha; Rao, Anand B.; Patwardhan, Anand (2021): Energy Cost Information and Consumer Decisions: Results from a Choice Experiment on Refrigerator Purchases in India. In: *Energy Journal*, International Association for Energy Economics, 42 (2), S. 253–272.

Janis, Irving L. (1983): The Groupthink Syndrome. In: *Groupthink: Psychological Studies of Policy Decisions and Fiascoes*, Second. Boston: Houghton Mifflin. Text abrufbar unter: https://books.google.com/books/about/Groupthink.html?hl=de&id=ZB0bAAAAIAAJ (Zugriff am 2.8.2024).

Johnston, Wesley J.; Bonoma, Thomas V. (1981): The Buying Center: Structure and Interaction Patterns. In: *Journal of Marketing*, SAGE Publications, 45 (3), S. 143–156.

Johnston, Wesley J.; Lewin, Jeffrey E. (1996): Organizational buying behavior: Toward an integrative framework. In: *Journal of Business Research*, 35 (1), S. 1–15.

Joshi, Gauri Yogesh; Sheorey, Pratima Amol; Gandhi, Aradhana Vikas (2019): Analyzing the barriers to purchase intentions of energy efficient appliances from consumer perspective. In: *Benchmarking*, Emerald Group Holdings Ltd., 26 (5), S. 1565–1580.

Kahlke, Renate M. (2014): Generic Qualitative Approaches: Pitfalls and Benefits of Methodological Mixology. In: *International Journal of Qualitative Methods*, 13 (1), S. 37–52.

Kahneman, Daniel; Tversky, Amos (1979): Prospect Theory: An Analysis of Decision under Risk. In: *Econometrica*, 47 (2), S. 263–292.

Kallbekken, Steffen; Sælen, Håkon; Hermansen, Erlend A.T. (2013): Bridging the Energy Efficiency Gap: A Field Experiment on Lifetime Energy Costs and Household Appliances. In: *Journal of Consumer Policy*, Springer Science and Business Media, LLC, 36 (1), S. 1–16.

Kardes, Frank R.; Posavac, Steven S.; Cronley, Maria L. (2004): Consumer Inference: A Review of Processes, Bases, and Judgment Contexts. In: *Journal of Consumer Psychology*, No longer published by Elsevier, 14 (3), S. 230–256.

Kassin, Saul M..; Fein, Steven.; Markus, Hazel Rose. (2016): Social psychology. 10. Aufl. Cengage Learning.

Kaufmann, Lutz; Wagner, Claudia M.; Carter, Craig R. (2017): Individual modes and patterns of rational and intuitive decision-making by purchasing managers. In: *Journal of Purchasing and Supply Management*, Elsevier Ltd, 23 (2), S. 82–93.

Ke, T. Tony; Shen, Zuo-Jun Max; Villas-Boas, J. Miguel (2016): Search for Information on Multiple Products. In: *Management Science*, 62 (12), S. 3576–3603.

Keiser, Nathanael L.; Arthur, Winfred (2021): A meta-analysis of the effectiveness of the after-action review (or debrief) and factors that influence its effectiveness. In: *The Journal of applied psychology,* 106 (7), S. 1007–1032.

Keuschnigg, Marc; Ganser, Christian (2017): Crowd Wisdom Relies on Agents' Ability in Small Groups with a Voting Aggregation Rule. In: *Management Science*, 63 (3), S. 818–828.

Kim, Chankon; Lee, Hanjoon (1997): Development of family triadic measures for children's purchase influence. In: *Journal of Marketing Research*, American Marketing Association, 34 (3), S. 307–321.

Kim, Youngtak M.; Bendle, Neil T.; Hulland, John; Pfarrer, Michael D. (2024): Corporate sustainability research in marketing: Mapping progress and broadening our perspective. In: *Journal of the Academy of Marketing Science*, 52 (5), S. 1495–1512.

King, Dan; Janiszewski, Chris (2011): The Sources and Consequences of the Fluent Processing of Numbers. In: *Journal of Marketing Research*, 48 (2), S. 327–341.

Knipe, Duleeka; Gunnell, David; Evans, Hannah; John, Ann; Fancourt, Daisy (2021): Is Google Trends a useful tool for tracking mental and social distress during a public health emergency? A time–series analysis. In: *Journal of Affective Disorders*, Elsevier, 294, S. 737–744.

Kohli, Ajay (1989): Determinants of Influence in Organizational Buying: A Contingency Approach. In: *Journal of Marketing*, 53 (3), S. 50–65.

Kraljic, Peter (1983): Purchasing Must Become Supply Management. In: *Harvard Business Review.* Text abrufbar unter: https://hbr.org/1983/09/purchasing-must-become-supply-management (Zugriff am 30.1.2025).

Kravitz, David A.; Martin, Barbara (1986): Ringelmann rediscovered: The original article. In: *Journal of Personality and Social Psychology*, 50 (5), S. 936–941.

Kugler, Tamar; Bornstein, Gary; Kocher, Martin G.; Sutter, Matthias (2007): Trust between individuals and groups: Groups are less trusting than individuals but just as trustworthy. In: *Journal of Economic Psychology*, 28 (6), S. 646–657.

Kugler, Tamar; Kausel, Edgar E.; Kocher, Martin G. (2012): Are groups more rational than individuals? A review of interactive decision making in groups. In: *WIREs Cognitive Science*, 3 (4), S. 471–482.

Lalwani, Ashok K.; Shavitt, Sharon (2013): You Get What You Pay For? Self-Construal Influences Price-Quality Judgments. In: *Journal of Consumer Research*, Oxford Academic, 40 (2), S. 255–267.

Lam, Simon S.K.; Schaubroeck, John (2000): Improving group decisions by better pooling information: A comparative advantage of group decision support systems. In: *Journal of Applied Psychology*, American Psychological Association Inc., 85 (4), S. 565–573.

Lambert, David R.; Boughton, Paul D.; Banville, Guy R. (1986): Conflict resolution in organizational buying centers. In: *Journal of the Academy of Marketing Science,* 14 (1), S. 57–62.

Laurer, Moritz; van Atteveldt, Wouter; Salleras Casas, Andreu; Welbers, Kasper (2022): Less Annotating, More Classifying – Addressing the Data Scarcity Issue of Supervised Machine Learning with Deep Transfer Learning and BERT-NLI. Preprint, Juni. Open Science Framework. https://osf.io/74b8k.

Lee, Christina K.C.; Beatty, Sharon E. (2002): Family structure and influence in family decision making. In: *Journal of Consumer Marketing*, MCB UP Ltd, 19 (1), S. 24–41.

Lee, Jincheol; Edil, Tuncer B.; Benson, Craig H.; Tinjum, James M. (2013): Building Environmentally and Economically Sustainable Transportation Infrastructure: Green Highway Rating System. In: *Journal of Construction Engineering and Management*, American Society of Civil Engineers (ASCE), 139 (12). A4013006.

Levin, Irwin P.; Johnson, Richard D. (1984): Estimating Price-Quality Tradeoffs Using Comparative Judgments. In: *Journal of Consumer Research*, Oxford Academic, 11 (1), S. 593–600.

Levin, Irwin P.; Johnson, Richard D.; Faraone, Stephen V. (1984): Information integration in price-quality tradeoffs: The effect of missing information. In: *Memory & Cognition*, Springer, 12 (1), S. 96–102.

Lilien, Gary L. (2016): The B2B Knowledge Gap. In: *International Journal of Research in Marketing*, Elsevier, 33 (3), S. 543–556.

London, Manuel (1975): Effects of shared information and participation on group process and outcome. In: *Journal of Applied Psychology*, 60 (5), S. 537–543.

Lord, Kenneth R.; Gupta, Pola B. (2010): Response of buying-center participants to B2B product placements. In: *Journal of Business and Industrial Marketing*, 25 (3), S. 188–195.

Lüders, Maximilian; Klarmann, Martin; Wouters, Marc; Gerlach, Alicia (2023): How online information search behavior and the role of tacit knowledge differ across clusters of purchase situations. In: *Journal of Purchasing and Supply Management*, 29 (4), S. 1–17.

Malter, Alan J.; Dickson, Peter R. (2001): The effect of individual learning on competitive decision-making and firm performance. In: *International Journal of Research in Marketing*, North-Holland, 18 (1–2), S. 99–117.

del Mar Solà, M.; de Ayala, A.; Galarraga, I. (2021): The Effect of Providing Monetary Information on Energy Savings for Household Appliances: A Field Trial in Spain. In: *Journal of Consumer Policy*, Springer, 44 (2), S. 279–310.

Markin, R. J. (1979): The Role of Rationalization in Consumer Decision Processes: A Revisionist Approach to Consumer Behavior. In: *Journal of the Academy of Marketing Science*, 7 (3), S. 316–334.

Mayo-Wilson, Conor; Zollman, Kevin; Danks, David (2013): Wisdom of crowds versus groupthink: learning in groups and in isolation. In: *International Journal of Game Theory*, 42 (3), S. 695–723.

McHugh, Mary L (2012): Interrater reliability: the kappa statistic. In: *Biochemia medica*, 22 (3), S. 276–82.

McKinsey & Company (2022): B2B growth is where it's green. Text abrufbar unter: https://www.mckinsey.com/capabilities/growth-marketing-and-sales/our-insights/b2b-growth-is-where-its-green (Zugriff am 14.4.2025).

McKinsey & Company (2024): State of the Consumer 2024: What's now and what's next. Text abrufbar unter: https://www.mckinsey.com/industries/consumer-packaged-goods/our-insights/state-of-consumer (Zugriff am 28.3.2025).

Michaelsen, Larry K.; Watson, Warren E.; Black, Robert H. (1989): A realistic test of individual versus group consensus decision making. In: *Journal of Applied Psychology*, 74 (5), S. 834–839.

Mills, Bradford; Schleich, Joachim (2010): What's driving energy efficient appliance label awareness and purchase propensity? In: *Energy Policy*, 38 (2), S. 814–825.

Min, Jihoon; Azevedo, Inês L.; Michalek, Jeremy; de Bruin, Wändi Bruine (2014): Labeling energy cost on light bulbs lowers implicit discount rates. In: *Ecological Economics*, Elsevier, 97, S. 42–50.

Mogilner, Cassie; Shiv, Baba; Iyengar, Sheena S. (2013): Eternal Quest for the Best: Sequential (vs. Simultaneous) Option Presentation Undermines Choice Commitment. In: *Journal of Consumer Research*, Oxford Academic, 39 (6), S. 1300–1312.

Mohan, Mayoor; Casidy, Riza; Thaichon, Park; Nyadzayo, Munyaradzi (2022): Leveraging consumer behavior research to forge new insights into B2B buyer behavior: Contextualizing extant research and developing a research agenda. In: *Industrial Marketing Management*, 105, S. 1–17.

Morssinkhof, Sebastiaan; Wouters, Marc; Warlop, Luk (2011): Effects of providing total cost of ownership information on attribute weights in purchasing decisions. In: *Journal of Purchasing and Supply Management*, Pergamon, 17 (2), S. 132–142.

Murray, Anthony G.; Mills, Bradford F. (2011): Read the label! Energy Star appliance label awareness and uptake among U.S. consumers. In: *Energy Economics*, North-Holland, 33 (6), S. 1103–1110.

Newell, Richard G.; Siikamäki, Juha (2014): Nudging Energy Efficiency Behavior: The Role of Information Labels. In: *Journal of the Association of Environmental and Resource Economists*, University of Chicago Press, 1 (4), S. 555–598.

Nicosia, Francesco M.; Wind, Yoram (1977): Emerging models of organizational buying processes. In: *Industrial Marketing Management*, 6 (5), S. 353–369.

Olsthoorn, Mark; Schleich, Joachim; Guetlein, Marie Charlotte; Durand, Antoine; Faure, Corinne (2023): Beyond energy efficiency: Do consumers care about life-cycle properties of household appliances? In: *Energy Policy*, Elsevier Ltd, 174, S. 1–11.

Park, C. Whan; Lessig, V. Parker (1981): Familiarity and Its Impact on Consumer Decision Biases and Heuristics. In: *Journal of Consumer Research*, 8 (2), S. 223–230.

Park, Hanyong; Lalwani, Ashok K.; Silvera, David H. (2020): The Impact of Resource Scarcity on Price-Quality Judgments. In: *Journal of Consumer Research*, Oxford Academic, 46 (6), S. 1110–1124.

Park, Ju Young (2017): Is there a price premium for energy efficiency labels? Evidence from the Introduction of a Label in Korea. In: *Energy Economics*, Elsevier, 62, S. 240–247.

Park, Sanghyun; Gonzalez, Cleotilde; Puranam, Phanish (2024): Decision Centralization and Learning from Experience in Groups: Separating Context from Aggregation Effects. In: *Management Science*, INFORMS, https://doi.org/10.1287/MNSC.2022.01507. Text abrufbar unter: https://pubsonline.informs.org/doi/abs/10.1287/mnsc.2022.01507.

Van Parys, Jessica; Ash, Elliott (2018): Sequential decision-making with group identity. In: *Journal of Economic Psychology*, Elsevier, 69, S. 1–18.

Pihkala, Panu (2020): Anxiety and the Ecological Crisis: An Analysis of Eco-Anxiety and Climate Anxiety. In: *Sustainability*, 12 (19), S. 1–20.

Poortinga, Wouter; Steg, Linda; Vlek, Charles; Wiersma, Gerwin (2003): Household preferences for energy-saving measures: A conjoint analysis. In: *Journal of Economic Psychology*, 24, S. 49–64.

PwC (2024): Consumers willing to pay 9.7% sustainability premium, even as cost-of-living and inflationary concerns weigh: PwC 2024 Voice of the Consumer Survey I PwC. 15.05.2024. Text abrufbar unter: https://www.pwc.com/gx/en/news-room/press-releases/2024/pwc-2024-voice-of-consumer-survey.html (Zugriff am 29.1.2025).

PwC Deutschland (2024): Klimafreundlicher und nachhaltiger: Die Deutschen passen Einkauf und Konsum an. Text abrufbar unter: https://www.pwc.de/de/pressemitteilungen/2024/klimafreundlicher-und-nachhaltiger-die-deutschen-passen-einkauf-und-konsum-an.html (Zugriff am 25.3.2025).

Ramus, C. A.; Steger, U. (2000): The Roles of Supervisory Support Behaviors and Environmental Policy in Employee „Ecoinitiatives" at Leading-Edge European Companies. In: *Academy of Management Journal*, 43 (4), S. 605–626.

Rao, Akshay R. (2005): The Quality of Price as a Quality Cue. In: *Journal of Marketing Research*, SAGE Publications, CA, 42 (4), S. 401–405.

Robinson, Patrick J.; Faris, Charles W.; Wind, Yoram (1967): Industrial Buying and Creative Marketing. Boston: Allyn & Bacon.

Roda, Irene; Garetti, Marco (2014): The link between costs and performances for total cost of ownership evaluation of physical asset: State of the art review. Präsentiert auf: Juni 2014, *2014 International Conference on Engineering, Technology and Innovation (ICE)*, IEEE, 1–8.

Rojas-de-Gracia, María Mercedes; Alarcón-Urbistondo, Pilar; González Robles, Eva María (2018): Couple dynamics in family holidays decision-making process. In: *International Journal of Contemporary Hospitality Management*, Emerald Group Publishing Ltd., 30 (1), S. 601–617.

Rudd, Joel; Kohout, Frank J. (1983): Individual and Group Consumer Information Acquisition in Brand Choice Situations. In: *Journal of Consumer Research*, Oxford Academic, 10 (3), S. 303–309.

Saab, André Bueno; Botelho, Delane (2020): Are organizational buyers rational? Using price heuristics in functional risk judgment. In: *Industrial Marketing Management*, Elsevier, 85, S. 141–151.

Saccani, Nicola; Perona, Marco; Bacchetti, Andrea (2017): The total cost of ownership of durable consumer goods: A conceptual model and an empirical application. In: *International Journal of Production Economics*, 183, S. 1–13.

Sallee, James M. (2014): Rational inattention and energy efficiency. In: *Journal of Law and Economics*, University of Chicago Press, 57 (3), S. 781–820.

Sanh, Victor; Debut, Lysandre; Chaumond, Julien; Wolf, Thomas (2019): DistilBERT, a distilled version of BERT: smaller, faster, cheaper and lighter. arXiv:1910.01108 [cs.CL].

Schleich, Joachim; Durand, Antoine; Brugger, Heike (2021): How effective are EU minimum energy performance standards and energy labels for cold appliances? In: *Energy Policy*, Elsevier, 149, S. 112069.

Seale, Darryl A.; Rapoport, Amnon (1997): Sequential Decision Making with Relative Ranks: An Experimental Investigation of the „Secretary Problem". In: *Organizational Behavior and Human Decision Processes*, Academic Press, 69 (3), S. 221–236.

Shah, Anuj K; Oppenheimer, Daniel M (2008): Heuristics Made Easy: An Effort-Reduction Framework. In: *Psychological Bulletin*, 134 (2), S. 207–222.

Sheth, Jagdish N.; Sethia, Nirmal K.; Srinivas, Shanthi (2011): Mindful consumption: a customer-centric approach to sustainability. In: *Journal of the Academy of Marketing Science*, 39 (1), S. 21–39.

Shiv, Baba; Fedorikhin, Alexander (1999): Heart and Mind in Conflict: the Interplay of Affect and Cognition in Consumer Decision Making. In: *Journal of Consumer Research*, 26 (3), S. 278–292.

Simon-Kucher & Partners (2023): Sustainability in B2B: Driving purpose and commercial value. Text abrufbar unter: https://www.simon-kucher.com/en/insights/sustainability-b2b-driving-purpose-and-commercial-value (Zugriff am 28.3.2025).

Stadelmann, Marcel; Schubert, Renate (2018): How Do Different Designs of Energy Labels Influence Purchases of Household Appliances? A Field Study in Switzerland. In: *Ecological Economics*, 144, S. 112–123.

Stasser, Garold; Titus, William (2003): Hidden Profiles: A Brief History. In: *Psychological Inquiry*, 3 (3), S. 302–311.

Statistisches Bundesamt (2025): Strompreise für Haushalte: Deutschland, Halbjahre, Jahresverbrauchsklassen, Preisarten. Text abrufbar unter: https://www-genesis.destatis.de/datenbank/online/statistic/61243/details (Zugriff am 25.3.2025).

Stiftung Warentest (2013): Die besten Birnen. In: *test*, 05/2013.

Stiftung Warentest (2016): Frische Luft aus der Küche. In: *test*, 03/2016.

Stiftung Warentest (2018a): Pump it up. In: *test*, 05/2018.

Stiftung Warentest (2018b): Billig lohnt nicht. In: *test*, 11/2018.

Stiftung Warentest (2018c): SUV im Badezimmer. In: *test*, 11/2018.

Stiftung Warentest (2018d): LED-Lampen für Deckenfluter im Test. In: *test*, 12/2018.

Stiftung Warentest (2019a): Saubere Dauerläufer. In: *test*, 10/2019.

Stiftung Warentest (2019b): Das hat sich gewaschen. In: *test*, 11/2019.

Stiftung Warentest (2021a): Viel Lärm für nichts. In: *test*, 03/2021.

Stiftung Warentest (2021b): Das neue A-B-C. In: *test*, 08/2021.

Stiftung Warentest (2021c): Bitte recht klimafreundlich. In: *test*, 09/2021.

Stiftung Warentest (2021d): Billig gerät ins Schleudern. In: *test*, 11/2021.

Stiftung Warentest (2021e): Coole Schränke. In: *test*, 12/2021.

Stiftung Warentest (2022a): Bessere Luft für die Familie. In: *test*, 01/2022.

Stiftung Warentest (2022b): Gut fürs Klima – aber nur daheim. In: *test*, 06/2022.

Stiftung Warentest (2022c): Saubere Teller für wenig Geld. In: *test*, 08/2022.

Stiftung Warentest (2022d): Ganz trocken Geld sparen. In: *test*, 09/2022.

Stiftung Warentest (2022e): Kalt erwischt. In: *test*, 09/2022.

Stiftung Warentest (2022f): Saubere Leistung. In: *test*, 10/2022.

Stiftung Warentest (2023a): Doppelt kühlt besser. In: *test*, 05/2023.

Stiftung Warentest (2023b): Eins, zwei, dry. In: *test*, 09/2023.

Stiftung Warentest (2023c): Teurer Spaß. In: *test*, 10/2023.

Stiftung Warentest (2023d): Die Neuen im Waschsalon. In: *test*, 11/2023.

Stiftung Warentest (2023e): Nur Bügeln fehlt noch. In: *test*, 11/2023.

Stiftung Warentest (2024a): Besser durchatmen. In: *test*, 03/2024.

Stiftung Warentest (2024b): Kühl-Gefrier-Kombis: Etiketten-Schwächen. In: *test*, 03/2024.

Stoddard, James E.; Fern, Edward F. (2002): Buying Group Choice: The Effect of Individual Group Member's Prior Decision Frame. In: *Psychology and Marketing*, 19 (1), S. 59–90.

Strauss, Anselm; Corbin, Juliet (1998): Basics of qualitative research: Techniques and procedures for developing grounded theory, 2nd ed. *Basics of qualitative research: Techniques and procedures for developing grounded theory, 2nd ed.*, Thousand Oaks, CA, US: Sage Publications, Inc.

Sun, Junxiu; Yin, Haitao; Wang, Feng (2014): Net private benefits of purchasing eco-labeled air conditioners and subsidization policies in China. In: *Energy Policy*, Elsevier Ltd, 73, S. 186–195.

Sunstein, Cass; Hastie, Reid (2014): Making dumb groups smarter. In: *Harvard Business Review*, 92 (12).

Tellis, Gerard J.; Gaeth, Gary J. (1990): Best Value, Price-Seeking, and Price Aversion: The Impact of Information and Learning on Consumer Choices. In: *Journal of Marketing*, 54 (2), S. 34–45.

Testa, F.; Iraldo, F.; Vaccari, A.; Ferrari, E. (2015): Why eco-labels can be effective marketing tools: Evidence from a study on italian consumers. In: *Business Strategy and the Environment*, John Wiley and Sons Ltd, 24 (4), S. 252–265.

Tversky, Amos; Kahneman, Daniel (1974): Judgment under Uncertainty: Heuristics and Biases. Biases in judgments reveal some heuristics of thinking under uncertainty. In: *Science*, 185 (4157), S. 1124–1131.

Venkatesh, R.; Kohli, Ajay K.; Zaltman, Gerald (1995): Influence Strategies in Buying Centers. In: *Journal of Marketing*, SAGE Publications, 59 (4), S. 71–82.

Verplanken, Bas; Weenig, Mieneke W.H. (1993): Graphical energy labels and consumers' decisions about home appliances: A process tracing approach. In: *Journal of Economic Psychology*, 14 (4), S. 739–752.

Waechter, Signe; Sütterlin, Bernadette; Siegrist, Michael (2015): The misleading effect of energy efficiency information on perceived energy friendliness of electric goods. In: *Journal of Cleaner Production*, Elsevier, 93, S. 193–202.

Walter, Gordon A. (1975): Effects of videotape training inputs on group performance. In: *Journal of Applied Psychology*, 60 (3), S. 308–312.

Ward, David O.; Clark, Christopher D.; Jensen, Kimberly L.; Yen, Steven T.; Russell, Clifford S. (2011): Factors influencing willingness-to-pay for the ENERGY STAR® label. In: *Energy Policy*, 39 (3), S. 1450–1458.

Ward, James C.; Reingen, Peter H. (1990): Sociocognitive Analysis of Group Decision Making among Consumers. In: *Journal of Consumer Research*, Oxford Academic, 17 (3), S. 245–262.

Weber, M. (1985): A Method of Multiattribute Decision Making with Incomplete Information. In: *Management Science*, 31 (11), S. 1365–1371.

Webster, Frederick E.; Wind, Yoram (1972): A General Model for Understanding Organizational Buying Behavior. In: *Journal of Marketing*, 36 (2), S. 12–19.

Weissenberger-Eibl, Marion; Koch, Daniel Jeffrey (2011): Gesamtkostenrechnung TCO. Abschlussdokumentation. Karlsruhe: Fraunhofer-Institut für System- und Innovationsforschung (Fraunhofer ISI).

White, Katherine; Habib, Rishad; Hardisty, David J. (2019): How to SHIFT Consumer Behaviors to be More Sustainable: A Literature Review and Guiding Framework. In: *Journal of Marketing*, 83 (3), S. 22–49.

Whyte, Glen (1989): Groupthink Reconsidered. In: *Academy of Management Review*, Academy of Management, 14 (1), S. 40–56.

Whyte, Glen (1998): Recasting Janis's groupthink model: The key role of collective efficacy in decision fiascoes. In: *Organizational Behavior and Human Decision Processes*, 73 (2–3), S. 185–209.

Wilson, Dominic F (2000): Why divide consumer and organizational buyer behaviour? In: *European Journal of Marketing*, 34 (7), S. 780–796.

Wouters, Marc; Anderson, James C.; Narus, James A.; Wynstra, Finn (2009): Improving sourcing decisions in NPD projects: Monetary quantification of points of difference. In: *Journal of Operations Management*, 27 (1), S. 64–77.

Wouters, Marc; Anderson, James C.; Wynstra, Finn (2005): The adoption of total cost of ownership for sourcing decisions—a structural equations analysis. In: *Accounting, Organizations and Society*, 30 (2), S. 167–191.

Wut, Tai Ming; Chou, Ting Jui (2013): Do family members agree on family purchase decision? – an empirical study among families in Hong Kong. In: *International Journal of Consumer Studies*, 37 (3), S. 344–350.

Yang, An; Yang, Baosong; Zhang, Beichen; Hui, Binyuan; Zheng, Bo; Yu, Bowen; Li, Chengyuan; Liu, Dayiheng; Huang, Fei; Wei, Haoran; et al. (2024): *Qwen2.5 Technical Report.* (Version 1). arXiv:2412.15115 [cs.CL].

Yin, Wenpeng; Hay, Jamaal; Roth, Dan (2019): Benchmarking Zero-shot Text Classification: Datasets, Evaluation and Entailment Approach. In: *Proceedings of the 2019 Conference on Empirical Methods in Natural Language Processing and the 9th International Joint Conference on Natural Language Processing (EMNLP-IJCNLP), S.* 3914–3923. Hong Kong, China: Association for Computational Linguistics.

Zeithaml, Valarie A.; Jaworski, Bernard J.; Kohli, Ajay K.; Tuli, Kapil R.; Ulaga, Wolfgang; Zaltman, Gerald (2020): A Theories-in-Use Approach to Building Marketing Theory. In: *Journal of Marketing*, 84 (1), S. 32–51.

Zha, Donglan; Yang, Guanglei; Wang, Wenzhong; Wang, Qunwei; Zhou, Dequn (2020): Appliance energy labels and consumer heterogeneity: A latent class approach based on a discrete choice experiment in China. In: *Energy Economics*, Elsevier. 90(C).

Zhang, Yixiang; Tao, Wenwen (2020): Will energy efficiency affect appliance price? An empirical analysis of refrigerators in China based on hedonic price model. In: *Energy Policy*, Elsevier, 147, S. 111818.

FSC
www.fsc.org
MIX
Papier | Fördert gute Waldnutzung
FSC® C083411

Kolibri 360 GmbH
Ferdinand-Jühlke-Straße 7
99095 Erfurt, Deutschland
produktsicherheit@kolibri360.de